تنمية التفكير
بأساليب مشوقة

تنمية التفكير بأساليب مشوقة

الأستاذ الدكتور
عبد الواحد حميد الكبيسي
أستاذ طرائق تدريس الرياضيات
جامعة الأنبار
2007م

رقم التصنيف: 925.1
المؤلف ومن هو في حكمه: أ.د. عبد الواحد حميد الكبيسي
عنـــوان الكتـــاب: تنمية التفكير بأساليب مشوقة
رقم الإيداع: 2007/2/559
الموضوع الرئيسي: طرق التعلم/ التدريس/ الإبداع/ أساليب التعلم/ الرياضيات
بيانات النشـــر: دار ديبونو للنشر والتوزيع- عمـــان

* تم إعداد بيانات الفهرســة والتصنيف الأولية من قبل دائرة المكتبة الوطنية

حقوق الطبع محفوظة للناشـــر

الطبعة الأولى
2007م

ديبونو للطباعة والنشر والتوزيـــع

عمان- شارع الملكة رانيا- مجمع العيد التجاري
مقابل مفروشات لبنى- ط4
هاتف: 962-6-5337003 962-6-5337029 فاكس: 962-6-5337007
ص.ب: 831 الجبيهة 11941 المملكة الأردنية الهاشمية
E-mail: info@debono.edu.jo
www.debono.edu.jo

المحتويات

الموضوع	الصفحة
المقدمة	11
الفصل الأول	15
ما هو التفكير وما هي مبررات دراسته	17
مهارة التفكير	22
اتجاهات تعليم التفكير:	22
أسباب دمج مهارات التفكير في المنهج الدراسي	24
تنمية مهارات التفكير	26
طرائق توظف لتعليم التفكير	30
تصنيف طرائق إثارة الأسئلة من قبل المعلم لإثارة التفكير	34
الفصل الثاني	39
أولا: تنمية التفكير من خلال التسلية	41
ثانيا :تسلى مع الأعداد	46
العدد دوري	60
التفكير عن طريق حل الألغاز والحزورات	64
فوائد أسلوب التعلم باللعب	83
مميزات الألعاب التعليمية	84
دور المعلم عند استخدام الألعاب:	85
دور الطالب عند استخدام الألعاب:	87
استراحة(قصيدة لطالب يكره الرياضيات)	88
بعض أنواع اللعب في الرياضيات	88

5

الصفحة	الموضوع
88	ألعاب اكتشاف المغالطات
89	2- ألعاب اكتشاف السبب: كيف تقدر لعبة الجدول
90	3- ألعاب اكتشاف العلاقة أو التعميم:
92	4- ألعاب التخمين
94	العب مع صديقك: اللعبة الأولى:إذا أردت أن تحزر عمر صديقك
95	اللعبة الثانية: خطوات حسـابية نعرف عـدد الأجداد،وعـدد الأخوة، وعدد الأخوات.
97	5- ألعاب التقدير
99	نموذج درس وفق استراتيجيه لعب الأدوار
104	استراحة(مداعبة) العلماء يداعبون أيضا
107	الفصل الثالث: بعض أنواع التفكير
109	أولا:التفكير الإبداعي وعمليات العصف الذهني
109	تعريف التفكير الإبداعي
110	مراحل التفكير الإبداعي
112	تنمية التفكير الإبداعي
113	دور المدرسة في تنمية الإبداع
114	دور المعلم في تنمية الإبداع
114	ممارس المنهج الإبداعي
115	سياسات تدريب المعلم
115	قدرات التفكير الابتكاري (الإبداعي)
117	التفاكر (العصف الذهني)
120	خطوات إستراتيجية العصف الذهني مع مثال

الصفحة	الموضوع
126	معوقات العصف الذهني
127	تنمية التفكير الإبداعي لدى الطلبة
131	النحل و روعة البناء المعماري في خلاياه
132	بلورة الثلج السداسية
135	طريقة ممتعه للضرب في العدد (9)
140	التفكير الناقد
141	تعريف التفكير الناقد
143	تعليم التفكير الناقد
145	التفكير الناقد و الرياضيات
146	الرياضيات تدعو لتنمية التفكير الناقد
147	مهارات التفكير الناقد وتنميته
149	بعض الأسئلة لقياس التفكير الناقد
155	التفكير الرياضي
157	تنمية التفكير الرياضي
159	التفكير المنطقي
160	تنمية التفكير المنطقي
160	مهارات التفكير المنطقي
161	التفكير الاستقرائي
162	مكونات عملية الاستقراء
163	التفكير الاستنباطي
165	بعض الأسئلة لقياس التفكير الرياضي ومهاراته

الصفحة	الموضوع
165	أولا: سلاسل الأعداد
165	ثانيا:الاستقراء
168	ثالثا: الاستنباط
170	أسئلة التفكير المنطقي
174	التعبير بالرموز
176	اختبار التفكير المنظومي
179	الفصل الرابع
181	تنمية التفكير من خلال طرق التدريس
181	أولا: تنمية التفكير من خلال طريقة الاكتشاف
181	الاكتشاف الموجه
182	الاكتشاف الحر
184	أهداف التعلم بالاكتشاف (أهداف عامة)
184	أهداف التعلم بالاكتشاف (أهداف خاصة)
185	طرق الاكتشاف
185	أولا:طريقة الاكتشاف الاستقرائي
188	أسئلة للقارئ
190	طريقة الاكتشاف الاستدلالي
196	إرشادات عند استخدام طريق التعلم بالاكتشاف
196	النتائج المتوخاة من دروس الاكتشاف
197	ثانيا: تنمية التفكير من خلال طريقة حل المشكلات
199	خطوات التعامل مع المشكلات

الصفحة	الموضوع
203	نصائح للمعلمين لتنمية التفكير عند حل المسائل
206	توظيف القصة في حل المشكلات الرياضية
211	مشكلات تتطلب حل من القارئ
213	الفصل الخامس
215	أجوبة (الفصل الثاني) التسلية والألغاز (س1- س26)
222	جواب الألغاز (من اللغز1 – اللغز100)
240	أجوبة أسئلة الألعاب (من س27 – س36)
242	أجوبة التفكير الإبداعي (من س37 – س52)
248	أجوبة أسئلة التفكير الناقد (من س53_س67)
252	أجوبة التفكير الرياضي
252	أولا: تكملة السلاسل (س68)
252	ثانيا أجوبة:الاستقراء (من س69 – س 75)
253	ثالثا أجوبة: الاستنباط (من س76 – س 84)
254	أجوبة التفكير المنطقي (من س85 – س 100)
256	أجوبة التعبير بالرموز (من س101 – س 108)
257	أجوبة التفكير المنظومي (من س109 – س 112)
260	أجوبة الفصل الرابع
260	أجوبة أسئلة الاكتشاف (من س113- س 118)
261	جواب س 119، الاكتشاف الاستدلالي
261	أجوبة حل المشكلات (من س120- س 130

المقدمة

إن التفكير مطلب إلهي ومن أسباب نزول القرآن الكريم لقوله تعالى:{ **وأنزلنا إليك الذكر لتبين للناس ما نزل إليهم ولعلهم يتفكرون**}(النحل: من الآية44). فقد دعا القرآن الكريم للنظر العقلي بمعنى التأمل والفحص وتقليب الأمر على وجوهه لفهمه و إدراكه، وعاب على من تمسك بالموروث البشري دون إمعان النظر وإعمال الفكر في الحقائق الإلهية الواضحة لقوله عز وجل: {**وإذا قيل لهم اتبعوا ما أنزل الله قالوا بل نتبع ما ألفينا عليه آباءنا أولو كان آباؤهم لا يعقلون شيئا ولا يهتدون**} (البقرة:170).

لم تعد المعرفة غاية في حد ذاتها، و إنما أصبح التركيز على المفهوم الوظيفي لتلك المعرفة و أبعدت الأساليب الحديثة في التعليم أسلوب الذي يعتمد على الحفظ والتلقين والتلقي السلبي، و اعتمدت أسلوب النقاش والحوار الفكري والفهم والتحليل والنقد والاستنتاج لإعداد الأجيال القادرة على التفكير والقادرة على البحث في الجديد ليس على مستوى التقليد، وإنما على مستوى الابتكار لأشياء جديدة تتسم بالأصالة والحداثة.

إن عملية إكساب مهارات التفكير ليست عملية سهلة بل معقدة و تحتاج الكثير من البرامج المتعدد وهناك اتجاهين لتنمية التفكير حسب ما سيوضح الكاتب منهم من يرى لتعليم التفكير وتنمية مهاراته من خلال منهج منفصل لذاته كأمثال المفكر(De Bono,1986)، ومنهم من يرى إمكانية تطوير مهارات التفكير من خلال الحصص اليومية للمواد الدراسية وخاصة في مادة الرياضيات أمثال(Judith L et al,1999).

وحاول الكاتب مزج وجهات النظر تلك في تنمية هذه المهارات بأسلوب مبسط ومشوق أما من خلال انتقاء من هذا الكتاب للتدريب على التفكير من موضوعات غير منهجية منفصلة (مثل الإلغاز والتسلية أو الألعاب المختلفة) أو من خلال دمجه مع تدريس

الرياضيات وإظهار بعض من فنونها وجماليتها التي تساعد على تنمية التفكير وتذوق لذة التفكير.

حيث القليل من يتذوق اللذات الفكرية الرياضية، وهذا راجع إلى التعامل مع الرياضيات على أنها أفكار مجردة، ضعيفة الاتصال بالواقع العيني الحسي الملموس المرتبط بالحياة اليومية، لقد أهمل السعي إلى ربط الرياضيات بالواقع بشكل واضح وجلي، وأهمل تحميلها الأحاسيس الجمالية وترتيبها المدهش، وكان إذا تم ذلك وصفت الرياضيات بالتناسق والتناظر اللذين هما أسس الجمال، ولكن ظل الإحساس بهذا التناظر والتناسق ضعيفا وصعب التذوق وغير واضح للأغلبية.

والواقع إن طرق ومناهج تعليم الرياضيات غالبا لا تهتم بتعليم تذوقها، مما جعل تعلمها صعبا. والمطلوب هو تعليم تذوقها، لأنها صعبة على التناول و على التمثل والحفظ، إذا لم يترافق هذا مع تذوق لذتها.

لذلك يجب السعي لتعليم تذوقها كما نسعى لتعليم تذوق الأدب والفنون، إذا أريد تعليمها بسهولة، وزيادة الطلب على تعلمها وانتشارها. صحيح أن تعليم تذوق الرياضيات أصعب من تعليم تذوق الآداب والفنون، ولكنه يظل ممكنا مثل تعليم أي تذوق فكري.

وأرجو أن أكون قد وفقت في تقديم للقارئ بعض فنون الرياضيات للمتعة وتسلية وتنمية التفكير وتحدي قدراه العقلية و تقديم لإخواننا معلمي الرياضيات ما يعينهم على تدريس المادة بأسلوب مشوق وأن يستغلوا أوقات الفراغ في الدرس وحتى لا يحصل بعض الضوضاء في درسهم أو إنعاش الطلبة في بعض الأوقات والخروج من صيغ الروتينية للتدريس بعرض بعض الأشياء المسلية من الألغاز والألعاب التعليمية والتي هي من ضمن المادة التعليمية والتي تنمي التفكير وتجعل الدرس أكثر نشاط وجدية ويزيد من احترامهم للتعليم وللمعلم.

وجاء حل الأسئلة الفكرية أو الألغاز في فصل منفرد(الفصل الخامس) حتى يتمكن القارئ مـن التفكيـر في حل السؤال أو اللغز ويتأكد من حله من الأجوبة الموجودة في نهاية الكتاب.

وأمل أن يعين الكتاب طلبة الدراسات العليا تخصص طـرق تـدريس الرياضيات، أو الدراسـات التـي تهـتم بالتفكير على بناء اختباراتهم، حيث يتطرق الكتاب إلى عدة أنواع مـن التفكيـر وكيفيـة قياسـه ونأمـل مـن الباري عز وجل أن يقبل هذا الجهد احتسابا لوجه تعالى لخدمة العلم ومسيرة عبادة التفكير.

الأستاذ الدكتور: عبد الواحد حميد الكبيسي

أستاذ طرائق تدريس الرياضيات

كلية التربية//جامعة الأنبار

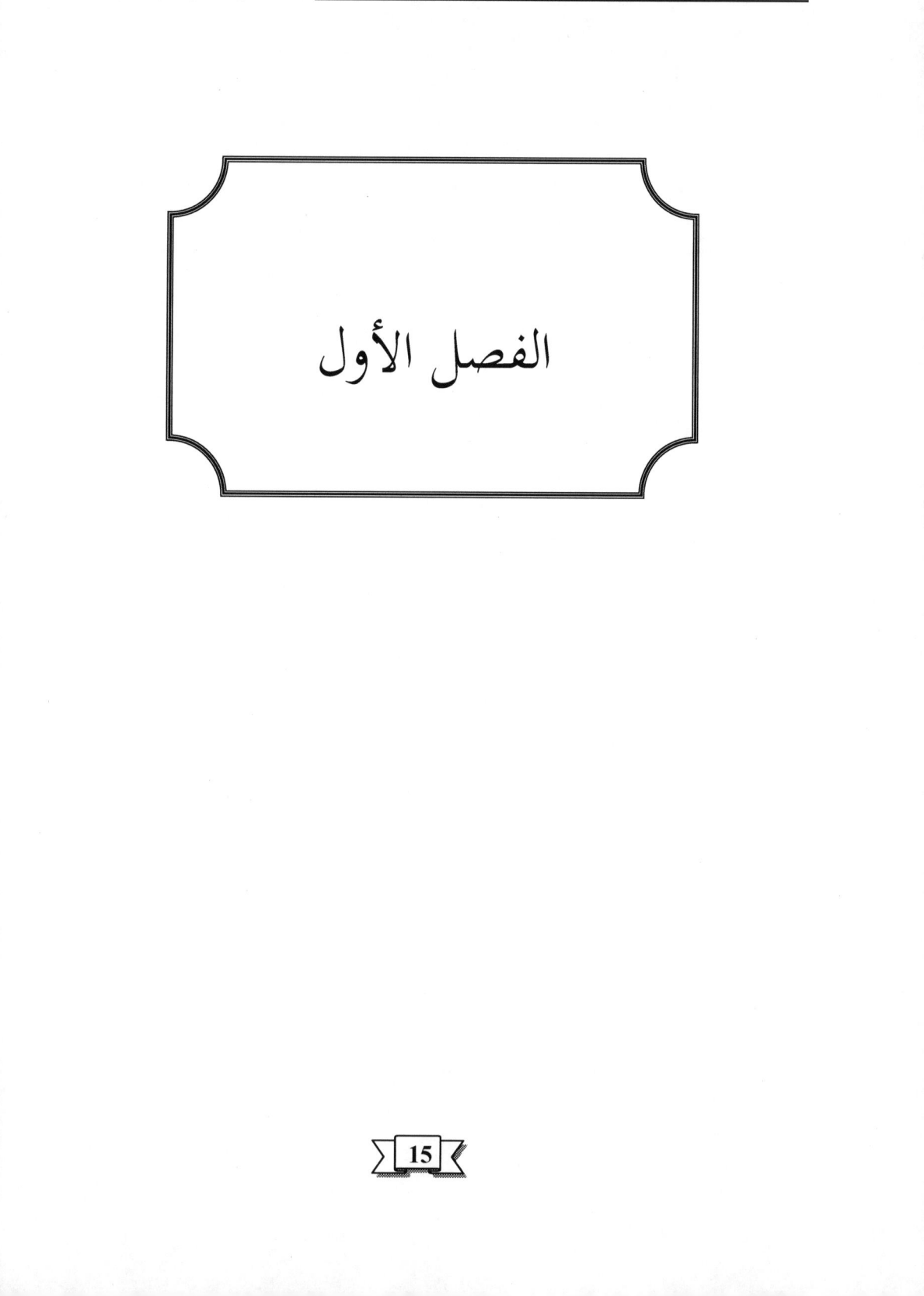

الفصل الأول

ما هو التفكير وما هي مبررات دراسته

تعريف التفكير جاء في المعجم الوسيط: فكر في الأمر، يفكر،فكرا: أعمل العقل فيه، ورتب بعض ما يعلم ليصل به إلى مجهول وأفكر في الأمر، فكر فيه، فهو مفكر، وفكر مبالغة في فكر، وهو أشيع في الاستعمال منه.

التفكير مفهوم افتراضي يشير إلى عملية داخلية تعزى إلى نشاط ذهني معرفي تفاعلي انتقائي قصدي موجه نحو صياغة حل لمسألة ما، أو اتخاذ قرار معين، أو إشباع رغبة في الفهم، أو أيجاد معنى، أو إجابة شافية لسؤال معين، ويتعلمه الفرد من ظروفه البيئية المتاحة، و لا يمكن ملاحظة هذه العملية بل يستدل عليها من خلال ما يلاحظ من سلوك داخلي أو ظاهري إذ تتراكم خلالهما مجموعة الخبرات التي يواجهها الفرد[1].

والتفكير في ابسط تعاريفه: هو سلسلة من النشاطات العقلية التي يقوم بها الدماغ عندما يتعرض لمثير ما يتم استقباله عن طريق واحدة أو اكثر من الحواس الخمسة، والتفكير بمعناه الواسع عملية بحث عن معنى في الموقف أو الخبر[2].

التفكير مفهوم معقد ينطوي على أبعاد ومكونات متشابكة تعكس الطبيعة المعقدة للدماغ البشري، فقد توصلت البحوث والدراسات البيولوجية والعصبية حول تكوين الدماغ البشري فهو يولد (25) واط من الطاقة في حالة الوعي، وتنقل المعلومات فيه بسرعة (220) ميل في الساعة، وتنتقل بين جانبي الدماغ الأيمن والأيسر بلايين الوحدات (Bits) من المعلومات في الثانية، علما أن ما يستخدمه الإنسان من طاقة الدماغ هي اقل من (5%)[3].

---

[1]- Ruggier, v (1988): The Art of Thinking, (2nd) Edition, N.Y: Harper & Row Pub COM. ,p.2

[2] - Barrell, J (1991): Students preconception introductory meachaines. American Journal of Science. Vol., 50. No 2. ,p.21

[3] - Clark, A (1992): The mind, (2nd). N Y: John Wiley and Sons. ,p.142

كما أن الدماغ البشري قادر على تخزين (100) تريليون معلومة، أي اكثر بـ (500) مرة من حجم المعلومـات في المجموعة الكاملة من الموسوعة البريطانية4.

وفي كثير من دول العالم أصبحت من متطلبات المناهج التربوية أن تولي اهتماما كبيرا للتفكير وتضعـه كهدف من الأهداف التي يجب أن تنتهي إليه عمليتا التعليم والتعلم، وقد طورت البـرامج التربويـة العديدة من أنشطتها التي تهدف إلى تـدريب الطلبـة علـى التفكير، فيرى (Chance) أنه نتيجـة للانفجـار المعرفي أصبح الناس أقل اعتمادا على الحقائق والمهارات الأسـاسية، وأكثر اعتمادا علـى القـدرة في معالجـة المعلومات، ولذلك ينبغي تنمية التفكير بأنواعه لدى الطلبة لمواجهة متطلبات العصر5.

ويرى (Noris) أن التفكير ليس خيارا تربويا فحسب، وإنما ضرورة تربوية لا غنى عنها، ويعزو ذلك إلى جملة من الاعتبارات منها: أن تنمية التفكير لـدى الطلبـة تـؤدي إلى فهـم أعمـق للمحتوى المعرفي الـذي يتعلمونه، إذ إن التعلم في أساسـه عمليـة تفكير، وأن توظيـف التفكير في التعلم يحول عمليـة اكتسـاب المعرفة من عملية خاملة إلى نشاط عقلي، مما ينعكس على إتقان أفضل للمحتوى المعرفي وربط عناصره بعضها ببعض6.

وتعد قدرات التفكير متطلبا رئيسا لجميع فئات المجتمع، فالفرد الذي يمتلك هـذه القـدرات يكون مستقلا في تفكيره، مراقبا له، ومتحررا من التبعية، قادرا على اتخاذ قرارات صائبة في حياته، وواعيا للأنظمة الاجتماعية، والاقتصادية، والسياسية في بلده، لا يسلم بها كما هي، وإنما يحاكمها على وفق معايير محددة، ويتخذ منها مواقف واعية بناء على تلك المعايير7.

4- مايرز، شيت 1993، تعليم الطلاب التفكير الناقد، ترجمة عزمي جرار، مركز الكتاب الأردني ،عمان، الأردن، ص13.

5- قطامي، يوسف وقطامي، نايفة ،2000، سيكولوجية التعلم الصفي، ط1، دار الشروق للنشر والتوزيع، عمان، الأردن،ص411

6- Noris,1985:Synthesis of Research on Critical Thinking Educational leadership. Vol. 42, no.8.p.40

7- Paul, R. (1984): Critical Tinkling Fundamental to Education for a Free Society. Educational Leadership, 42 no 1. p.4

لقد أصبح من وظيفة التربية أن تعنى بتعليم الناس كيـف يفكرون، وأن تحـذرهم مـن مزالـق التفكـير، وتدربهم علـى أسـاليبه السـديدة، حتـى يستطيعوا أن يشـقوا طريقهم في الحيـاة بنجـاح، ويـدعموا بنـاء الحضارة، وحتى لا تسيطر عليهم أفكار الغير في تفكيرهم مع هذا الخظم الهائل مـن الأفكار التـي تطرح الثورة المعلوماتية المتمثلة بالإنترنت والحاسبات وفي مجتمع سريع التغير فلا بد من مساعدته على التكيف من خلال إتاحة الفرصة أمامه وتدريبه على حل المشاكل التي تواجهه بنفسه، إن طبيعة هذا العصر تحتاج بشدة إلى مفكرين غير تقليديين، بل مفكرين يتميزون بمهارات عليا تتلاءم مع هذا العصر، لأن هذا العصرـ يعتبر عصر الإبداع، لذلك ازداد الاهتمام مؤخرا بضرورة تحسين وتطوير مهارات التفكير (العليا و الدنيا) لدى طلبة المدارس في جميع المراحـل أي أن علـي التربيـة مسـاعدة المـتعلم علـي فهـم عمليـات التفكير، وخاصة العمليات العقلية التي يستخدمها هو نفسه في التعلم، وكذلك تمد المتعلم بالمعلومات الكافية عـن استراتيجيات التعلم المختلفة، وتساعده علي اختيار أنسبها بالنسبة لـه لاستخدامها في المواقـف التعليميـة التي يمر بها، وبالتالي يتعلم جيدا وبالطريقة التي تناسب تفكيره8.

كما أن التعلم الجيد هو الذي يمكن المتعلمـين مـن ممارسـة التفكير النقدي والتفكير الخـلاق واكتشـاف الحلول والحوار المبني علي التحليل والاستنباط9.

وهذا بدوره يؤكد علي دور التعلم من أجل التفكير وذلك بأن يكون لاهتمام بتدريب المـتعلم عـلي كيفيـة التفكير أكثر من الاهتمام بما يجب أن يفكر به، ويمكن أن يتم ذلك بتوفير بيئة تعليمية تبعث علي التفكير من خلال تدريس المناهج الدراسية. 10

8- Arends Richard , 1998: " Learning to Teach " 4th edition , Boston , McGraw Hill, P.425

9- المركز القومي للبحوث التربوية والتنمية 1996، التدريس لتكوين المهارات العليا للتفكير، قطاع الكتب بوزارة التربية والتعليم، القاهرة، ص5.

10- بخيت، خديجة أحمد ،2000، فعالية برنامج مقترح في تعليم الاقتصاد المنزلي في تنمية التفكير الناقد والتحصيل الدراسي لدي تلميذات المرحلة الإعدادية، المؤتمر العلمي الثاني عشر، مناهج التعليم وتنمية التفكير، المجلد الثاني، جامعة عين شمس، ص133.

ولكي تتمكن التربية من تنمية القدرات العقلية لدي المتعلمين علينا أن ننمي لديهم القدرة علي إدراك كيف يفكرون، وكيف يصلون إلي حل للمشكلات التي تواجههم، لأنه بهذه الطريقة نساعدهم علي رسم مخطط واضح لمسار تفكيرهم، مما يسهل عليهم عملية التعلم، وكذلك يسهل عليهم سرعة إنجاز المهام التي تطلب منهم، وأيضا أدائها بكفاءة عالية، مما يخلق لديهم القدرة علي التحليل والتفكير الناقد وكذلك التفكير الخلاق الذي يؤدي بنا إلي اللحاق بركب الحضارة والمشاركة الفعالة في الثورة العلمية الحادثة الآن .كما أن ما يساعد في تنمية القدرات العقلية لدي المتعلم هو إدراكه بالعمليات العقلية والمعرفية التي يقوم بها أثناء التعلم وليس ذلك فقط بل والتحكم فيها.

فوعي المتعلم بتفكيره وقدرته علي معرفة مشاعره لها أهميتها في فهم المتعلم لنفسه في حين أن عدم الوعي بها يتركه تحت سيطرتها[11].

وقد يتساءل البعض: هل يحتاج الإنسان أن يتعلم كيف يفكر؟ أو ليس الإنسان مفكرا بطبيعته؟ والجواب على ذلك أن الإنسان في حاجة إلى تعلم طرق التفكير، والتدرب على مهاراته، كحاجته لأن يتعلم كيف يتكلم، وكيف يعامل الناس، وتعليم التفكير الصحيح يبنى على بعض القواعد الأساسية، لا بد من غرسها في النفوس، وكلما كان تمثلها في سن أبكر كانت النتيجة أحسن.

إن إعداد الطالب للعيش، يتطلب من المهتمين بالتربية أن يساعدوه ويمكن تحقيق ذلك إذا احترمنا طرق تفكيره وكشفنا عن طاقاته الكامنة، من خلال توجيهها إلى الطريق التي تجعل هذا الطالب يصبح قادرا على حل المشاكلات التي يواجهها أو يفكر في طرق لحلها، و متكيفا مع بيئته التي يعيش فيها.

[11]- سعيد، أيمن حبيب، أثر استخدام استراتيجية التعلم القائم علي الاستبطان علي تنمية مهارات ما وراء المعرفة لدى طلاب الصف الأول الثانوي من خلال مادة الفيزياء ،المركز القومي للبحوث التربوية والتنمية، مجلة المعلم، الانترنيت.

فالعاقل يعلم، وينبغي أن يعلم من هو في رعايته، إن المرء لا بد أن يخطئ فهو لا يصيب دائما، لذلك عليه ألا يتعصب لأفكاره، فإذا واجهه إنسان بما يخالف رأيه فعليه أن يحسن الاستماع إليه، بقصد الوصول إلى الصواب، لا بقصد نقض كلامه، وفي تراثنا الإسلامي أمثلة عديدة لو تمثلها النشء لآتت أحسن الأكل، منها: قول الشافعي رحمه الله: « ما ناظرت أحدا فأحببت أن يخطئ»، وقوله: «وددت أن الناس لو تعلموا هذه الكتب، ولن ينسبوها إلي» وهذه قمة في الإخلاص والتجرد لله قل أن تسامى. و عن ابن عمر رضي الله عنهما: (خذ الحكمة، ولا يضرك من أي وعاء خرجت)، فهذه الأقوال وأمثالها، لو وظفت عليها عقول الناشئة لكان لها أحسن الأثر في تسديد التفكير وترشيده.

لذا اهتمت المناهج الدراسية عامة والمناهج العلمية والرياضيات بصورة خاصة دور كبير ومهم في تنمية وتطوير التفكير و نرى من بين أهداف تدريس الرياضيات أهداف تتعلق بأساليب التفكير وحل المشكلات تشمل:

اكتساب أساليب وطرق البرهان الرياضية وأسسها المنطقية البسيطة.

استخدام الأسلوب العلمي في التفكير.

التعبير عن بعض المواقف المستمدة من الواقع رياضيا ومحاولة إيجاد تفسير أو حل لها.

اكتساب القدرة على حل المشكلات الرياضية (عددية، جبرية، هندسية) .

استخدام أساليب التفكير المختلفة (الاستدلالي، التأملي،الناقد، التركيبي، التحليلي، الرياضي،...) .

والقدرة على الحكم على صحة ومعقولية الحل، حيث لوحظ بعض الطلبة لا يبالي إذا كان الناتج كسر ـ أو عدد صحيح سالب في مسألة يطلب فيها عدد العمال مثلا.

ابتكار أساليب جديدة لحل المسائل الرياضية.[12]

[12]- خضر، نظلة حسن احمد، 1984، أصول تدريس الرياضيات، ط3، عالم الكتب، القاهرة.

مهارة التفكير: هي القدرة على التفكير بفعالية، أو هي القدرة على تشغيل الدماغ بفعالية.
ومهارة التفكير شأنها في ذلك شأن أي مهارة أخرى تحتاج إلى:
التعلم لاكتسابها بالتمرين.
التطوير والتحسين المستمر في الأداء.
تحتاج إلى وقت طويل لاكتسابها.

إن تعلم مهارة التفكير أمر مؤكد رغم وجود اختلاف حول ذلك، والذي مرده إلى أن التفكير عملية طبيعية تلقائية يقوم بها أي إنسان، ولكن الإنسان يقوم بعمليات تلقائية كثيرة ومع ذلك فهو بحاجة إلى تعلمها وتطويرها والحاجة إلى تعلم التفكير وتعليمه تتأكد بأمرين:
اعتبار التفكير مهارة، وأية مهارة تحتاج في اكتسابها إلى التعلم.
أن التفكير عملية معقدة متعددة الجوانب تتأثر بعوامل كثيرة وتقف في طريقها العقبات.

تميل معظم التوجهات إلى إدخال التفكير ضمن المناهج لاتخاذه سبيلا للتحصيل المعرفي وإنتاج الأفكار. وهذا أمر ملح لا بد أن تتبناه كافة المؤسسات التعليمية وتدرجه في مناهجها لتواكب التقدم الهائل في التعليم ووسائله، وليكون لدى المتعلم القدرة على متابعة الكم الهائل من الثورة المعلوماتية المتزايدة مع الأخذ بالاعتبار أن لا يدرس التفكير كمادة مستقلة لها كتاب مقرر وتعد لها الامتحانات إذ لربما يفقد التفكير أهميته ومهمته، ولن يتجاوز كونه معرفة جديدة تضاف إلى لائحة المعارف الموجودة. فإنه مما يؤخذ على التعليم تركيزه على أعطاء المعلومات وكثرة الواجبات والأعباء الملقاة على المتعلمين، مما قد يعيق عملية التفكير أثناء التعلم بسبب التركيز فقط على تحصيل المعرفة.

اتجاهات تعليم التفكير:

الاتجاه الأول: و ينادي هذا الاتجاه بضرورة تنمية التفكير من خلال دروس وبرامج خاصة ومحددة في تطوير مهارات التفكير العليا و الدنيا.(برامج مستقلة مثل القبعات

الست لديبونو و غيرها) والدعوة إلى تدريس مادة التفكير كمادة مستقلة مثلها مثل بقية المواد التدريسية مثل الرياضيات والفيزياء ويتبنى هذا الاتجاه المفكر(DeBono,1986) فهو لا يؤمن في أن مهارات التفكير تنمو أو تتحسن من خلال تدريس تلك المواد التقليدية الرياضيات أو العلوم13.

الاتجاه الثاني: ويرى هذا الاتجاه إمكانية تطوير مهارات التفكير العليا و الدنيا من خلال الحصص اليومية للمواد الدراسية وخاصة في مادة الرياضيات 14،ومن المؤيدين لهذا الاتجاه أمثال(Judith L et al,1999) 15 وآخرون16.

ويميل الكاتب إلى مزج وجهات النظر هذه في استخدام الرياضيات كون تعليمها موجه لكل الطلاب في التعليم العام وليس باستطاعة المعلم أن يوجه الطلاب لبرامج التي تنمي التفكير حسب هواه وبإمكان المعلم انتقاء من الأساليب والأمثلة غير المنهجية المقررة أو تحويل بعض الموضوعات الدراسية المقرر إلى أساليب يمكن من خلالها تنمية التفكير التي يعرضها الكاتب وتوظيف أوقات الفراغ على شكل مسابقات بين الصفوف أو إصدار نشرات مدرسية تعتني بالإلغاز الفكرية وعرض فنون الرياضيات بأساليب مشوقة..

---

[13] - عبد النور كاظم2005، دراسات وبحوث في علم النفس وتربية التفكير ولإبداع، ط1، دار ديبونو للنشر والتوزيع،عمان ،الأردن

. - De Bono , Edward , CoRT Thinking , Teachers Notes ,Breadth , Pergamon Press , Second Edition , 1986

[14] - قادي، خديجة عمار، ملامح التفكير التي يحتاجها طالب المرحلة الثانوية و دور العملية التعليمية في توجيه تفكير الطلاب، كلية التربية، جامعة أم القرى، السعودية

[15] - Krulike , Stephen , and Jesse A. Rudnick. Reasoning and Problem Solving: A Handbook for Elementary School Teachers. Needahm Heights , Mass.: Allyn and Bacon , Inc. , 1993

[16] - National Council of Teacher of Mathematics , Developing Mathematical Reasoning in Grades K- 12.: 1999 Yearbook of the National Council of Teacher of Mathematics, Reston , Va.: National Council of Teacher of Mathematics, 1999.

& -Judith L , Fraivillig ,Lauren A, Murphy , and Karen C.Fuson.(1999). Advancing Children's Thinking. Journal for Research in Mathematics Education , 30, 184-170.

و بصورة عامة فإن تعليم مهارات التفكير يحقق في تكوين انقلاب نوعي في طريقة تدريس المناهج الدراسية وفي تحسين نوعية المخرجات للعملية التعليمية وبالتالي انعكاسه على خطط التنمية الوطنية للبلاد. فتعليم الطلاب و تدريبهم على ممارسة مهارات التفكير الدنيا و العليا مثل:

حل المشكلات PROBLEM SOLVING.

الألعاب التعليميةLEARNING GAMES

العصف الذهني BRAINSTORMING .

مهارات التفكير الناقد CRITICAl THINKING .

مهارات التفكير الإبداعي CREATIVE THINKING.

مهارات التفكير الرياضي

الاستقراء INDUCTIVE .

الاستنباط DEDUCTIVE.

فمثل هذه المهارات و غيرها تقوم بتنظيم العمليات العقلية [17]، و التي من شأنها المساعدة في تكوين شخصية العلمية المفكرة التي تتجاوز حدود المعلومة المرتبط بالمقرر الدراسي إلى توظيفها في مواقف أخرى تعليمية أو عملية. و من هنا تبرز الحاجة إلى تعلم وتعليم مهارات التفكير ودمجها في المنهج الدراسي لأسباب كثيرة منها:

إن التفكير مطلب ديني، دعا إليه القرآن في مواضع كثيرة منها قوله تعالى: {وسخر لكم ما في السماوات وما في الأرض جميعا منه إن في ذلك لآيات لقوم يتفكرون}(الجاثية:13).

إن التفكير مطلب لذكاء الفرد، فالذكاء قدرة عقلية تعبر عن نفسها بواسطة مهارات التفكير. وقد شبه العالم ديبونو العلاقة بين الذكاء وتعلم مهارات التفكير بالعلاقة بين محرك السيارة ومهارة قيادتها أو إطاراتها.

[17]-حبيب، مجدي عبدالكريم،1995،دراسات في أساليب التفكير،:مكتبة النهضة المصرية، جمهورية مصر العربية،ص29-30.

إن التفكير مطلب لزيادة التحصيل: يذكر العالم ايستز:بأن تعلم المحتوى الدراسي مقرونا بتعلم مهارات التفكير يترتب عليه تحصيل أعلى مقارنة مع تعلم المحتوى فقط،و يعطي الطالب إحساسا بالسيطرة الواعية على تفكيره مما ينعكس على تحسن مستوى التحصيل لديه وشعوره بالثقة في النفس في مواجهة المهمات المدرسية والحياتية.

إن التفكير مطلب مكمل لعملية التعليم: إن تعليم مهارات التفكير هو بمثابة تزويد الفرد بالأدوات التي يحتاجها حتى يتمكن من التعامل بفاعلية مع أي نوع من المعلومات أو المتغيرات التي يأتي بها المستقبل و يساعد على رفع مستوى الكفاءة الفكرية للطالب.

إن التفكير مطلب لنمو الاتجاه الإيجابي نحو التعلم: إن تعليم مهارات التفكير والتعليم من أجل التفكير يرفعان من درجة الإثارة والجذب للخبرات الصفية، ويجعلان دور الطلبة إيجابيا وفاعلا.

إن التفكير مطلب مكمل لصقل الموهبة: إن الحاجة إلى صقل الموهبة وتنميتها يقتضي- تعلم مهارات التفكير و ممارستها. فالموهبة قدرة قد تتلاشى مع مرور الزمن وقد تموت نهائيا، إذا لم تقترن عملية تنميتها بتعلم نطاق واسع من المهارات التفكير، بعد أن يتجاوز العمر الزمني العمر العقلي، وقد اعتبر بعض الباحثين في مجال الموهبة مثل رنزولي أن إتقان المهارات التفكيرية جزء لا يتجزأ من طبيعة الموهبة، وعبر عن ذلك بأن الموهبة هي حصيلة تقاطع ثلاث دوائر تمثل المهارات التفكيرية واحدة منها.

إن التفكير مطلب لمواجهة الكم الهائل من المعلومات التي تتدفق علينا كل يوم: وإذا لم نستوعبها بطريقة منظمة تقوم على أساس التفكير فلن نتمكن من هذه المعلومات مطلقا.

إن التفكير مطلب لاكتساب مهاراته: كون التفكير فطريا لا يغني عن اكتساب مهاراته، لأننا نقوم بعمليات تلقائية كثيرة، ومع ذلك فنحن بحاجة إلى تعلمها، كما يعرض برامج الأمومة في التلفزيون لكيفية رعاية الأطفال.

إن التفكير مطلب لاكتساب مهارات أخرى:أن التفكير يسهل اكتساب المهارات الأخرى ويعمل على ترسيخها في النفس.

إن التفكير مطلب أساسي عند التخطيط: نتائج التجارب العالمية التي أثبتت الجـدوى الفعليـة والتحسـن النوعي المباشر في عملية التعلم والتعليم إذا قرنت بالاهتمام المدروس بمهارات التفكير من خلال دمجها في استراتيجيات التدريس، أو من خلال تطبيق منهج مستقل بالمهارات التفكيرية على غرار برنامج (الكورت) لديبونو والذي يطبق في كثير من دول العالم المتطورة تعليميا. بل تجاوزت تلك الدول حدود تطبيق منهج مستقل للمهارات التفكيرية وإنما نصت سياستها التعليمية صراحة على أن تنمية التفكير لـدى الطالب مطلب أساس يجب مراعاته عند التخطيط أو التنفيذ التربوي. فمثلا يعتبر في كنـدا تعلم مهارات التفكير الأساس المهم للتدريس، أمـا في شيلي فإن الاختبارات الرسمية للتفكير الناقد هـي الأساس للالتحـاق بالجامعة، و يعتبر الدور الأساس للمدرسة في اليابان هو تنمية القدرة على التفكير، و قد بـدء في بعض مشروع تربوي يتمثل في تطبيق تدريس مهارات التفكير لطلبة[18].

تنمية مهارات التفكير

إن تعليم مهارات التفكير السليم قد يكون أهم عمل يمكن أن يقوم به معلم أو مدرسة لأسباب كثيـرة منها:

1- التعليم المباشر لعمليات التفكير يساعد على رفع مستوى الكفاءة التفكيرية للطالب.

2- التعليم المباشر لعمليات ومهارات التفكير اللازمة لفهم موضوع دراسي، يمكن أن يحسن مستوى تحصيل الطالب في هذا الموضوع.

3 - تعليم مهارات التفكير يعطي الطالب إحساسا بالسيطرة الواعية على تفكيره مما ينعكس على تحسـن مستوى التحصيل لديه وشعوره بالثقة في النفس في مواجهة المهمات المدرسية والحياتية.

4 - تعليم مهارات التفكير هو بمثابة تزويد الفرد بالأدوات التي يحتاجها حتى يتمكن من التعامل بفاعليـة مع أي نوع من المعلومات أو المتغيرات التي يأتي بها المستقبل.

---

[18] - قادي، خديجة عمار، ملامح التفكير التي يحتاجها طالب المرحلة الثانوية، مصدر سابق

5 - إن تعليم مهارات التفكير والتعليم من أجل التفكير يرفعان من درجة الإثارة والجذب للخبرات الصفية، ويجعلان دور الطلبة إيجابيا وفاعلا.

ولا يكون تعلم وتنمية التفكير سهلا في البداية، ولكنه بعد التدريب والممارسة يصبح جزءا من مرحلة اللا شعور، والمجتمعات لا تتقدم إلا بالتفكير، ويقول مفكر ياباني " إن معظم دول العالم تعيش على ثروات تقع تحت أقدامها وتنضب بمرور الزمن، أما نحن فنعيش على ثروة فوق أرجلنا تزداد وتعطي بقدر ما نأخذ منها .

لكي تنطلق عملية التفكير لابد من وجود الدوافع، والحوافز المشجعة على القيام بالأعمال، والدعم المادي والمعنوي من الآخرين، كما لابد من إتاحة الفرصة لاستثمار ما اكتسبه الفرد من مهارات بالممارسة والتطبيق في وسائل مختلفة و المهارات المتعلقة بالتفكير هي:

مهارات الإعداد النفسي: وتتمثل في:

1. إثارة الرغبة في الموضوع المراد تدريسه، وتعرف بحب الاستطلاع وإثارة التساؤلات والتعمق.
2. الثقة بالنفس وقدرتها على التفكير والوصول إلى النتائج.
3. العزم والتصميم، ويتمثلان في: السعي لهدف، وتحديد الوجهة وطريقة العمل والمتابعة المتواصلة الذاتية لذلك، والحرص على النتائج المفيدة.
4. المرونة والانفتاح الذهني وحب التغيير: الإقرار بالخطأ أحيانا، والاستماع إلى وجهة نظر الآخرين (فتأخذ بها أو ترفضها)، واستشارة الآخرين، والاستعداد للعدول عن وجهة النظر ولتغيير الهدف والأسلوب إن لزم الأمر، والتريث في استخلاص النتائج.
5. الانسجام الفكري، ويتمثل في تجنب التناقض والغموض، وسهولة التواصل مع الآخرين بأفكار مقنعة وواضحة ومفهومة.

مهارات الإدراك الحسي والذاكرة: وتتمثل:

1. توجيه الحواس حسب الهدف والخلفية العلمية أو الفكرية. وهـذا يعنـي التمـرس عـلى توجيـه الانتباه.
2. الاستماع الواعي والملاحظـة الدقيقـة وربـط ذلـك مـع الخـبرة الذاتيـة، أي تمحيص الاحساسـات والتأكد من خلوها من الوهم والتخيلات.
3. توسيع نطاق الإدراك الحسي بالنظر إلى عدة اتجاهات ومن عدة زوايا.
4. تخزين المعلومات وتذكرها بطريقة منظمة واستكشافية، وإثارة التساؤلات، واستكشاف الأنماط، واستخدام الأمـارات الدالـة والأشـياء المميـزة، واللجـوء إلى القواعـد التـي تسـهل تـذكر الأشـياء، ومناقشة الآخرين والتحدث معهم بغية أثارة التذكر لدى الفرد.

مهارات الواقع والمعلومات: وتتمثل:

1. إعادة ترتيب المعلومات المتوفرة: التركيب، التصنيف، اتباع المنهج الملائم.
2. جمع المعلومات واستخراجها من مصادرها، والسؤال عنها، والبحث التجريبي.
3. تمثيل المعلومات بصورة ملائمة، في جدول أو رسم بياني أو مخطط أو صورة.
4. استكشاف الأنماط والعلاقات فيما بين المعلومات، من: ترتيب، وتعاقب، وسبب ومسبب.
5. اكتشاف المعاني، والاشتقاق، والتلخيص، والتخيل للكشف عن المضمون.

معوقات التفكير وأخطاؤه:وتتمثل في الأمور الآتية:

الإدراك الحسي: تتمثـل معوقاتـه في عـدم القـدرة عـلى رؤيـة الوضـع مثـل رؤيـة العـوارض دون المشـكلة الحقيقية، وفي رؤية جانب واحد من الموضوع وترك الجوانـب الأخـرى مثـل رؤيـة حـل واحـد لا غـير، وفي اعتبار جانب من الزمن فقط كالماضي. وينطبق على ذلك كثير من الفروض المسلمة وهـي في حقيقـة الأمـر ليست كذلك. فقد وجد أن الأنماط

الفكرية السائدة في الدماغ تؤثر على طريقة التفكير مما يؤدي إلى صرف الانتباه عن الوضع الصحيح، لذا لا بد من تدريب الانتباه على ذلك.

المعلومات: فتتمثل في نقص المعلومات، واستخدام معلومات خاطئة، أو وجود معلومات زائدة عن الحاجة تؤدي إلى الإرباك.

الحالة النفسية لدى الشخص المفكر: فقدان الرغبة في العمل والدراسة، وعدم الاستماع للآخرين والأخذ بآرائهم، وعند اخذ الأمور على علاتها أو كمسلمات، وعند فقدان الثقة بالنفس والعزم والتصميم والانفتاح الذهني.

أثر البيئة: أي ما يحيط بالطالب من تأثير على طريقة تفكيره من توفير الجو الملائم للتفكير. علاوة على أن التفكير مرتبط بالبيئة الاجتماعية والثقافية والجسدية وبالمثيرات من حوله. فالجو العائلي والمجتمع مثل المدرسة لها تأثير بالغ قد يكون مشجعا وقد يكون مدمرا.

التنفيذ: التفكير عملية نشطة وفاعلة ولكن تنمية مهارات التفكير بطيئة وتحتاج إلى الصبر، وينبغي الحرص على أن تجري بطريقة متكاملة تسهل اكتساب المعرفة والمهارات الأخرى، ويفضل أن يكون ذلك عن طريق العمل الجماعي، وذلك بتنظيم الدارسين في مجموعات صغيرة، وإعطائهم الفرصة لإجراء احتمالات الحل لمشكلة معينة بأنفسهم ليكتسبوا الثقة والجرأة، و ممارسة أدوار إدارية وقيادية، ثم التنويع في المشكلات أو المواقف المعطاة لهم بحيث تتراوح بين ما هو متوفر فيه المعلومات وآخر يحتاج إلى معلومات وآخر يحتاج إلى تجريب وهكذا.

إن مثل هذه الأعمال تقوي النفس وتؤهلها للعمل الجاد وتحمل المسؤولية، فالعمل الجماعي يتطلب أن يسهم كل واحد برأيه في استخلاص النتائج، وأن يستمع للآخرين وأن يتجنب الوقوع في الأخطاء أمام زملائه، كما يرفع من مستوى الطلبة الضعاف ويحثهم على التقدم. كما أن المشاريع والتجارب تعني وجود أهداف لابد من تحقيقها، ولابد من إنجاز العمل في وقت محدد، وأنهم لابد أن يحصلوا على الدرجة المناسبة. كما

يساهم الطلاب في اتخاذ القرارات وحل المشاكل وفي تقييم أداء بعضهم بعضا ثم الاستفادة مـن ذلـك في حياتهم العملية.

كذلك لابد من تأكيد دور المعلمين، والمتمثل في تسهيل عمل الطلاب بالحرص عـلى تـوجيههم الوجهة الصحيحة، ومراقبة أعمالهم ومتابعتها للحصول على نتائج سليمة. كما يترتب عليه إثارة روح التساؤل فيهم وتشجيعهم على ذلك، وأن يعمل هو بنفسه على استكشاف الخلفية التي لديهم عن طريق الأسئلة، وذلـك ليتمكن من البناء عليها. وهذا يعني التفاعل المستمر مـا بين الطالب والمعلم، لاسـيما عـن طريق التغذيـة الراجعة، كما يمثل المعلم دور المستشار حين الضرورة، ولتحقيق ذلـك لابد أن تتـوفر لديـه روح التـدريب، والإشراف والتوجيه وحب العمل، بالإضافة إلى الخلفية المناسبة لذلك.

طرائق توظف لتعليم التفكير

ويمكن للمعلم أن يستفيد في تعليم التفكير من الطرائق الآتية:

المقارنة: وتكون بإبراز أوجه التشابه أو الاختلاف أو العلاقة بين شيئين، أو فكرتين، أو عمليتين،.. إلـخ، فقد تكون المقارنة بين شكل متوازي الأضلاع وشكل شبه المنحـرف أو بـين الأعـداد الفرديـة، والأعـداد الأوليـة، وهناك بعض الألغاز تدعو إلى اكتشاف الفروق بين رسمين أو صورتين، هـذه مـن شـأنها تقويـة الملاحظـة والتركيز عند المتعلم فكم من متعلم لا يبالي في حل مسألة رياضية يطلب في إيجاد عدد العمال على سـبيل المثال ويكون الناتج كسرا أو قيمة سالبة ويستشهد الكاتب بواقعة معه عنـدما كـان مدرسا لمعهد إعـداد المعلمين وكان يناقش حل مسألة معينة مع طالب وكانت الآتي:

تغيب 2 %من طلاب مدرسة عن الدوام وكان عددهم (300) طالب جد عدد الطلاب الغائبين؟

ليس بالمسالة أي صعوبة وكان النقاش كيف ندرس مثل هـذا النمـوذج مـن مسـائل النسـبة ونتـدب أحـد الطلبة لحل السؤال وكان الحل:

$$\frac{\text{عدد الطلاب الغائبين}}{\text{العدد الكلي}} = \frac{2}{100}$$

إلا أن الطالب دون أن ينتبه قلب المعلومات التي توضع بالنسبة حيث أكمل الحل:

$$\frac{300}{\text{س}} = \frac{2}{100} \quad \text{ومنها س} = \frac{300 \times 100}{2} \quad \text{س} = 15000 \text{ عدد الطلاب الغائبين.}$$

وعندما وجه إليه السؤال:

المعلم: هل أنت مقتنع في هذا الحل؟

الطالب: هل في الخطوات من خطأ؟ وراح يعيد حساباته واختصاراته وقال لا أجد في الخطوات من خطأ.

المعلم: اترك الخطوات والتأكد من الضرب والقسمة، وإنما أنظر إلى ناتج المسألة؟

الطالب: في صمت وعدم الإجابة.

المعلم: كم عدد طلاب المدرسة؟

الطالب: (300) طالب.

المعلم: وكم عدد الغائبين في المدرسة حسب ما أوجد أنت؟

الطالب: (15000) طالب

وهنا انتبه معظم الطلاب وبدأ قسم منهم يضحك، أن الناتج لا يعقل، وطلب المعلم منهم أن يذكروا أين المغالطة التي وقع بها الطالب لتظهر هذه النتيجة الغير منطقية.

التلخيص: والمراد به تلخيص موضوع رياضي، أو إبراز الخطوات الرئيسية لحل نماذج من تمارين رياضية(رسم الدالة مثلا، أيجاد الدالة مستمرة أم غير مستمرة). واختصار ذلك إلى ثلث الحجم الأصلي أو ربعه مثلا. وتتطلب عملية التلخيص فهما دقيقا للمادة، وقدرة على إعادة عرضها، بحيث تسلم أهدافها الرئيسة وأفكارها من الحذف أو التشويه. والتلخيص مهارة يتطلب إتقانها تدريبا مستمرا بإشراف معلم قدير.

الملاحظة: تعد الملاحظة أساس المنهجية العلمية، وهي الخطوة الأولى نحو إدراك ماهية الأشياء، أو الأحداث، أو العلاقات، وهي وسيلة مهمة من وسائل دراسة الظواهر الطبيعية، والاجتماعية، والنفسية، وملكة الملاحظة قابلة للتنمية عن طريق التدريب، والملاحظات أنواع منها: السمعي، والبصري، والذهني، ومن أمثلتها: أن يطلب المدرب(أو المعلم) من طلبته مراقبة عرض تقديمي لاستنتاج مساحة شبه المنحرف من خلال مدته (10 دقائق)، ثم يدونون ما لاحظوه.

التصنيف: يرتبط التصنيف بالمقارنة، ويقوم على أسس ومعايير محددة، ويستخدمه الفرد مستعينا بحصيلته المعرفية، وخبراته المكتسبة، ويبدأ بخطوات الجمع، والمقارنة، وتحديد جوانب التشابه والاختلاف بين الأشياء التي هي موضوع التصنيف، ولا بد من ملاحظة أساس التصنيف أو معياره في تلك العملية من بدايتها إلى نهايتها، مثل قدرة الطالب على تصنيف الحدوديات.

التفسير: يستخدم الفرد حصيلته المعرفية في تفسير الأشياء والظواهر، والأحداث.. ويستفيد في هذا من الملاحظة التي تمكنه من جمع البيانات والمعلومات حول ما يريد تفسيره، وفي ضوء ذلك قد يقوم بصياغة (فرضية) تعبر عن العلاقة أو العلاقات القائمة بين هذه المعلومات والبيانات، وقد يلجأ إلى المقارنة لتجلية أوجه الشبه أو الاختلاف بين هذه العلاقات، فمثلا يعرف الطالب حل السؤال الآتي:

$$\frac{1}{7} + \frac{3}{7} = \frac{4}{7}$$

ولكن الكثير من الطلبة لا يعرف لماذا جمعنا البسط دون المقامات، ولكن الذي عنده معلومات ويعرف ماذا يعني الكسر الأول والثاني، ويفسر العملية: ويمثلها مثلا بتقسم لوح إلى سبعة أجزاء و أخذنا منه (3)أجزاء أولا وبعدها أخذنا(1) جزء، نكون قد أخذنا منه (4) أجزاء، ونستطيع أن نمثلها بالرسم: (3) أجزاء مضللة، ثم (1) جزء أقل تضليل، يصبح المجموع(4) أجزاء من أصل(7) أجزاء.

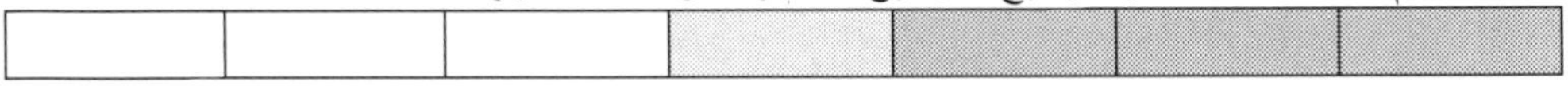

ثم تصاغ العملية: عند جمع الكسور ذات المقامات المتساوية يبقى المقام كما هو ونجمع فقط البسط.

النقد: والمقصود هنا النقد البناء الـذي يظهـر مـواطن القـوة والضـعف في العمـل، أو الفكـرة التـي هـي معروضة للنقد والمناقشة، والنقد بهذه المنزلة مهارة مهمة من مهارات التفكيـر وهو ذو جـدوى كبيـرة في الوصول إلى الصواب، أو تطوير فكرة أو مشروع ما، لأن النـاظر الواحد قد تخفى عليـه بعـض الزوايـا، أو يكون متأثرا ببعض العوامل النفسية التي تدفعه للتحيز،دون أن يشعر مع الفكرة أو ضدها، ونسوق المثال الآتي: معلم سأل عدة أسئلة روتينية لتثبيت مفهوم الطرح، كان منها: (7) طيور على الشجرة أصاب صياد ببندقيته(3) منها فكم طيرا بقى على الشجرة، كانت الإجابة الروتينية على هذا السـؤال مـن أحـد الطلبة: 7-3=4

ولكن طالب أخر اعترض على هذا الحل وقال: لم يبقـى شيء على الشجرة لأن البقيـة تهـرب مـن سـماع الإطلاقة، وهذا جواب منطقي جعل المعلم يصمت قليلا ولا يدري ماذا يجيب الطالب.

البحث عن افتراضات: يحاول الفرد صياغة فرضيات معينة بشـأن بيانـات، أو معلومـات، أو أفكـار، أو وجهات نظر، أو دراسات في مجال ما، وقد يكون الافتراض صحيحا أو خطأ، والحكم عليه يتم بموجب أدلـة أو معلومات تثبته أو تنفيه، فمثلا: إذا وصلتنا إشارات من الفضاء الخارجي، فقد نفترض أنهـا صـادرة عـن كائنات حية تعيش هناك، ولكننا لا نستطيع قبول هذا الافتراض مـا لم تثبته الأدلـة، وإذا تـأخر رب الأسرة عن موعد عودته بعد الظهر فقد تفترض الزوجة أن أحد أصدقائه قـد دعاه إلى الغـداء، ولا هـاتف عنـده ليخبرها بذلك، وقد تفترض أنه أصيب بحادث، ولكنها لا تستطيع أن تقطع بشيء ما لم يقم لديها الدليل.

التخيل: تعد كتابات وقصص الخيال العلمي من أوضح الأمثلة علـى أهميـة التخيـل، حيث يـؤدي الخيـال القائم على بعض الأسس العلمية وظيفة المحرك الرئيس الذي ينسج الحدث، ويشكل وقائعه، وفي قصص الخيال العلمي نجد تصورات لثقافات عالم المستقبل، كمصنع كبير تديره الحواسيب الآلية، أو اختراع سيارة وقودها الماء، أو

استخلاص عقار من نبات معروف يفيد في علاج مرض مستعص، أو استخدام الرقاقات الإلكترونية في شفاء بعض أنواع العمى. ويجسد التخيل القدرة على الإبداع والابتكار، والخروج عن المألوف، كما أنه يمثل بنية افتراضية عناصرها من نسيج الخيال، ويتطلب تحقيقها جملة من الشروط والعناصر، والعوامل المساعدة، ومعرفة علمية كافية، هذا إذا كانت قابلة للتحقيق ولم تكن من شرود الخيال. ويمكن توظيف ملكة التخيل للارتقاء بمستوى التفكير، والتدريب للمساعدة في زيادة القدرات الإبداعية مثل: الطلاقة، والأصالة، والمرونة، والميل إلى معرفة التفصيلات.

نقل الخبرة من موقف إلى آخر: يتعلم الفرد في ظروف ومواقف معينة مفاهيم، ومبادئ، وحقائق، ويعالج موضوعات ومشكلات عديدة، ويتعرف على ظواهر مختلفة، تشكل كلها مخزونه المعرفي، وليس المقصود من التعلم أن يلجأ الفرد إلى هذا المخزون عندما يمر بظروف ومواقف مماثلة لما مر به فحسب، بل المقصود أيضا أن يستفيد من ذلك المخزون في مواقف وظروف جديدة. فتعلم الرياضيات في المدرسة -مثلا- يمكن الفرد من حساب نفقاته الشهرية، أو إعداد الميزانية الخاصة بتجارته، أو استخدام الرياضيات في تطبيقات صناعية، وإذا ذهبنا إلى أبعد من هذا نقول: إن الرياضيات تعلمه أن في الحياة مواقف لا تنفع فيها العواطف ولا يستخدم فيها إلا المنطق والبرهان. فإثبات أن مربع الوتر في المثلث القائم الزاوية يساوي مجموع مربعي الضلعين الآخرين لا يتم إلا بالبرهان، ولا تنفع فيه العواطف أو الوساطات.

وهناك أسئلة يمكن للمعلم أثارتها عند حل المسائل الرياضية يمكن تصنيفها بالطرائق الآتية:

الطريقة 1: هل هناك طريقة أخرى للحل؟ بعد إجابة أي مسألة، والتأكد من حلها، وعدم تغيير أي كلمة أو عدد أو مقدار أو معطى أو مطلوب، يجب على المعلم الذي يريد تحسين وتطوير تفكير طلبته أن يوجه لهم هذا السؤال (هل هناك طريقة أخرى للحل؟ وما هي؟) لكي يجبرهم ويتحداهم في سلك طرق أخرى للإجابة، تكون هذه الطرق الجديدة هي التفكير الإبداعي، يجب عليه أن يسأل، ويعطي الوقت الكافي، وينتظر، وسوف يرى

الطرق الكثيرة التي يفكر بها الطلبة منها الصائب ومنها الخاطئ، ويستطيع المعلم أن يوجه الطلاب لتصحيح الخطأ(تفكير ناقد) في طريقة زميلهم.

الطريقة2: ماذا لو ....؟ المقصود هنا بعدما تتم إجابة المسألة، يقوم المعلم بتغيير أحد المعطيات في المسألة، أو أحد المقادير، أو الأعداد، أو الكميات، أو أحد الشروط، أو جميعها، أو المطلوب، هنا يجبر الطالب التفكير بطريقة ناقدة من أجل إيجاد الحل المنشود، ويمكن أن نطلب حلا آخر إذا أمكن، نعود إلى تحسين وتطوير التفكير الإبداعي من جديد.

الطريقة3: ما الخطأ؟ يقوم المعلم بعرض موقف أو مسألة رياضية يكون فيها خطأ، إما أن يكون خطأ في حقيقة، أو خطأ في مفهوم، أو خطأ في الإجراء، أو خطأ منطقي في عملية استقرائية أو استنتاجيه. ثم يطلب المعلم من الطالب كشف الخطأ مع ذكر سببه، وثانيا: يطلب المعلم من الطالب تصحيح هذا الخطأ. عملية كشف الخطأ وتصحيحه تعتبر عملية تفكير ناقد، وإذا تم تصحيح الخطأ بعدة طرق مختلفة فهذا يعني أن هناك تفكيرا إبداعيا.

الطريقة4: ماذا تفعل؟ ويقصد به أن يعطي المعلم الطالب مسألتين، ويطلب منه أن يقرر بناء على الحل: أي الحلين أفضل، ولماذا؟ هذه الطرائق تؤدي إلى تحسين وتطوير التفكير الإبداعي لدى الطالب.

ولنأخذ جانب من نقاش المعلم مع طلبته لتوضيح ما سلف ذكره لحل مسألة معينة:-

المسألة: إذا علمت أن أحداثي النقطة أ (3، 1) وأحداثي النقطة ب (3، 5)، كيف تجد المسافة بين النقطة (أ) و النقطة (ب) ؟

المعلم: من يوجد لديه طريقة لحل هذه المسالة، ثم يتأكد من صحة الحل ؟

الطالب1: أستطيع أن أجد المسافة باستخدام القانون المسافة العام الذي درسناه:

$$\sqrt{(\text{س}_2-\text{س}_1)^2+(\text{ص}_2-\text{ص}_1)^2} = \sqrt{(5-1)^2+(3-3)^2}$$

$$= \sqrt{16+0} = \sqrt{16} = 4 \text{ وحدة مسافة}$$

المعلم: حسنا، من يوجد لديه طريقة أخرى لحل هذه المسالة؟
(إثارة التفكير الإبداعي لدى الطلاب).

طالب2: نرسم القطعة على محاور الإحداثيات أولا: بعد رسم القطعة على السبورة ثم نحسب عدد الوحدات من خلال المربعات وهي 4.

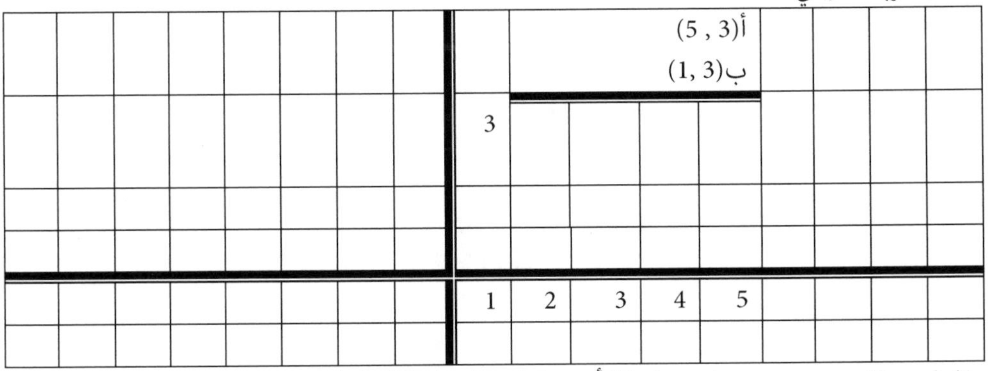

								أ(3 , 5)							
								ب(3, 1)							
							3								
							1	2	3	4	5				

المعلم: هذا جيد، من يوجد لديه طريقة أخرى لحل هذه المسالة؟ (تفكير إبداعي).

طالب3: القطعة بعد رسمها على ورق المربعات من الواضح إنها تـوازي مـحور السـينات وفي هـذه الحالـة حلهـا مباشر = القيمة المطلقة I س2 – س1 I = I 5 - 1 I = 4

المعلم: هل من حل أخر؟

طالب4: بدون الرسم إنا عندما ألاحظ تشابه احداثيين من النقطة أعلم إنها تـوازي مـحور السـينات أو الصـادات ونطرح مباشرة الإحداثيات الغير متشابهة.

المعلم: كل الطرائق حلها صحيح ولكن الحل الأخير انسب ومباشر ومطلوب التفكير في الحالة التي ينطبـق عليهـا القانون المناسب.

المعلم:ماذا يحصل لو كانت القطعة في السؤال قد حولت إلى الشكل عمودي ومـا ذا تسـمى هـذه الحالـة: (إثـارة التفكير الناقد لدى الطلاب، لاحظ تغيير شروط المسالة ولم يضع المعلم أزواج مرتبة).

الطالب5: نستطيع استخدام جميع الطرائق السابقة أعلاه و يمكن أن نخرج الجواب.

الطالب6: في هذه الحالة نطبق الكلام الأخير حيـث هنـا تكـون القطعـة موازيـة لمحـور الصـادات ونطـرح فقـط إحداثيات السينات في النقطتين.

المعلم: جيد إذن بشكل عام إذا كان هناك مسألة، مطلوب فيها طولها، إذا تساوت المساقط السينية، الجواب هـو حاصل طرح الصادات وبالعكس.

36

المعلم: ماذا يحصل لو غيرنا القطعة كما في الشكل (القطعة مائلة) ويرسمها على المحاور ويثبت الأرقام؟ (تفكير ناقد) .

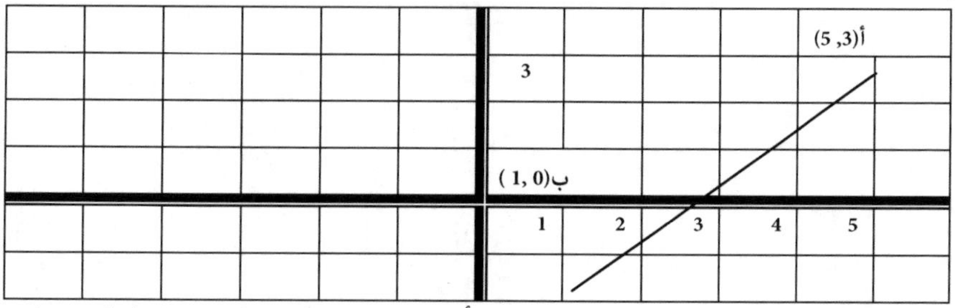

الطالب7: نستطيع استخدام الطريقة العامة للمسافة أو البعد، وتصبح عملية رسم القطعة وحساب طولها من خلال المربعات غير مجدية.

المعلم: حسنا، من يوجد لديه طريقة أخرى لحل هذه المسالة؟ (تفكير إبداعي).

الطالب8: نقوم بإنشاء مثلث قائم الزاوية في النقطة جـ عند أحداثي السيني(5)، ثم نجد طول أ ب (الـذي يمثل الوتر) بسهولة عن طريق مبرهنة فيثاغورس.

الطالب9: أني عود نفسي حتى أحفظ القانون باستمرار أقوم (بطرح السينات ثم أربعه) + (طرح الصادات وأربعه) ثم اجمع وأجذر.

المعلم: هذا ممكن، ولكن اسأل سؤال هل يؤثر طرح(س2 - س1) أو(س1 - س2).

طالب: لا يا أستاذ لأن التربيع يلغي الإشارة إذا كان ناتج الطرح بالسالب.

الفصل الثاني

أولا: تنمية التفكير من خلال التسلية

أن من الأهداف العامة لتدريس الرياضيات بالمرحلة المتوسطة **و**الوجدانية منها:

- اكتساب قيم إيجابية من مثل: (الدقة التنظيم، المثابرة، والموضوعية في الحكم على المواقف، واحترام الرأي الآخر، وحسن استغلال الوقت)
- تذوق الجمال الرياضي من خلال اكتشاف الأنماط والنماذج وما بها من تناسق.
- تنمية تقدير الذات للكفاءة الرياضية.
- تنمية الثقة بالرياضيات كوسيلة وغاية.
- تكوين ميول واتجاهات إيجابية نحو دراسة الرياضيات.
- تقدير دور العرب والمسلمين وغيرهم في تطوير علم الرياضيات.
- الشعور بالاستمتاع من دراسة الرياضيات وتوظيفها في جوانب ترفيهية مثل الألغاز والمغالطات[19].

أ- التسلية مع المربعات السحرية: هي مربعات عددية عدد صفوفها يساوي عدد أعمدتها، وفيها نجد أن مجموع أرقام أي صف يساوي مجموع أرقام أي عمود و يساوي مجموع أرقام **أي قطر.**
درجة المربع السحري (سعته): هي عدد صفوفه و عدد أعمدته ويرمز لها(3 x 3) مثلا.
وعندما يطلب ملأ مربع سحري هناك من يأخذ احتمالات متعدد ويمسح عدة مرات وقد لا يصل إلى الحل **والسؤال الآن هل هناك قاعدة يمكن أن نملأ بها المربع السحري:**
مثال$_1$: هذا المربع مجموع كل من عموده وصفه وقطره يساوي (15) وهو من السعة (3 x 3)
والمطلوب وضع به أرقام (9, ...,1) بدون تكرار.

[19] - موقع وزارة التربية /الكويت الانترنيت

8	1	6
3	5	7
4	9	2

لنعرف بعض المصطلحات الخاصة بالمربع السحري:-

- **الثابت السحري ويرمز له برمز ث:** هو مجموع كل من العمود وصف، والقطر(هنا ث=15)
- **المركز يرمز له بالرمز م:** نحصل عليه بقسمة الثابت على رقم السعة(15÷ 3 = 5).

ثم نطبق القاعدة:

م +3=8	أقل رقم =1	م+ 1=6
م -2=3	م=5	م+2=7
م –1= 4	أعلى رقم=9	م –3=2

وهناك طريقة أخرى لا تحتاج إلى أي قوانين فقط نضيف مربعات على الشكل(3 x 3) لنفس (المثال المجموع = 15) على بحيث يصبح أقطار من ثلاث مربعات بين سطر وأخر ونكتب تسلسل الأرقام اعتيادي من بداية (الأسفل) كالآتي:

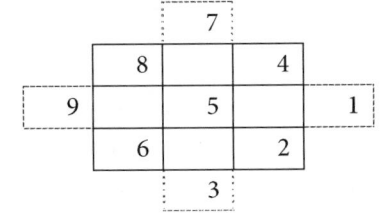

		7		
	8		4	
9		5		1
	6		2	
		3		

الأرقام في المربعات المنقطة تتحرك إلى أخر مربع فارغ في الصف أو في العمود أي ليس بجانبها راقب حركة الأرقام كالآتي:

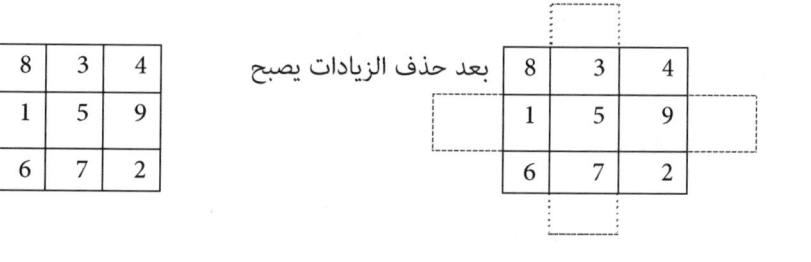

8	3	4
1	5	9
6	7	2

بعد حذف الزيادات يصبح

8	3	4
1	5	9
6	7	2

مثال2:أملأ المربع السحري(3 x 3) بأرقام من(3-11) بدون تكرار بحيث يكون مجموع كل قطر وعمود وصف 21

10	3	8
5	7	9
6	11	4

س1: كون مربع من الأرقام (3 x 3) من الأرقام (4-12) بدون تكرار ومجموع كل صف و عمود وقطر =24.

<u>**أمثلة لمربعات سحرية من الدرجة الخامسة**</u>

مثال 1: كون المربع السحري من الدرجة الخامسة من الأعداد(1,2,3,...,25) بحيث يكون كل صف وعمود وقطر =65. المبدأ نفسه 65÷ 5 = 13

17	24	1	8	15
23	5	7	14	16
4	6	13	20	22
10	12	19	21	3
11	18	25	2	9

س$_2$: حاول أن تكتشف المبدأ الذي من خلاله تترتب الأعداد في الجدول كما في المثال الأول؟

وممكن أن نستخدم الطريقة السابقة برسم مربعات إضافية هنا الأقطار تحتوي خمسة مربعات كما في الشكل الآتي وكتب الأرقام بتسلسل من القطر الأول:

ثم ابدأ بحركة الأرقام في المربعات المنقطة كما في الجدول (3 x 3) الذي شرحناه سابقا ونبدأ برقم البعيد أولا وبعدها مسح المربعات الزيادة ونحصل على المربع (5 x 5) المطلوب كما في الشكل الآتي:

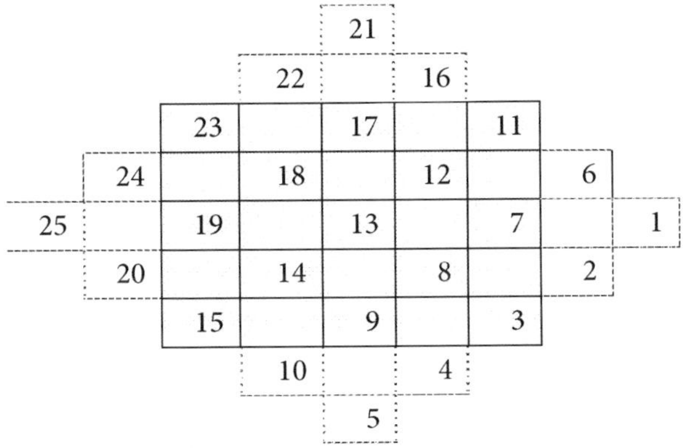

21
22 16
23 17 11
24 18 12 6
25 19 13 7 1
20 14 8 2
15 9 3
10 4
5

23	10	17	4	11
6	18	5	12	24
19	1	13	25	7
2	14	21	8	20
15	22	9	16	3

ب:التسلية مع المربعات بملأ الفراغات: يترك عدد فراغ(أو محله ?) به علاقة بالأعداد في المربع أو المستطيل و المطلوب من الطالب معرفته:

مثال: أوجد الحد المفقود في المربعات الآتية:

الشكل(1)

2	3	9
?	4	8
1	7	6

الشكل(2)

5	9	7
8	7	8
5	2	?

الشكل(3)

2	66	11
4	?	22

الشكل(4)

5	3	12
3	9	18
?	2	20

الشكل(5)

4	9	2
3	?	7
8	1	6

الشكل(6)

5	4	9
4	3	8
?	0	10

الشكل(7)

13	9	22
30	33	?
44	40	4

الشكل(8)

2	9	3
1	?	5
0	1	6

حاول معرفة الأرقام أولا بنفسك معتمدا على المناطق المضللة، ثم تأكد من الحل في أدناه:

الشكل(1) يعتمد بأن مجموع كل سطر يساوي (14) فيكون الحد المفقود = 2

الشكل(2) يعتمد بأن مجموع كل عمود يساوي (18) فيكون الحد المفقود = 3

الشكل(3) يعتمد بأن الرقم المضلل يساوي ضرب الرقمين في صفه×(3) فيكون الحد المفقود = 198

الشكل(4) يعتمد بأن نقسم الرقم الأول على الثاني ونزيد (1) فيكون الحد المفقود = 11

الشكل(5) يعتمد بأن مجموع كل عمود وصف وقطر يساوي (15) فيكون الحد المفقود = 5

الشكل(6) يعتمد بأن مجموع الرقمين من كل عمود مطروح منه (7) فيكون الحد المفقود = 2

الشكل(7) يعتمد بأن رقم القطر المضلل يساوي مجموع الرقمين في صفه فيكون الحد المفقود= 3

الشكل(8)يعتمد بأن رقم العمود المضلل يساوي الرقم الأول في صفه مرفوع لرقم الثاني فيكون الحد المفقود= 5

س$_3$: جد الحد المفقود في السلاسل الآتية:

سلسلة (1): 3,12, 6,24,12,----,24

سلسلة (2): 3,5,15,51,---,159,161

سلسلة (3): 64 ,32,16,8,-----,2,1

سلسلة (4): 2 ,4,16,----, 65536

سلسلة (5): 81,9,64,8,16,----,100,10

ثانيا :تسلى مع الأعداد

1 - العدد يظهر نفسه:

- لاحظ هذه الأعداد التنازلية مثل(987) ونضيف لها العدد(111) ومضاعفاته يظهر دائما العدد(**1089**):

987 + 111 =**1098**	&	543 + 555 =**1089**
876 + 222 =**1098**	&	432 + 666 =**1089**
765 + 333 =**1098**	&	321 + 777 =**1089**
654 + 444 =**1098**	&	210 + 888 =**1089**

- مرة أخرى مع العدد(**1089**):

– اكتب عددا مكون من ثلاثة أرقام (ليست كلها متشابه)، ثم اعكسها، جد ناتج طرح العدد الصغير من الكبير.

– أعكس هذا الناتج، ثم جد مجموع الناتج مع معكوسه يظهر لك العدد(**1089**) دائما.

مثال1: نأخذ العدد (345) ونطرح منه معكوسه أي 198 = 345 - 543
مجموع الناتج الطرح و معكوسه أي **1089**= 891 + 198

مثال2: نأخذ العدد (971) ونطرح منه معكوسه أي 792 = 179 - 971
مجموع الناتج الطرح و معكوسه أي **1089**= 792 + 297

مثال3: نأخذ العدد (109) ونطرح منه معكوسه أي 792 = 109 - 901
مجموع الناتج الطرح و معكوسه أي **1089**= 792 + 297

مثال4: نأخذ العدد (112) ونطرح منه معكوسه أي 099 = 112 - 211
مجموع الناتج الطرح و معكوسه أي **1089**= 990 + 099

مثال5: نأخذ العدد (367) ونطرح منه معكوسه أي 396 = 367 - 763
مجموع الناتج الطرح و معكوسه أي **1089**= 693 + 369

نتركك لتجرب أي أرقام أنت تختارها **وتسلى مع الرياضيات**

- خذ أي ثلاثة أرقام من (9 -1) وكون منها مجموعة مثلا تأخذ{ 3,2,1 } ثم جد مجموعها واستخرج كل المجموعات الجزئية منها المكونة من عنصرين ثم جد

مجموعها ثم قسم المجموع الثاني على المجموع الأول يظهر دائماً الجـواب يسـاوي(22) وإليـك مثال توضيحيا:

نختار المجموعة { 3,2,1 } ومجموعها (6=3+2+1)، ومجموع المجموعات الثنائية الجزئية لها:

$$32+23+31+13+21+12= 132 \quad \& \quad 132 \div 6 = \mathbf{22}$$

نختار المجموعة { 7,6,5 } ومجموعها (18=7+6+5)، ومجموع المجموعات الثنائية الجزئية لها:

$$76+67+75+57+65+56=396 \quad \& \quad 396÷18 =\mathbf{22}$$

نختار المجموعة { 1,6,4 } ومجموعها (11=1+6+4)، ومجموع المجموعات الثنائية الجزئية لها:

$$16+61+14+41+64 +46=242 \quad \& \quad 242÷11 = \mathbf{22}$$

نختار المجموعة { 8,0,1 } ومجموعها (9=8+0+1)، ومجموع المجموعات الثنائية الجزئية لها:

$$80+08+81+18+01 +10=198 \quad \& \quad 198÷9 = \mathbf{22}$$

نختار المجموعة { 1,5,2 } ومجموعها (8=1+5+2)، ومجموع المجموعات الثنائية الجزئية لها:

$$15+51+12+21+52 +25=176 \quad \& \quad 176÷8 = \mathbf{22}$$

نتركك لتجرب أي أرقام أنت تختارها وتسلى مع الرياضيات

- أختر أي عدد من (3) مراتب مكرر وقسمه على مجموع مراتبه يكون الناتج دائماً(37):

مثال₁: نأخذ العدد (111) مجموع مراتبه (3)   ويكون $111 ÷ 3 = \mathbf{37}$

مثال₂: نأخذ العدد (222) مجموع مراتبه (6)   ويكون $222 ÷ 6 = \mathbf{37}$

مثال₃: نأخذ العدد (333) مجموع مراتبه (9)   ويكون $333 ÷ 9 = \mathbf{37}$

مثال₄: نأخذ العدد (444) مجموع مراتبه (12)   ويكون $444 ÷ 12 = \mathbf{37}$

مثال₅: نأخذ العدد (555) مجموع مراتبه (15)   ويكو $555 ÷ 15 = \mathbf{37}$

نتركك لتجرب بقية الأعداد **وتسلى مع الرياضيات**

- اختر عدد مكون من مرتبتين عشريتين ثم أضربه ×(2) ثم + (14) وناتج(÷2) ثم أطرح من الناتج النهائي العدد الذي اخترته سيكون الناتج دائما مهما أخذت من أعداد يساوي(7).

مثال$_1$: نأخذ العدد(27): وقم بالخطوات المذكورة

27 x 2 =54 * 54 + 14 = 68 * 68 ÷2=34 * 34-27 = 7

مثال$_2$: نأخذ العدد(25): وقم بالخطوات المذكورة

25 x 2 =50 * 50 + 14 = 64 * 64 ÷2=32 * 32-25 = 7

مثال$_3$: نأخذ العدد(12): وقم بالخطوات المذكورة

12 x 2 =24 * 24 + 14 = 38 * 38 ÷2=19 * 19-12 = 7

مثال$_4$: نأخذ العدد(88): وقم بالخطوات المذكورة

88 x 2 =176 * 176+ 14=190 * 190 ÷2=95 * 95-88 = 7

مثال$_5$: نأخذ العدد(10): وقم بالخطوات المذكورة

10 x 2 =20 * 20+ 14 = 34 * 34 ÷2=17 * 17-10 = 7

نتركك لتجرب أي أرقام أنت تختارها **وتسلى مع الرياضيات**

س$_4$: هل تستطيع برهنة ذلك رياضيا؟

2- الناتج أعداد مكررة

- إذا ضربنا العدد(11) في الأعداد من (9- 1) يظهر الناتج من مرتبتين مكررة:

11 x 1 = 11
11 x 2 = 22
11 x 3 = 33
11 x 4 = 44
11 x 5 = 55
11 x 6 = 66
11 x 7 = 77
11 x 8 = 88
11 x 9 = 99

- إذا ضربنا العدد(37) في(3) ومضعفاتها(لحد27) يظهر الناتج من ثلاث مراتب مكررة:

37 x 3 = 111
37 x 6 = 222
37 x 9 = 333
37 x 12 = 444
37 x 15 = 555
37 x 18 = 666
37 x 21 = 777
37 x 24 = 888
37 x 27 = 999

س$_5$:حاول أن تكتب هذه الأمثلة بصيغة أخرى بحيث تحافظ على تسلسل النواتج.

- إذا ضربنا العدد(37037) في (3) ومضعفاتها(لحد27) يظهر الناتج من ست مراتب مكررة:

37037 x 3 =111111
37037 x 6 =222222
37037 x 9 =333333
37037 x 12 =444444
37037 x 15 =555555
37037 x 18 =666666
37037 x 21 =777777
37037 x 24 =888888
37037 x 27 =999999

- كذلك لو ضرنا العدد(15873) في العدد(7) ومضاعفاتها(لحد 9 مضاعفات)ستجد أن الناتج يظهر الناتج من ست مراتب مكررة:

15873 x 7 =111111
15873 x 14 =222222
15873 x 21 =333333
15873 x 28 =444444
15873 x 35 =555555
15873 x 42 =666666
15873 x 49 =777777
15873 x 56 =888888
15873 x 63 =999999

- إذا ضربت العدد(37037037) في الرقم(3) ومضاعفاتها(لحد 9أضعاف) ستجد أن الناتج من تسع مراتب مكررة:

$$37037037 \times 3 = 111111111$$
$$37037037 \times 6 = 222222222$$
$$37037037 \times 9 = 333333333$$
$$37037037 \times 12 = 444444444$$
$$37037037 \times 15 = 555555555$$
$$37037037 \times 18 = 666666666$$
$$37037037 \times 21 = 777777777$$
$$37037037 \times 24 = 888888888$$
$$37037037 \times 27 = 999999999$$

- كذلك إذا ضربت العدد(123456789) في الرقم(9) ومضاعفاتها(لحد 9 أضعاف) ستجد أن الناتج من تسع مراتب مكررة:

$$123456789 \times 9 = 111111111$$
$$123456789 \times 18 = 222222222$$
$$123456789 \times 27 = 333333333$$
$$123456789 \times 36 = 444444444$$
$$123456789 \times 45 = 555555555$$
$$123456789 \times 54 = 666666666$$
$$123456789 \times 63 = 777777777$$
$$123456789 \times 72 = 888888888$$
$$123456789 \times 81 = 999999999$$

س₆: ماذا لو عكسنا ترتيب الأرقـام أي ضرب العـدد(987654321) في الـرقم(9) مـاذا يكون النـاتج ؟جـرب بالحاسبة وسجل نتائجك وساهم في اكتشاف أسرار الرياضيات وتسلى معها.

3 - الناتج أعداد مكررة مرتين

- لو ضربنا العدد (101) في 2 ومضاعفاتها(أو في 3 ومضاعفاتها) نحصل علـى نـاتج (مـن مـرتبتين) مكرر مرتين:

101 x 2 = 0202	101 x 3 = 0303
101 x 4 = 0404	101 x 6 = 0303
101 x 6 = 0606	101 x 9 = 0303
101 x 8 = 0808	101 x 12 = 0303
101 x 10 = 1010	101 x 15 = 0303
101 x 12 = 1212	101 x 18 = 0303
101 x 14 = 1414	101 x 21 = 0303
101 x 16 = 1616	101 x 24 = 0303
101 x 18 = 1818	101 x 27 = 0303
101 x 20 = 2020	101 x 30 = 0303

- كذلك لو ضربنا العدد (202) في 2 ومضاعفاتها(أو في 3 ومضاعفاتها) نحصل على ناتج (من مرتبتين) مكرر مرتين:

202 x 2 = 0404	202 x 3 =0606
202 x 4 = 0404	202 x 6 =0606
202 x 6 = 0404	202 x 9 =0606
202 x 8 = 0404	202 x 12 =0606
202 x 10 = 0404	202 x 15 =0606
202 x 12 = 0404	202 x 18 =0606
202 x 14 = 0404	202 x 21 =0606
202 x 16 = 0404	202 x 24 =0606
202 x 20 = 0404	202 x 27 =0606
202 x 22 = 0404	202 x 30 =0606

س$_7$: هل تعتقد توجد مثل هذه الأعداد ضربت في 2 ومضاعفاتها(أو في 3 ومضاعفاتها) نحصل على ناتج (من مرتبتين) مكرر مرتين(لحد 9 أضعاف):

- لو ضربنا العدد (33033) في 2 ومضاعفاتها نحصل على ناتج(من ثلاث مراتب) مكرر مرتين:

33033 x 2 = 066066

33033 x 4 = 132132
33033 x 6 = 198198
33033 x 8 = 264264
33033 x 10 = 330330
33033 x 12 = 369369
33033 x 14 = 462462
33033 x 16 = 528528
33033 x 18 = 594594
33033 x 20 = 660660

وهكذا........................

- كذلك إذا ضربنا العدد(37037) في 2 ومضاعفاتها نحصل على ناتج (من ثلاث مراتب) مكرر مرتين:

$$37037 \times 2 = 074074$$
$$37037 \times 4 = 184184$$
$$37037 \times 6 = 222222$$
$$37037 \times 8 = 296296$$
$$37037 \times 10 = 370370$$
$$37037 \times 12 = 444444$$
$$37037 \times 14 = 518518$$
$$37037 \times 16 = 592592$$
$$37037 \times 18 = 666666$$
$$37037 \times 20 = 740740$$
$$37037 \times 22 = 814814$$

وهكذا.......................

- كذلك لو ضربنا العدد (33033) في 3 ومضاعفاتها نحصل على ناتج (من ثلاث مراتب) مكرر مرتين:

$$33033 \times 3 = 066066$$
$$33033 \times 6 = 132132$$
$$33033 \times 9 = 198198$$
$$33033 \times 12 = 264264$$
$$33033 \times 15 = 330330$$
$$33033 \times 18 = 369369$$
$$33033 \times 21 = 462462$$
$$33033 \times 24 = 528528$$
$$33033 \times 27 = 594594$$
$$33033 \times 30 = 660660$$

وهكذا.......................

ونحاول أن نطلب من الطالب تكوين مثل هذه الترتيبات بالمحاولات فلو جربنا مثلا العدد(2202)لو ضرب × 2 ومضاعفاتها أو 3 ومضاعفاتها:

22022 x 2 = 044044		22022 x 3 = 066066
22022 x 4 = 088088		22022 x 6 = 132132
22022 x 6 = 132132		22022 x 9 = 189189
22022 x 8 = 167167		22022 x 12 = 264264
22022 x 10 = 220220		22022 x 15 = 330330
22022 x 12 = 264264		22022 x 18 = 369369
22022 x 14 = 308308		22022 x 21 = 462462
22022 x 16 = 352352		22022 x 24 = 528528
22022 x 18 = 396396		22022 x 27 = 594594
22022 x 20 = 440440		22022 x 30 = 660660
............................وهكذا		............................وهكذا

س₈: حاول أن تجد على الأقل عددين بهذه الخاصية.

● إذ ضربنا العدد(33033033) في (3) ومضاعفاتها أو في (2) ومضاعفاتها نحصل على ناتج مكون من(ثلاث مراتب) مكرر ثلاثة مرات لحد عشرة أضعاف:

33033033 x 2 = 066066066		33033033 x 3 = 099099099
33033033 x 4 = 132132132		33033033 x 6 = 198198198
33033033 x 6 = 297297297		33033033 x 9 = 297297297
33033033 x 8 = 198198198		33033033 x 12 = 396396396
33033033 x 10 = 330330330		33033033 x 15 = 495495495
33033033 x 12 = 369369369		33033033 x 18 = 594594594
33033033 x 14 = 462462462		33033033 x 21 = 693693693
33033033 x 16 = 528528528		33033033 x 24 = 792792792
33033033 x 18 = 594594594		33033033 x 27 = 891891891
33033033 x 20 = 660660660		33033033 x 30 = 990990990

● كذلك إذ ضربنا العدد(33033033) في (3) ومضاعفاتها أو في (2) ومضاعفاتها نحصل على ناتج مكون من(ثلاث مراتب) مكرر ثلاثة مرات لحد عشرة أضعاف:

22022022 x 3 = 099099099
22022022 x 6 = 198198198
22022022 x 9 = 297297297
22022022 x 12 = 396396396
22022022 x 15 = 495495495
22022022 x 18 = 594594594
22022022 x 21 = 693693693
22022022 x 24 = 792792792
22022022 x 27 = 891891891
22022022 x 30 = 990990990

22022022 x 2 = 066066066
22022022 x 4 = 132132132
22022022 x 6 = 297297297
22022022 x 8 = 198198198
22022022 x 10 = 330330330
22022022 x 12 = 369369369
22022022 x 14 = 462462462
22022022 x 16 = 528528528
22022022 x 18 = 594594594
22022022 x 20 = 660660660

س$_9$: هل يوجد عدد أخر لو ضرب في (3) ومضاعفاتها أو في (2) ومضاعفاتها نحصل على ناتج مكـون مـن(ثـلاث مراتب) مكرر ثلاثة مرات لحد عشرة أضعاف:

4- الناتج أعداد مكررة بترتيب معين

- إذا ضربت العدد(3737) في (3) ومضاعفاتها نحصل على تسلسل عجيب:

3737 x 3 =11211
3737 x 6 =22422
3737 x 9 =33633
3737 x 12 =44844
3737 x 15 =56055
3737 x 18 =67266
3737 x 21 =78477
3737 x 24 =89688
3737 x 27 =100899
3737 x 30 =112110
3737 x 33 =123321

- إذا ضربت العدد(337) في العدد(3) يظهر الناتج بتسلسل جميل:

337 x 3 = 1011
337 x 6 = 2022
337 x 9 = 3033
337 x 12 = 4044
337 x 15 = 5055
337 x 18 = 6066
337 x 21 = 7077
337 x 24 = 8088
337 x 27 = 9099

- إذا ضربنا العدد (3037) في 3 ومضاعفاتها نحصل على جواب ذا تسلسل معين رقم مكرر من ثلاث مراتب والأرقام الأخرى مضاعفات العدد 9 بقدر الرقم المتكرر أي إذا ظهر العدد(111) أي 1 في 9 وإذ في(2 (222 × 9=18وهكذا

3037 x 3 = 9111
3037 x 6 = 18222
3037 x 9 = 27333
3037 x 12 = 36444
3037 x 15 = 45555
3037 x 18 = 54666
3037 x 21 = 63777
3037 x 24 = 72888
3037 x 27 = 81999

5 – مواضيع متفرقة

*** خذ عدد ثلاثي مثلا(765) وكرره ليصبح(765765) ستلاحظ انه يقبل القسمة على ثلاثة إعداد هي(7، 11، 13) دائما و بدون باقي:**

حيث العدد 765765 ÷ 7 = 109395
حيث العدد 765765 ÷ 11 = 109395
حيث العدد 765765 ÷ 13 = 109395

مثال أخر العدد(123) نكرره ليصبح 123123 ونقسم:

123123÷7 =17589
123123÷11 =11193
123123÷13 =9471

مثال أخر العدد(345) نكرره ليصبح 345345 ونقسم:

345345÷7 =49335
345345÷11 =31395
345345÷13 =26565

جرب أي أعداد أخرى وتسلى مع الرياضيات

لاحظ لو ضرنا الأعداد الثلاثة(7,11,13)، يكون الناتج:1001 = 7x11x13

ولو كررنا نفس المطلب السابق بأخذ عدد ثلاثي مثلا(765) وكرره ليصبح(765765) ستلاحظ انه يقبل القسمة على (1001) دائما و يرجع نفس العدد المختار لاحظ:

765765 ÷ 1001 = 765

345345 ÷ 1001 = 345

س $_{10}$: هل تستطيع أثبات ذلك رياضيا؟

*** - لو تأخذ أي ثلاثة أعداد متتالية سيكون مجموعها نفس العدد الذي في الوسط ×3:**

مثال $_1$: خذ الأعداد (5,6,7) مجموعها 18 ولو أخذت مباشر 6x3=18

مثال $_2$: خذ الأعداد (7,8,9) مجموعها 24 ولو أخذت مباشر 8x3=24

جرب أي أعداد تختارها بنفسك.

س $_{11}$: هل تستطيع أثبات ذلك رياضيا؟

* لو تأخذ أي ثلاثة أعداد متتالية و تضرب الأول في الثاني ثم اضرب الثاني في الثالث اوجد الفرق بين حاصل الضرب في الحالتين تجده دائما ضعف الرقم الثاني

مثال $_1$: خذ الأعداد (16,17,18):

16 x 17 = 272

17 x 18 = 306

الفرق في الحالتين 34 = 272 - 306 وهي ضعف العدد الثاني

مثال $_2$: خذ الأعداد (7,8,9):

7 x 8 = 56

8 x 9 = 72

72 - 56 = 16 وهو ضعف العدد الثاني

جرب أي أعداد أخرى و تسلى مع الرياضيات

س$_{12}$: هل تستطيع أثبات ذلك رياضيا؟

* لو نأخذ أي ثلاثة أعداد متتالية (زوجية أو فردية) وقمنا بنفس الخطوات بأن نضرب الأول في الثاني ثم اضرب الثاني في الثالث ونجد الفرق بين حاصل الضرب في الحالتين ما علاقة الناتج بالعدد الثاني لنجرب:

مثال $_1$: خذ الأعداد (12,14,16):

$$12 \times 14 = 168$$
$$14 \times 16 = 224$$

الفرق في الحالتين $224 - 168 = 56$ وهو أربعة أضعاف العدد الثاني

مثال $_2$: خذ الأعداد (7,9,11):

$$7 \times 9 = 63$$
$$9 \times 11 = 99$$

$99 - 63 = 36$ وهو أربعة أضعاف العدد الثاني

س$_{13}$:هل تستطيع أثبات ذلك رياضيا ؟

* إذا جمعنا أي عدد (من مرتبتين)مع معكوسه فإننا نحصل على عدد يقبل القسمة على (11)

مثال $_1$: خذ العدد (12):

$$12 + 21 = 33$$
$$33 \div 11 = 3$$

مثال $_2$: خذ العدد (25):

$$25 + 52 = 77$$
$$77 \div 11 = 7$$

مثال₃: خذ العدد (02):

$$02 + 20 = 22$$
$$22 \div 11 = 2$$

س₁₄:هل تستطيع أثبات ذلك رياضيا ؟

* اختر أي عدد مكون من رقمين ثم خذ معكوسه وتطرحه من العدد الأصلي(الكبير– الصغير) ستلاحظ أن ناتج الطرح من مضاعفات العدد 9:

مثال₁: لو أخذنا العدد (95) :

$$95 - 59 = 36$$
$$36 \div 9 = 4$$

مثال₂: لو أخذنا العدد (73) :

$$73 - 37 = 36$$
$$36 \div 9 = 4$$

مثال₃: لو أخذنا العدد (02) :

$$20 - 02 = 18$$
$$18 \div 9 = 2$$

وهكذا لو جربت أي أعداد أخرى بنفسك وتسلى مع الرياضيات

س₁₅:هل تستطيع أثبات ذلك رياضيا ؟

* والشيء نفسه إذا أخذنا عدد من ثلاثة مراتب وقمنا بنفس الخطوات يكون ناتج الطرح من مضاعفات العدد 9:

مثال₁: لو أخذنا العدد (915):

$$915 - 519 = 432$$
$$432 \div 9 = 48$$

مثال₂: لو أخذنا العدد (703):

$$703 - 307 = 396$$
$$396 \div 9 = 44$$

مثال$_3$: لو أخذنا العدد (200): 200 - 002 = 198

198 ÷ 9 = 22

وهكذا لو جربت أي أعداد أخرى بنفسك وتسلى مع الرياضيات.

س$_{16}$:هل تستطيع أثبات ذلك رياضيا ؟

* لو طرحنا مجموع أرقام أي عدد من ذلك العدد فالناتج يقبل القسمة على 9

أولا: إذا كان من مرتبة والحدة فطرح العدد من نفسه يساوي صفر وهو يقبل القسمة على(9)

ثانيا:إذا كان مكون من مرتبتين وعند طرح منه مجموع مراتبه فأن ناتج الطرح يقبل القسمة على(9) والجواب دائما نفس رقم العشرات:

مثال$_1$: نأخذ العدد من مرتبتين (79) مثلا مجموع أرقامه يساوي(16) وعند الطرح: 79 - 16 = 63 & 63 ÷ 9 = 7

مثال$_2$:نأخذ العدد من مرتبتين(19) مثلا مجموع أرقامه يساوي(10) وعند الطرح: 19 - 10 = 9 & 9 ÷ 9 = 1

مثال$_3$:نأخذ العدد من مرتبتين(70) مثلا مجموع أرقامه يساوي(7) وعند الطرح: 70 - 7 = 63 & 63 ÷ 9 = 7

وهكذا لو جربت أي أعداد أخرى بنفسك وتسلى مع الرياضيات.

س$_{17}$: هل تستطيع أثبات ذلك رياضيا ؟

ثالثا: إذا كان مكون من ثلاث مراتب وعند طرح منه مجموع مراتبه فأن ناتج الطرح يقبل القسمة على(9):

مثال$_1$: نأخذ العدد من ثلاث مراتب (791) مثلا مجموع أرقامه يساوي(17) وعند الطرح: 791 - 17 = 774 & 774 ÷ 9 = 86

مثال$_2$:نأخذ العدد من ثلاث مراتب (190) مثلا مجموع أرقامه يساوي (10) وعند الطرح: 20 = 9 ÷

190 - 10 = 180 & 180

مثال$_3$: نأخذ العدد من ثلاث مراتب (700) مثلا مجموع أرقامه يساوي(7) وعند الطرح: 77 = 9 ÷

700 - 7 = 693 & 693

وهكذا لو جربت أي أعداد أخرى بنفسك وتسلى مع الرياضيات.

س$_{18}$: هل تستطيع أثبات ذلك رياضيا ؟

س$_{20}$:كيف تجمع ثمان ثمانيات حتى يكون الناتج (1000)

س$_{21}$:كيف تجمع تسع ثمانيات حتى يكون الناتج (9000)

س$_{22}$:كيف تجمع أربع تسعات حتى يكون الناتج (100)

س$_{23}$:كيف يمكن وقوف تسعة أشخاص في ست صفوف(و أعمدة) بحيث كل صف فيه 3 أشخاص

س: $_{24}$كيف يمكن وقوف تسعة أشخاص في ثلاث صفوف بحيث كل صف فيه 4 أشخاص

س$_{25}$: كيف يمكن وقوف (12) شخص في (6) صفوف بحيث كل صف فيه 3 أشخاص

س$_{26}$: كيف تحصل على ناتج (100) باستخدام (6)أرقام متساوية واستخدم العمليات والرموز الرياضية الممكنة، و المطلوب (10) حالات:

العدد دوري

ينتج العدد الدوري من قسمة عدد على عدد بحيث القسمة لا تنتهي:

مثال عند قسمة ...1÷3=0.33333333333 ويكتب اختصارا بوضع خط فوق العدد أو الأعداد المتكررة دوما $0.\overline{3}$ وسنركز على الأعداد الدورية التي تترتب بشكل جميل متسلسل

1- {أعداد دورية من مرتبة واحدة}:

عند قسمة الأعداد من (8 - 1) على العدد (9) تظهر أعداد دورية مكررة من مرتبة واحدة نفس الرقم المقسوم:

$$1\div 9 = 0.111\overline{1}111111... = 0.1$$
$$2\div 9 = 0.222\overline{2}222222... = 0.2$$
$$3\div 9 = 0.333\overline{3}333333... = 0.3$$
$$4\div 9 = 0.444\overline{4}444444... = 0.4$$
$$5\div 9 = 0.555\overline{5}555555... = 0.5$$
$$6\div 9 = 0.666\overline{6}666666... = 0.6$$
$$7\div 9 = 0.777\overline{7}777777... = 0.7$$
$$8\div 9 = 0.888\overline{8}888888... = 0.8$$

2 -{أعداد دورية من مرتبتين}:

عند قسمة الأعداد من (1-10) على العدد (11) تظهر أعداد دورية مكررة من مرتبتين مرتبة الآحاد يتزايد والعشرات تتناقص وكلها من مضاعفات العدد (9):

$$1 \div 11 = 0.0909090909\overline{09}09.. = 0.09$$
$$2 \div 11 = 0.1818181818\overline{18}18.. = 0.18$$
$$3 \div 11 = 0.2727272727\overline{27}27.. = 0.27$$
$$4 \div 11 = 0.3636363636\overline{36}36.. = 0.36$$
$$5 \div 11 = 0.4545454545\overline{45}45.. = 0.45$$
$$6 \div 11 = 0.5454545454\overline{54}54.. = 0.54$$
$$7 \div 11 = 0.6363636363\overline{63}63.. = 0.63$$
$$8 \div 11 = 0.7272727272\overline{72}72.. = 0.72$$
$$9 \div 11 = 0.8181818181\overline{81}81.. = 0.81$$
$$10 \div 11 = 0.9090909090\overline{90}90.. = 0.90$$

3 -{أعداد دورية من ثلاث مرتب}:

عند قسمة الأعداد من (1-36) على العدد (37) تظهر أعداد دورية مكررة من ثلاث مراتب كلها من مضاعفات العدد (9) :

$1 \div 37 = 0.027027027027\overline{027}.. = 0.027$

$2 \div 37 = 0.054054054054\overline{054}.. = 0.054$

$3 \div 37 = 0.081081081081\overline{081}.. = 0.081$

$4 \div 37 = 0.108108108108\overline{108}.. = 0.108$

$5 \div 37 = 0.153153153153\overline{153}.. = 0.153$

$6 \div 37 = 0.162162162162\overline{162}.. = 0.162$

$7 \div 37 = 0.189189189189\overline{189}.. = 0.189$

$8 \div 37 = 0.216216216216\overline{216}.. = 0.216$

$9 \div 37 = 0.243243243243\overline{243}.. = 0.243$

$10 \div 37 = 0.270270270270\overline{270}.. = 0.270$

وهكذا إلى العدد: $36 \div 37 = 0.972972972972972.. = 0.\overline{972}$

4 -{أعداد دورية من أربعة مراتب مرتب}:

عند قسمة الأعداد من (1-100) على العدد (101) تظهر أعداد دورية مكررة من أربعة ذي تسلسل جميل:

$1 \div 101 = 0.00990099\overline{0099}.. = 0.0099$

$2 \div 101 = 0.01980198\overline{0198}.. = 0.0198$

$3 \div 101 = 0.02970297\overline{0297}.. = 0.0297$

$4 \div 101 = 0.03960396\overline{0396}.. = 0.0396$

$5 \div 101 = 0.04950495\overline{0495}.. = 0.0495$

$6 \div 101 = 0.05940594\overline{0594}.. = 0.0594$

$7 \div 101 = 0.06930693\overline{0693}.. = 0.0693$

$8 \div 101 = 0.07920792\overline{0792}.. = 0.0792$

$9 \div 101 = 0.08910891\overline{0891}.. = 0.0891$

$10 \div 101 = 0.09900990\overline{0990}.. = 0.0990$

$11 \div 101 = 0.10891089\overline{1089}.. = 0.1089$

وهكذا إلى $11 \div 101 = 0.99009900\overline{9900}.. = 0.9900$

-

4 {أعداد دورية من خمسة مراتب مرتب}:

عند قسمة الأعداد من (1-40) على العدد (41) تظهر أعداد دورية مكررة من خمسة كلها تقبل القسمة على العدد(9):

1 ÷ 41 =0. 0243902439.. =0. 02439
2 ÷ 41 =0. 0487804878.. =0. 04878
3 ÷ 41 =0. 0731707317.. =0. 07317
4 ÷ 41 =0. 0975609756.. =0. 09756
5 ÷ 41 =0. 1219512195.. =0. 12195
6 ÷ 41 =0. 1463414634.. =0. 14634
7 ÷ 41 =0. 1707317073.. =0. 17073
8 ÷ 41 =0. 1951219512.. =0. 19512
9 ÷ 41 =0. 2195121951.. =0. 21951
10 ÷ 41=0. 2439024390.. =0. 24390

وهكذا حتى أن نصل إلى:

40 ÷ 41 =0. 9756097560.. =0. 97560

4{أعداد دورية من ستة مراتب مرتب}:

عند قسمة الأعداد من (1-12) على العدد (13) تظهر أعداد دورية مكررة من ستة كلها تقبل القسمة

1 ÷ 13 =0. 076923076923.. =0. 076923
2 ÷ 13 =0. 153846153846.. =0. 153846
3 ÷ 13 =0. 230769230769.. =0. 230769
4 ÷ 13 =0. 307692307692.. =0. 307692
5 ÷ 13 =0. 384615384625.. =0. 384615
6 ÷ 13 =0. 461538461538.. =0. 461538
7 ÷ 13 =0. 538461538461.. =0. 538461
8 ÷ 13 =0. 615384615384.. =0. 615384
9 ÷ 13 =0. 692370692307.. =0. 692307
11 ÷ 13 =0. 846153846153.. =0. 846153
12 ÷ 13 =0. 923076923076.. =0. 769230

حاول أن تكتشف خواص مشابه لهذه الأعداد الجميلة.

التفكير عن طريق **حل** الألغاز والحزورات

من توصيات مؤتمر (مهارات التفكير وتحديات القرن الحادي والعشرين):
اجعلوا بعض (الألغاز) في الاختبارات حيث أشار المشاركون في المؤتمر أن القرن الحادي والعشرين هو قرن التغير السريع، والقرن الذي يشهد كشف أسرار التكنولوجيا، ويتطلب ذلك بالضرورة التفكير في اختبار وقياس تلك الكفايات والسمات التي من أهمها: مهارات التفكير، والجدال، ومهارات حل المشكلات، والتفكير الإبداعي، والتفكير الناقد. وأكد الحضور كذلك حقيقة أن القرن الحادي والعشرين هو قرن التحدي القائم على التفكير، والذي لم يعد يعتمد على الحفظ والتلقين، أو مجرد التذكر والاسترجاع للمعلومات والمعارف والحقائق التي يمكن أن يقوم بها جهاز الكمبيوتر، بل أصبحت هذه الأمور ثانوية في ضوء الاهتمام والتركيز على مهارات التفكير المنطقي والتفكير الإبداعي والناقد. فتلك المهارات بالغة الأهمية، بل تعتبر الأساس الأول والرئيس للعملية التعليمية ككل[20]، إن من أهم وسائل تنمية التفكير الإبداعي تفعيل الدماغ وشحذ الذهن والألغاز تساعد على تنمية التفكير والإبداع وهنا نحاول أن نضع بعض الألغاز الممتعة لتنمية تفكيرنا وللترفيه عن أنفسنا.
ويمكن أن يستفاد منها للتوضيح أن الألغاز يمكن أن تحل بطريقة رياضية معادلات وفرضيات أو بالعكس ممكن أن يفهم الطالب ما المعادلات والفرضيات إلا عبارة عن لغز أو حزورة أثناء عرض المواضيع الرياضية، فعلى سبيل المثال عند تقديم موضوع العبارة المنطقية وأدوات الربط (و رمزها ∧) وأداة الربط (أو رمزها ∨) يمكن توظيف الألغاز الآتية:

[20] - جاهين، جمال حامد 2004،اجعلوا بعض الألغاز في الاختبارات، مجلة المعرفة، العدد 104

اللغز$_1$: غضب رجل على أبنته وأراد حرمانها من الميراث فكتب في وصيته ((وهبت جميع أموالي وأملاكي للدولة))،حرفت الابنة بعد موت أبيها الوصية بزيادة حرف واحد فقط حتى أصبحت نصيب في التركة، ما هو الحرف الزائد وأين وضع[21]؟

اللغز$_2$: غضب رجل على أبنته وأراد حرمانها بعض من الميراث فكتب في وصيته ((أهب جميع أموالي أو العقارات لابنتي))،حرفت الابنة بعد موت أبيها الوصية بحذف حرف واحد فقط حتى أصبحت كل التركة لها، ما هو الحرف المحذوف و من أين حذف؟

اللغز$_3$::ترك شخص 17 خروف لأبنائه الثلاثة وأوصى بأن يأخذ أحمد نصفها وقاسم ثلثها وسعيد تسعها، فكيف تتم القسمة؟

اللغز$_4$: عند أحمد(5) أرغفة خبز، وعند فلاح(3) أرغفة خبز، جاء شخص ثالث وشاركهم في الأكل بحيث أكل الثلاثة بتساوي وأعطاهم (8) قطع نقدية وطلب منهم توزيعها بالتساوي ونصرف، فقال فلاح أخذ أنا(3) قطع نقدية وأنت(5) قطع نقدية، فرض احمد وقال لا لم تنصف بل أنت تأخذ قطعة واحدة نقدية وأنا(7) قطع نقدية، فإذا علمت أن هذا التوزيع صحيح فكيف تفسر ذلك؟

اللغز$_5$: **مجموعتان من الطلاب، لو أخذنا طالب من المجموعة الأولى وأضفناه إلى المجموعة الثانية تصبح المجموعتين متساويتين، وإذا أخذنا طالب من المجموعة الثانية وأضفناه إلى الأولى تصبح المجموعة الأولى ضعف عدد طلاب المجموعة الثانية، فما عدد الطلاب في المجموعتين؟**

اللغز$_6$::دخل ثلاثة أشخاص إلى محل للحلاقة وحينما فرغ من الأول وسأله عن الأجرة قال ضع في الصندوق بقدر مافية من القطع النقدية وخذ 20 قطعة ففعل، وقال للثاني ضع في الصندوق بقدر مافية وخذ 20 قطعة ففعل، وقال للثالث ضع في الصندوق بقدر مافية وخذ 20 قطعة ففعل، وعندما ذهب الحلاق للصندوق وجده خاليا فكم كان

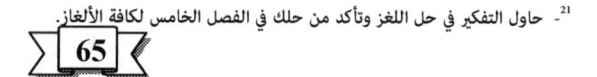

---

[21]- حاول التفكير في حل اللغز وتأكد من حلك في الفصل الخامس لكافة الألغاز.

65

موجود في الصندوق قبل الحلاقة؟ علما توجد قطع صغير بحيث كل قطعتان صغيرة تعادل واحدة كبيرة

اللغز:7 مجموعتان من الطيور، إذا طار طير من المجموعة الأولى إلى المجموعة الثانية تصبح المجموعتان متساويتان، وإذا طار طير من الثانية إلى الأولى،تصبح المجموعة الأولى ضعف الثانية، جد عدد الطيور في كل مجموعة.

لغز:8 مجموع عددين يساوي (40) وحاصل قسمة الكبير على الصغير يساوي(4) فما العددان؟

لغز:9 6 قطع ذهبية متساوية في الحجم والوزن، عدا واحد تزيد بمقدار قليل من الصعوبة تميزها باليد العادية،ويوجد ميزان حساس ممكن استخدامه مرتين فقط، كيف تميز القطعة الأثقل منهن؟

لغز: 10 زورق حمولته القصوى(100) كغم، كيف يعبر أب(وزنه 100 كغم) مع ولديه(احمد و مازن) كل منهما وزنه (50)كغم إلى الضفة الأخرى؟

اللغز11: سال معلم طالب كم قلم مع هذه الحزمة من الأقلام لتصبح(100) قلم ؟
قال الطالب: الحزمة ونصفها و قلمي تصبح(100) قلم، فكم قلم في الحزمة؟

للغز12: أمامك (36)مربع مطلوب وضع زهور في المربعات بحيث يكون في كل صف وعمود وقطر زهرتين،ووضعنا لك في أحد الأقطار زهرتين، اكمل الحل

❁					
					❁

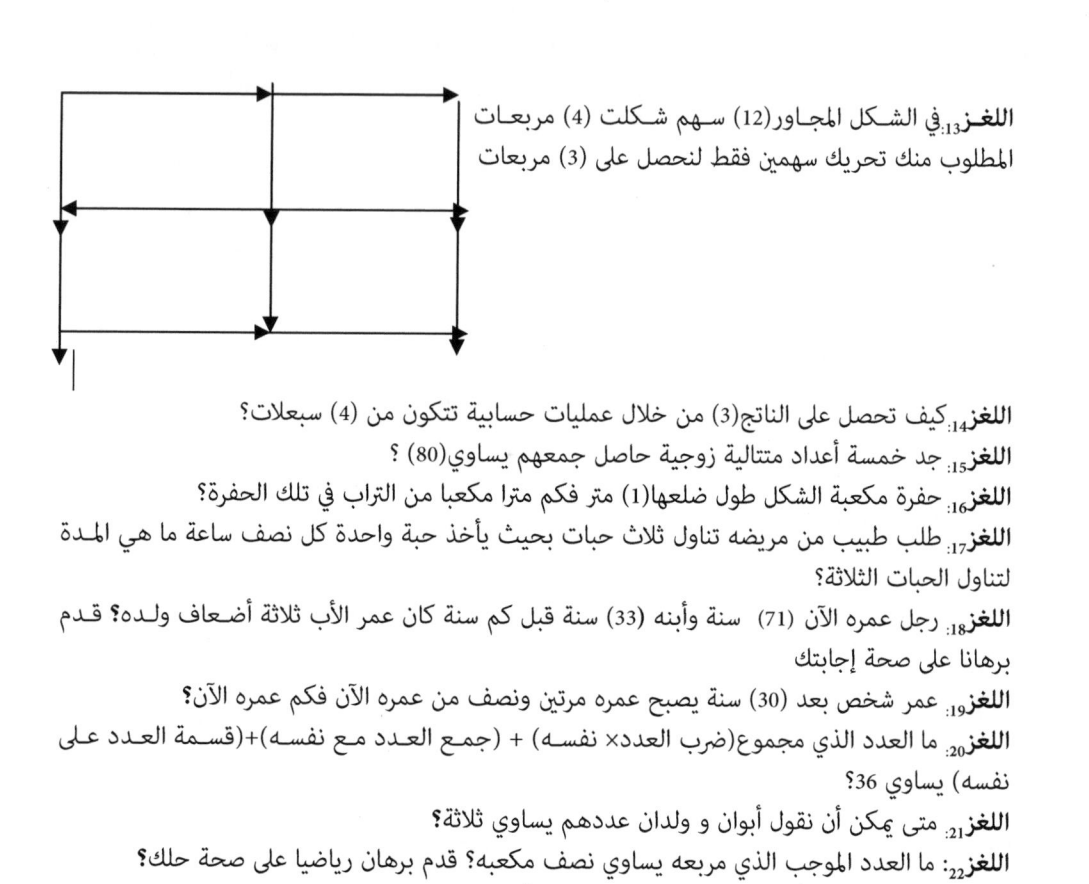

اللغز13: في الشـكل المجـاور(12) سـهم شـكلت (4) مربعـات المطلوب منك تحريك سهمين فقط لنحصل على (3) مربعات

اللغز14: كيف تحصل على الناتج(3) من خلال عمليات حسابية تتكون من (4) سبعلات؟

اللغز15: جد خمسة أعداد متتالية زوجية حاصل جمعهم يساوي(80) ؟

اللغز16: حفرة مكعبة الشكل طول ضلعها(1) متر فكم مترا مكعبا من التراب في تلك الحفرة؟

اللغز17: طلب طبيب من مريضه تناول ثلاث حبات بحيث يأخذ حبة واحدة كل نصف ساعة ما هي المـدة لتناول الحبات الثلاثة؟

اللغز18: رجل عمره الآن (71) سنة وأبنه (33) سنة قبل كم سنة كان عمر الأب ثلاثة أضعاف ولده؟ قـدم برهانا على صحة إجابتك

اللغز19: عمر شخص بعد (30) سنة يصبح عمره مرتين ونصف من عمره الآن فكم عمره الآن؟

اللغز20: ما العدد الذي مجموع(ضرب العدد× نفسه) + (جمع العـدد مـع نفسـه)+(قسـمة العـدد علـى نفسه) يساوي 36؟

اللغز21: متى يمكن أن نقول أبوان و ولدان عددهم يساوي ثلاثة؟

اللغز22: ما العدد الموجب الذي مربعه يساوي نصف مكعبه؟ قدم برهان رياضيا على صحة حلك؟

اللغز23: كيف تستطيع أن تشرب الحليب بقدر نصف أيام عمرك المتبقي لك؟

اللغز24: جد عددا يقل بواحد،ويقل بعشرة، ويقل بستة عشر عن بعض هذه الأعداد:
(136 ,169,178,185)؟

اللغز25: سأل مدير مدرسة عن سبب ضوضاء الصادر من أحد صفوف مدرسة ابتدائية في الفسحة، فأخبروه، بأن مسببها طالب يدعى صلاح، فتوجه فورا إلى الصف ووجد فيه أربعة أشخاص، واخرج مـن بينهم الطالب صلاح، كيف تعرف عليه علما بأنه لا يعرف اسم أي واحد من المجموعة ولم يوجه لهم أي سؤال؟

اللغز26: سأل شخص صاحب حقل (دجاج و أرانب) عن عـدد مـا يملك، فأجاب عـدد الـرؤوس=52 رأسـا وعدد الأرجل = 152 رجلا، فكم عدد كل من البط والدجاج؟

اللغز27: نستطيع أن نبرهن أن مربع أي عدد زوجي هو عدد زوجي أيضا:

نحن نعلم أن العدد الزوجي هو العدد الذي يقبل القسمة على (2)

فيكون 2 ن عدد زوجي، مربعه = 4 ن^2 وهو عدد زوجي لأنه يقبل القسمة على (2)

السؤال: هل تستطيع أن تثبت أن مربع العدد الفردي هو فردي أيضا؟

اللغز28: كيف ترتب عملية جمع 9 ثمانيات، بحيث يكون الناتج =9000؟

اللغز29: كيف ترتب عملية طرح 3 ثمانيات، ليكون الناتج= 7

اللغز30: ما هو الرقم الذي إذا ضربته في (9) وأضفت إليه (9) أصبح =90؟

اللغز31: كيف تستعمل العدد(9) ست مرات، للحصول على الرقم 100؟

اللغز32: كيف ترتب عملية جمع 9 تسعات، بحيث يكون الناتج =10125؟

اللغز33: مجموعة من الطلبة أنت فيهم، إذا بدأنا العد من أمامك فإن ترتيبك يكون (19) وإذا بـدأنا العـد من خلفك، فإن ترتيبك يكون (12). فكم عدد الطلبة؟

اللغز34: سارت بطة وأمامها بطتان، وأخرى ورائها بطتان وثالثه بين بطتين فما عدد البط؟

اللغز35: ما هو الرقم الذي ربعته يقل؟

اللغز36: أي الأرقام يجب أن يكون محل علامة ؟ بين هذه الأرقام:

15 , 19 , 23 , 27 , ? , 35.

اللغز37: كم مرة تستطيع أن تطرح الرقم 1 من العدد 97 ؟

اللغز38: طلب أحمد من أخيه حمزة وقال له: أعطني قلمين مما معك ليكون ما معي ضعف ما معك. فقال حمزة: بل أعطني أنت قلمين ليصبح ما معي مساويا لما معك.فكم قلم يملك كل واحد؟

اللغز39: كيف يمكن التعبير عن الرقم واحد باستعمال كل الأرقام (0-9)ستعملا الرموز والعلاقات الرياضية المختلفة (لعدة حالات).

اللغز40: ثلاثة أعداد ناتج جمعها يساوي حاصل ضربها ما هي؟

اللغز41: إذا علمت أن 5 قطط تستطيع أن تأكل 5 فئران خلال 5 دقائق. فكم من الوقت يلزم كي تستطيع 100 قطة أن تأكل 100 فأرا؟

اللغز42: معك وعاءان أحدها سعته 4 لتر والآخر سعته 7 لتر، ومطلوب كيل 6 لتر من الزيت باستخدام هذين الوعاءين فما هي الطريقة؟

اللغز43: ما هو العدد الذي نصفه وثلثه وربعه وخمسه وسدسه وسبعه وثمنه وتسعه وعشره أعداد صحيحة؟ وما منشأ هذا العدد ؟

اللغز44: يراد شراء مجموعة لوازم مدرسية بسعر(100) قطعة نقدية سعر الدفتر(5) قطعة وسعر القلم (1) قطعة وسعر (20) ممحاة بقطعة واحدة، فكم عدد كل نوع ممكن أن نشتري؟

اللغز45: أحمد أطول من حسان، و رامي اقصر من سمير. فأي من هذه المقولات تصح أكثر؟

أ- رامي أطول من حسان

ب- حسان أطول من رامي

جـ - رامي و حسان بطول واحد

د- لا يمكن معرفة من منهما أطول

اللغز46: هل باستطاعتك الحصول على الرقم (100) باستعمال الأرقام (8، 3، 16، 80)مع أي عملية حسابية ودون تكرر أحد الأعداد السابقة.

اللغز$_{47}$: هل باستطاعتك الحصول على الرقم (0) باستعمال الأرقام (100,18,5,2) مع أي عملية حسابية ودون تكرر أحد الأعداد السابقة.

اللغز$_{48}$: صرف شخص ($\frac{7}{12}$) من مبلغ وبقي (10) $ فما هو المبلغ الأصلي؟

اللغز$_{49}$:معدل أعمار مجموعة من الأطباء والمهندسين هو 40 عاما إذا كان معدل عمر الأطباء 35 عاما ومعدل عمر المهندسين 50 عاما، فما نسبة عدد الأطباء إلى المهندسين؟

اللغز$_{50}$: س:ما هو العدد الذي يتألف من 5 أرقام وإذا جمعنا معه 1 يصبح مكون 6 أرقام؟

جواب اللغز$_{50}$: $99999 + 1 = 100000$

اللغز$_{51}$::عنكبوت يتسلق جدار وفق نظام معين وبعد ساعة كان في منتصف الطريق إلى القمة،

وبعد ساعة أخرى قطع نصف المسافة الباقية، أي انه قطع $\frac{3}{4}$ من المسافة الكلية إلى القمة،

وفى الساعة الثالثة قطع نصف المسافة الباقية وبذلك يكون الآن قد قطع $\frac{7}{8}$ لمسافة إلى القمة

إذا استمرت حركة العنكبوت على هذا الوضع، فكم من الوقت سيستغرق للوصول إلى القمة ؟

اللغز$_{52}$: رجل يريد الصعود إلى الطابق السادس فإذا:

- صعد السلم درجتين في كل مرة يبقى في النهاية درجة واحدة.
- و إذا صعد رجل (3) في كل مرة يبقى في النهاية درجتين.
- و إذا صعد رجل (4) في كل مرة يبقى في النهاية (3) درجات.
- و إذا صعد رجل (5) في كل مرة يبقى في النهاية (4) درجات.

- و إذا صعد رجل (6) في كل مرة يبقى في النهاية (5) درجات.
- و إذا صعد رجل (7) في كل مرة يصل إلى الطابق السادس.

فما عدد درجات السلم؟

اللغـز[53]:ضـع أعـدا محـل الحـروف بحيـث لا يوجـد عددين متتالين متجـاورين مـن أي جهـة ولا متقـابلين (مثل أ يقابل برأس جـ) في المربعات الآتية:

		أ
ب	جـ	د
هـ	و	س
ز		

اللغز[54]:حرك عودين من أعواد الكأس كي يصبح الشكل البيضاوي خارجه مع الاحتفاظ بالكأس.

اللغز[55]: ارسم ثلاثة خطوط مستقيمة تقسم القطعة الدائرية إلى سبعة أجزاء.

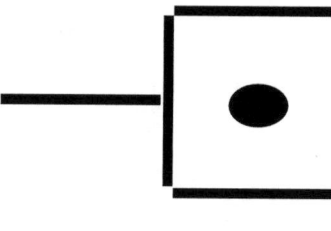

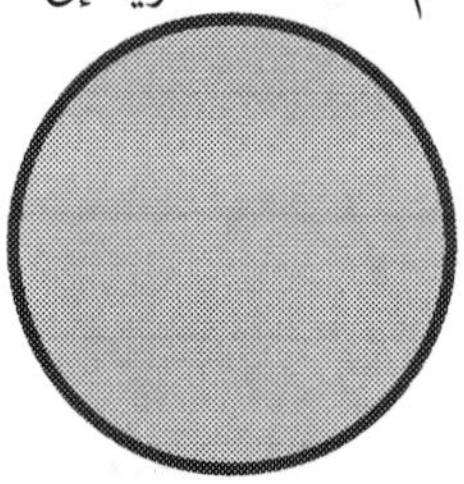

اللغز[56]: تخلص من ثمانية أعواد من الشكل السابق لكي يصبح لديك أربعة مربعات متطابقة.

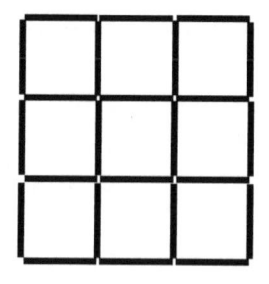

اللغز$_{57}$: تخلص من ثلاثة أعواد من أعواد الشكل ثم حرك أثنين منها لكي يصبح لديك ثلاثة مربعات

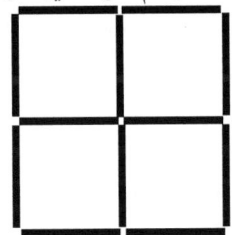

اللغز$_{58}$:إذا رسمنا زاوية قياسها (30) و نضرنا إليها من خلال عدسة تكبر أربع مرات فكم يكون قياسها بعد التكبير؟

اللغز$_{59}$: كره زجاجية داخلها كرة صغيرة وكان نصف قطر الكرة الكبيرة ثلاث أضعاف الكرة الصغيرة فما مقدار حجم الكرة الكبيرة بالنسبة للصغيرة؟

(علما بأن حجم الكرة— $\frac{4}{3}\pi$ نق^{3})

اللغز$_{60}$:لماذا الطاولة ذات الأرجل الثلاث لا تتأرجح كيفما وضعت على الأرض حتى وإن كانت أرجلها غير متساوية.

اللغز$_{61}$: ما عدد المثلثات في الشكل أدناه:

اللغز₆₂: أملأ الجدول الآتي بأعداد من (2) إلى (10) حسب الشروط أدناه ثم أذكر العلاقة التي تربط أعداد الجدول المذكور:

الصف الأول:الرقم الأول يقل عن الثاني بـ(5) والثاني يزيد على الثالث بـ(7)

الصف الثاني:مضاعفات العدد(2) التي أكبر من (2)

الصف الثالث:الرقم الأول – الرقم الثاني = الرقم الثالث

اللغز₆₇: اختر الكلمة المناسبة (أو الرقم المناسب) للآتي:

1- إذا كلمة (طعام) بالنسبة لكلمة (فم) هي مثل كلمة (صوت) بالنسبة لكلمة ----؟

(موسيقى، حنجرة، فم ، أذن ، لسان ، بيانو)

2- إذا كلمة (اليد) بالنسبة لـ (القفاز) هي مثل (الرأس) بالنسبة لـ ----؟

(الجسم ، الشعر، القبعة، القلادة، الرقبة، الحلق)

3 - أذا كانت (ل ل ن ل ن ل ل) بالنسبة لـ (2242422) هي مثل (ن ن ل ن ل ن ن)بالنسبة لـ : , 4422424 , 4424244

2424224 , 2242442 , 44424244

4 - حرف الـ (ق) بالنسبة لكلمة (القادر) هي مثل رقم (3) بالنسبة لـ:

223415 , 134126 , 463512 , 51342 , 445231، 851342

5- بتغيير أماكن أحرف كلمة (بطاسلر) تصبح من أحد الكلمات الآتية:

(مدينة، دولة، نبات، بحر، نهر، حيوان، جماد)

اللغز₆₈:لدى عائلة عدد من الأطفال بحيث كل ولد وبنت منهما ممكن أن يقول عندي (أخين وأختين فقط)،كم عدد الأطفال(الذكور و الإناث) لهذه العائلة؟

اللغز₆₉: لدى كمال و سليم معا (25) قلما، فإذا علمنا أن لدى كمال من الأقلام أربعة مرات بقدر ما لدى سليم، فما عدد الأقلام التي لدى سليم؟ اذكر الطريقة التي تحل بها السؤال.

اللغز$_{70}$: أي من الأشكال يكمل السلسلة ؟

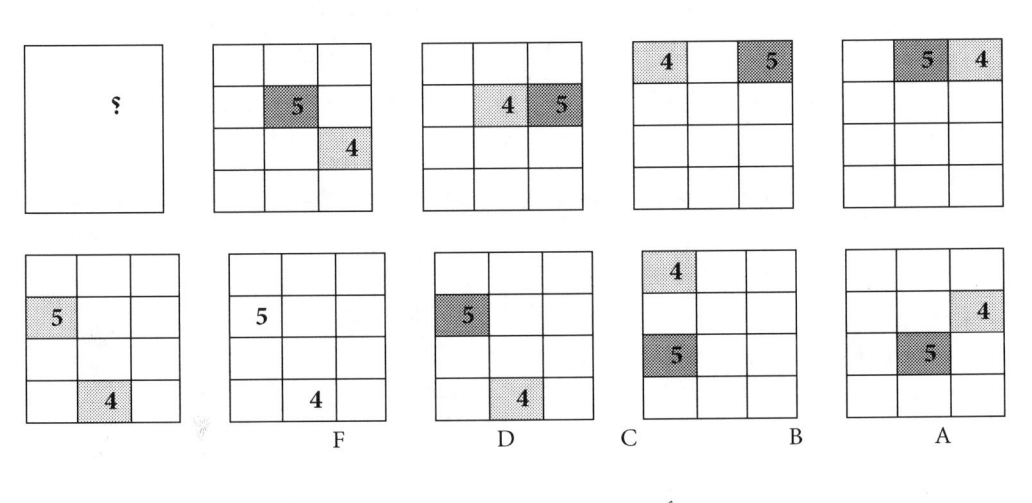

اللغز$_{71}$:كم وزن الدجاجة إذا علمنا أنها تزن نصف وزنها زائد (1) كغم؟

اللغز$_{72}$:لديك هذه المرة دلوان فارغان، سعة أحدهما 6 لترات، وسعة الآخر 11 لترا. ومطلوب الحصول على سعة (9) لتر بالضبط من الماء (باستخدام الدلوان) من حوض كبير فيه ماء، كيف تستطيع القيام بذلك؟

اللغز$_{73}$:كيف نرتب (7) أشجار في (6) صفوف بحيث يحتوي كل صف يحتوي على (3)؟ ملاحظة: قد تكون الشجرة الواحدة جزءا من أكثر من صف واحد.

اللغز$_{74}$: هل بالإمكان معرفة حاصل ضرب المقادير الآتية:

(س – أ) (س – ب)(س- جـ) (س – د)............(س – ي) أي الحروف المطروحة كل الحروف الأبجدية ؟

اللغز75: سأل شخص عن رقم سيارته فأجاب: أن رقم سيارتي هو عدد مكون من أربع أرقام أذا قسم علي 2,3,4,5,6,7,8,9,10 كان الباقي 1,2,3,4,5,6,7,8,9.10 علي الترتيب أما إذا قسم علي 11 لا يبقى باق فما هو رقم السيارة؟

اللغز76: تريد نملة تتسلق جدار ارتفاعه(11) متر، بحيث تصعد بالدقيقة الواحدة مترا واحد وتهبط نصف متر فمتى تصل النملة إلى قمة الجدار ؟

اللغز77: سلم شخص على مجموعة من العمال و سألهم عن عددهم فأجابوا:نحن ومثلنا وربعنا ونصفنا وأنت معنا نصبح مائة، فكم عدد العمال؟

لغز78: رزق شخص عمره(44) ولده البكر، بعد كم سنة يصبح عمر هذا الشخص ثلاثة أضعاف عمر ولده ؟

اللغز79: مع طفل مجموعة من القطع النقدية لعب (4) لعب مختلفة وكان كل لعبة يلعبها يدفع نصف ما معه ولما أنتهي من اللعبة الأخيرة كانت معه قطعة نقدية واحدة فكم قطعة كانت معه؟ قدم برهان رياضي لحلك.

اللغز80: بإمكان وضع كتاب على طاولة بحيث يكون جزء منه خارج الحافة. ولـن يسـقط الكتاب إذا كان هناك جزء من الكتاب أكثر من النصف بقليل جدا داخل حافة الطاولة.

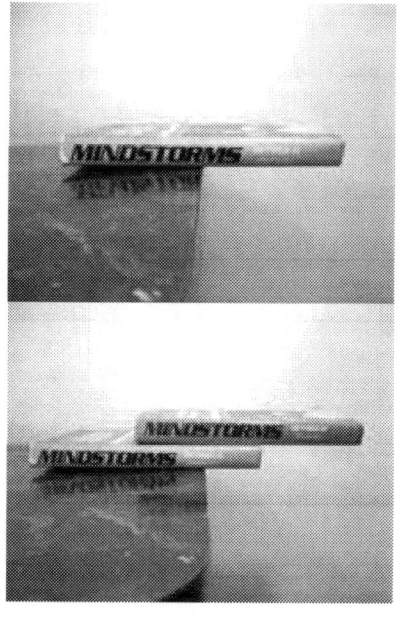

وبإمكانك الآن رص كتابين على الطاولة بحيث أكثر من نصف طول الكتاب الأعلى خارج الحافة.

هل من الممكن رص المزيد من الكتب بهذه الطريقة بحيث يكون أعلى كتاب خارج الحافة تماما؟ إذا كان هذا ممكنا، فكم عدد الكتب التي ستحتاجها؟ جرب بنفسك

اللغز 81: اللغز:أب عمره الآن ضعف عمر ابنه وبعد مضي سنة واحدة يصبح عمره عكس ترتيب عمر ابنـه فكم عمر الأب وعمر الابن الآن؟

اللغز 82: أراد احد العلماء متخصص بالرياضيات أن يثبت تفكيره أعلى مـن بقيـة العلماء في مجلس أحد الملوك بعد أن اخترع لعبة الشطرنج، وأراد الملك مكافأته وينفذ له ما يطلب منه، فقال للملك عذرا لربما لا تقدر على ما اطلب، فغضب الملك وقال له ما تطلب، فقال أريد قطعة نقدية واحدة في المربع الأول وقطعتين في المربع الثـاني، وأربعـة في الثالـث، وثمانيـة في الرابـع، و(16) في الخـامس و(32) في السادس......وهكذا، فضحك الملك وبقية العلماء وضن الجميع أنه من باب المزاح وهنا قرر عالم الرياضيات أن يفهم الجميع أن ضحكهم ليس في محله وشرح لهم الأمر.

كيف سيثبت هذا العالم أن ضحكهم ليس في محله وما مقدار القطع النقدية المطلوبة في نهاية المربع(64) ؟

اللغز 83: صعد شخص طريقا جبليا طوله كيلومتر واحد ثم نزل على طريق طوله كيلو متر أيضا..

فإذا كانت سرعة السيارة في الصعود 15 كم /ساعة

المطلوب: كم يجب أن تكون سرعة السيارة في النزول ليكون متوسط سرعته في الكيلومترين 30 كم/ساعة؟

اللغز 84: اللغز إذا عرفنا العملية * بصورة الآتية (مع اكتشاف نمط)

$$2 * 1 = 13$$
$$5 * 3 = 28$$
$$7 * 2 = 59$$
$$9 * 1 = 810$$

أوجد ناتج العملية   4 * 5 ؟

اللغز[85]: أنت في غرفة لها ثلاثة مفاتيح كل واحد يخص مصباح في الغرفة المجاورة غير مضاءة بحيث لا يمكنك رؤية غرفة المصابيح كيف تتعرف على كل مفتاح يخص مصباح معين؟ ويسمح لك بدخول غرفة المصابيح مرة واحدة فقط

اللغز[86]: لدى احمد، علي، عمر ثلاثة دراجات هوائية وكل واحد منهم لديه سلسلة وقفل، ربط احمد دراجته بسياج المدرسة الحديدي بالسلسلة وبدراجة علي بواسطة القفل وربط علي دراجته بسياج المدرسة وبدراجة عمر، أما عمر فقد ربط دراجته بسياج المدرسة و بدراجاتي احمد وعلي أي أصبحت كل دراجة الآن محتجزة بواسطة قفلين نسي احمد مفتاحه في البيت وأراد جلبه وبوجود مفتاحين فقط، فإنهم يستطيعون تحرير واحدة من الدراجات الهوائية فقط. دراجة من كانت؟

اللغز[87]: **هل يمكنك ربط الحلقات الثلاث مع بعضها بطريقة تجعلهم متصلين ببعضهم بحيث أنك إذا فصلت إحداها انفصل الباقي ؟.**

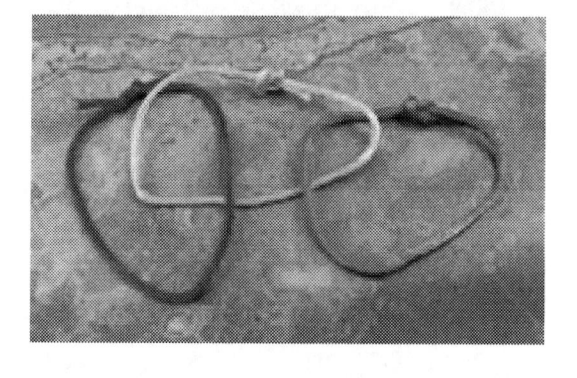

واليك توضيح: إذا قمت بفك الخيط لأحدهما ستظل الحلقتان الآخريتان مربوطتين كما احتمالات فك أي من الحلقات الآتية في الأشكال أدناه:

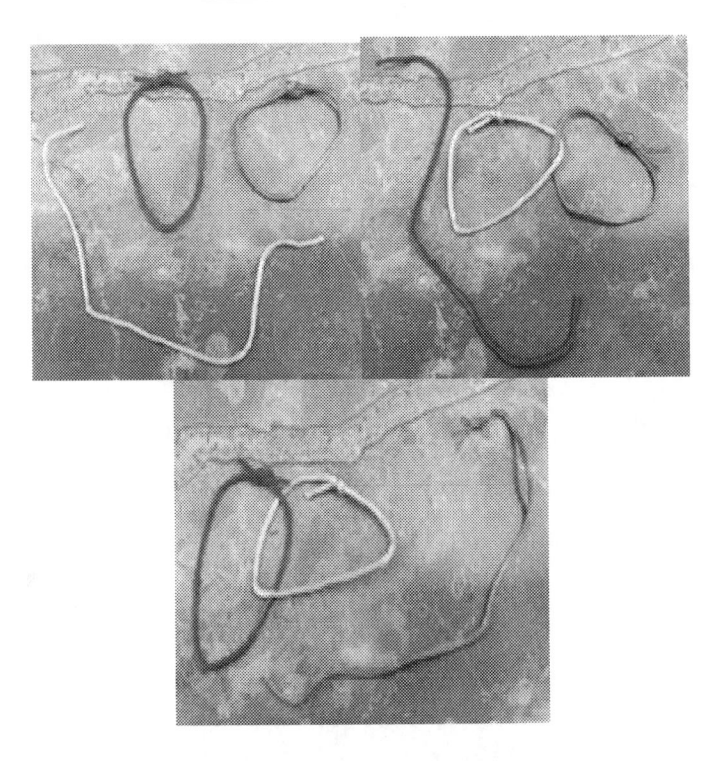

ولآن هل يمكنك اكتشاف طريقة واحدة لربط الحلقات الثلاث ببعضها بحيث أنك إذا قمت بفك أي من الحلقتان الأخيرتان تنفصلان عن بعضهما ؟

اللغز88: على إحدى كفتى ميزان وضع وعاء مملوء بالماء إلى حافته تماما، وعلى الكفة الأخرى وضع وعاء مملوء بالماء إلى نفس المستوى وفيه قطعة من الخشب تطفو على السطح. ..فأيهما أثقل ؟

اللغز89: هذه عملية حسابية مركبة من مجموعة من الأعواد كيف يمكن تصحيح هذه العملية الحسابية بتحريك عود واحد فقط.

$$9-8=15$$

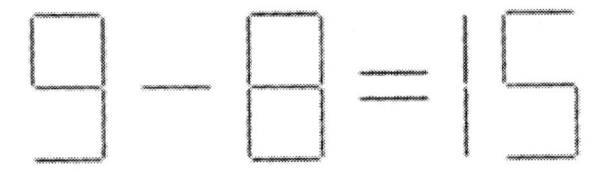

اللغز₉₀: اللغز: لديك بعض الفتائل التي يحترق كل منها لمدة ساعة واحدة بالضبط، ولكن بسرعة متفاوتة، أي أنه ليس بالضرورة أن يحترق نصف طول الفتيل في مدة نصف ساعة بالضبط. لديك كل الكمية التي تحتاجها من الفتائل وعيدان الكبريت. كيف تستطيع استعمال هذه المواد لقياس مدة 45 دقيقة؟

اللغز:91 حكم على شخص بالإعدام ومعه رسالة التي بموجبها يجب أن يعدم و كان مكتوب فيها:(العفو عنه مستحيل ينقل إلى سيبيريا و يقتل) و من ذكاءه لما قرأ الرسالة، أضاف نقطة على العبارة، فعفي عنه و لم يعدم فأين وضع النقطة ؟

اللغز₉₂: بمجرد النظر إلى الشكل أيهما أطول؟ (أب) أم (ج د)؟

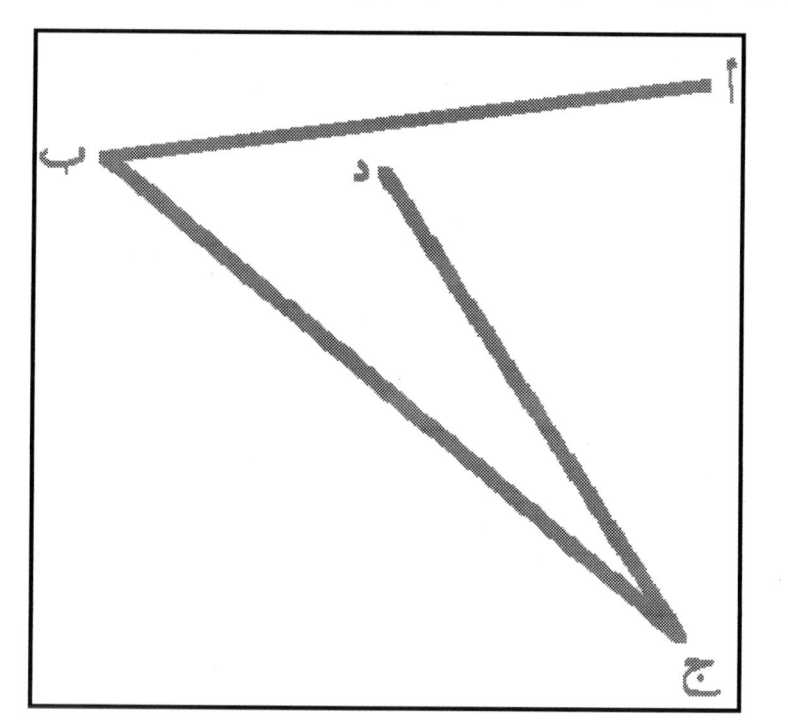

اللغز[93]: هل من الممكن معرفة كيف ترتبت الأعداد الآتية:

1، 1، 2، 3، 5، 8، 13، 21، 34، 55، 89، ....

اللغز:[94] **سلك غير مصنوع من معدن، ويوجد في جميع دول العالم فما هو ؟**

اللغز:[95] **لديك 10 برتقالات نصفها مقشر والباقي بدون قشور كم برتقالة بضبط بدون قشور.**

اللغز [96]:عاملان سقطا في مدخنة، وعند خروجهما كان أحدهما قد صار وجهه اسود جراء الدخان و وجه الأخر ضل نضيف، ومع ذلك ذهب صاحب الوجه النظيف لغسل وجهه ولم يذهب ذي الوجه المتسخ لماذا؟

اللغز[97]:عمر والد حسين يحقق المعادلة:

عمر حسين + نصفه + ثلثه + ربعه + سدسه + 13 =40

فكم عمر حسين؟ قدم حلك بإثبات رياضي.

اللغز[98]:كيف تحصل بإحدى من هذه العمليات(+، -، ×، ÷) مع خمسة أعداد مكرر كلها العدد(1) من الحصول على ناتج =100

اللغز[99]: واجهة الملعب من زجاج، وعدد اللاعبون (12) والحكام 3 فما هو؟

اللغز[100]:ما هي الأشهر الميلادية التي يوجد فيها(28) يوما وفي أي سنة (العادية أم الكبيسة) ؟

اللغز[101]: قيس عمره ثلاثة أضعاف عمر أخته(التي عمرها 8 سنوات) كم سيكون عمر قيس عندما يكون عمره ضعف عمر أخته؟ مع تقديم برهان رياضي على صحة الحل.

أي بعد (8) سنوات يكون عمر قيس (32) سنة وعمر أخته(16سنة)

استراحة(رسالة)

أرسل معلم رياضيات لزوجته رسالة يقول فيها: زوجتي الغالية.. أنت قابعة في كل زاوية من زوايا فؤادي، ساكنة في دائرة أفكاري، فأنت أحد ضلوعي، فإن ابتعدت لبرهة بات عقلي شبه منحرف، فأنا وأنت خطان قد التقيا، وإننا وحبنا نشكل مثلثا متساوي الساقين، إذا ما فقد أحد أضلاعه، بات خطوطا على دفتر حساب الأيام، فحبنا ليس له أي حدود ومساحة، فلو جمع حبنا وقسم على جميع الأحبة، لكفى وزاد، وطرح ثمرة المحبة السلام في جميع الأرجاء، يا أملي قد ضرب به المثل.

زوجك المستقيم ،،،

التفكير عن طريق الألعاب التعليمية

اللعب نشاط مهم لحياة الإنسان، فمن خلال اللعب يشعر الفرد بالبهجة والسرور ويريح النفس ولكنه ذو وظائف متدرجة بتدرج العمر الإنسان، فاللعب في مرحلة الطفولة و الشباب و الكبار مهم، وكل مرحلة لها طبيعتها،، ولكن اللعب لا يتم على حساب الأعمال،بل ينبغي أن يتم في أوقات خاصة تأتي بالمرحلة الثانية من أعمال القيام بالواجب، حتى أن الحياة بكل نشاطاتها المختلفة إطار من اللهو واللعب قال تعالى: **(وما الحياة الدنيا إلا لعب ولهو وللدار الآخرة خير للذين يتقون أفلا تعقلون)** (الأنعام:32)

يرتبط اللعب في المجتمعات الإنسانية بل وحتى الحيوانية، وفي المجتمع الإنساني يمثل اللعب أحد مباهج الحياة وهو مستمر باستمرار وجود الإنسانية، فهو مرتبط بمراحل الحياة عند الطفل الرضيع واليافع بل ويدخل في كافة مراحل التعليم العام والجامعي.

أكدت البحوث التربوية أن الأطفال كثيرا ما يخبروننا بما يفكرون فيه وما يشعرون به من خلال لعبهم التمثيلي الحر واستعمالهم للدمى والمكعبات والألوان وغيرها،ويعتبر اللعب وسيطا تربويا يعمل بدرجة كبيرة على تشكيل شخصية الطفل بأبعادها المختلفة؛وهكذا فإن الألعاب التعليمية متى أحسن تخطيطها وتنظيمها والإشراف عليها تؤدي دورا فعالا في تنظيم التعلم،وقد أثبتت الدراسات التربوية القيمة الكبيرة للعب في اكتساب المعرفة ومهارات التوصل إليها إذا ما أحسن استغلاله وتنظيمه.

يعرف اللعب بأنه نشاط موجه يقوم به المتعلمين لتنمية سلوكهم وقدراتهم العقلية والجسمية والوجدانية،ويحقق في نفس الوقت المتعة والتسلية؛وأسلوب التعلم باللعب هو استغلال أنشطة اللعب في اكتساب المعرفة وتقريب مبادئ العلم للمتعلمين وتوسيع آفاقهم المعرفية.اللعب نشاط حر وموجه قد يكون على شكل حركة أو عمل موجه،

يمارسه الطالب بصورة فردية أو جماعية، ويستغل طاقة الجسم العقلية والحركية، ويمتاز بالسرعة والخفة ولا يتعب الذي يمارسه ويتصف بعدة سمات منها[22]:

1. نشاط لا إجبار فيه وغير ملزم للمشاركين فيه.
2. معد للمتعة والسرور وينتهي إلى التعلم.
3. مطلب أساسي لنمو الطالب ولتلبية احتياجاته المتطورة ولتعليمه التفكير.

ويعد اللعب عاملا أساسيا في إنماء عقلية الأطفال فضلا عن تطوير مهارات أخرى جسمية وانفعالية واجتماعية،وعليه ظهرت نظريات عديدة تفسرــ اللعب منها نظرية الطاقة الزائدة للفيلسوف الإنكليزي(هربت سبنسر) والنظرية التلخيصية التي نادى بها (ستانلي هول) وغيرها من النظريات، ونصبت الأبحاث إلى كيفية استثمار اللعب لصالح إنماء الإنسان.

وهو من أهم ما تتميز به الطفولة فمن خلاله يمكن أن يتعلم الطلبة الكثير مما يكتسبونه من المفاهيم والمهارات والاتجاهات حيث أن الطاقة التعليمية والنفسية والجسدية التي يبذلها الطلبة الصغار في اللعب،تفوق بكثير الطاقة التي يبذلها في التعليم النظامي وممكن أن توظيف نشاطات اللعب المختلفة والعروض الفكاهية والطرائف والمسابقات في تعليم الرياضيات، ويشير بياجيه أن اللعب عملية نشطة، حيوية ينظم فيها الطفل البيئة وفق استيعابه لمتغيراتها ووفق ما تسمح به أبنيته المعرفية بهدف تحقيق التوازن،أي السيطرة عن طريق المعالجة الحسية وتقليب الأشياء،وتعديل الصورة المتكونة لديه[23]، حيث من خلال اللعب يمكن للطفل أن يقيم دنياه الخاصة بما يتناسب مع تخيلاته فتراه يمسك لعبته، ويتكلم معها، ويشبهها بأشياء كثيرة.

فوائد أسلوب التعلم باللعب:

1 - يؤكد ذاته من خلال التفوق على الآخرين فرديا وفي نطاق الجماعة.

2- يتعلم التعاون واحترام حقوق الآخرين.

---

[22] - الحيلة ،محمد محمود ،الألعاب من اجل التفكير والتعلم ،دار المسيرة للنشر والتوزيع،عمان، الأردن،ط1، 2004.

[23]- البكري 2002، مصدر سابق،ص86

3- يتعلم احترام القوانين والقواعد ويلتزم بها.
4- يعزز انتمائه للجماعة.
5- يساعد في نمو الذاكرة والتفكير والإدراك والتخيل.
6 - يكتسب الثقة بالنفس والاعتماد عليها ويسهل اكتشاف قدراته واختبارها[24].

مميزات الألعاب التعليمية

1- تزويد المتعلم بخبرات أقرب إلى الواقع العملي.
2- تساعد على زيادة ايجابية المتعلمين من خلال التفاعل الاجتماعي أثناء ممارسة اللعب.
3- تكسب المتعلمين أنواع تعلم كثيرة (معرفية، مهارية، وجدانية)
4- تساعد على تحقيق أهداف وظيفية المعلومات مثل القدرة على تطبيق الحقائق والمفاهيم والمبادئ في مواقف الحياة المختلفة.
5- في تنفيذ الألعاب التعليمية يسود جو من المرح والاسترخاء والتفاعل مما يؤدي إلى زيادة التعلم.
6- تحقيق المتعة والتسلية والنشاط عند الفرد.
7- تتيح الألعاب التعليمية الفرصة لنمو التخيل والتفكير ألابتكاري.
8- تنمية القدرة على الاتصال والتفاعل مع الآخرين أي تنمي الناحية الاجتماعية عند الأفراد وتغرس في نفوسهم احترام الآخرين.
9- زيادة تشويق المتعلمين لعملية التعلم.
10- تقوى ملاحظة المتعلمين وانتباههم وتعودهم على سرعة التفكير في حل الصعوبات.
11- مساعدة التلاميذ السلبيين إلى مشاركين ايجابيين من خلال التفاعل الاجتماعي.
12- تنمى الناحية العقلية وتثير العقل على التفكير.

[24] - طلال بن راشد العامري مجلة المعلم الانترنيت

دور المعلم عند استخدام الألعاب

يحتاج استخدام الألعاب التعليمية في تدريس الرياضيات إلى إلمام كامل بالمبادئ التربوية التي تستند إليها، وهذا يتوقف على المعلم إلى حد كبير باعتباره العنصر الفعال للعملية التربوية على الرغم من كل المستحدثات التربوية فيقول كورتز: إن نجاح أية لعبة تعليمية داخل الصف الدراسي يتوقف على الإعداد الكامل لها من جانب المعلم، ويتم هذا الإعداد على عدة مراحل هي:

أولا: مرحلة تحديد الأهداف وتتضمن:

1- تحديد الأهداف التعليمية التي يسعى المعلم لتحقيقها وصياغتها كأهداف سلوكية.

2- تحديد المعلومات والمهارات والاتجاهات التي يريد المعلم إكسابها للطلاب.

3) تحديد أنماط السلوك التي يمارسها الطلاب كدليل على تحقيق الأهداف.

4- أن يكون المعلم على دراية كاملة بطلابه من حيث مناهجهم، وميولهم، وخبراتهم، وقدراتهم.

ثانيا: مرحلة اختيار اللعبة وتصميمها وتتضمن:

1- أن يكون هذا الاختيار متضمنا أهداف وجدانية معرفية.

2- أن يستخدم المعلم في اللعبة التوقيت والموقع المناسب.

3- يجب ألا يختار المعلم ألعابا تحكمها قواعد معقدة يصعب فهمها.

ثالثا: مرحلة تهيئة الموقف وتتضمن:

1- تحديد المعلومات المسبقة التي يحتاجها المشتركون في اللعبة.

2- تهيئة الإمكانيات المادية بما يناسب كل لعبة.

3- إعادة تنظيم الصف الدراسي وتحديد الأدوار المناسبة لكل مجموعة.

4- توجيه الطلاب غير المشتركين لأنشطة أخرى حتى لا يشعروا بالإهمال.

5- المحافظة على الانضباط داخل الصف بدرجات متوازنة بحيث لا تمنع حرية الطلاب ولا تسبب إزعاجا للآخرين.

رابعا: مرحلة إلقاء التعليمات وتتضمن:

1- إلقاء تعليمات اللعبة ببساطة وتسلسل بحيث يفهمها الطلاب ويستطيعون تنفيذها.

2- تجنب إعطاء أوامر قد تشيع جوا من الرهبة والخوف.

خامسا: مرحلة اللعب وتتضمن:

1- يجب أن ينسى المعلم أنه يمثل السلطة داخل الصف حتى يتيح جوا من الحرية.

2- على المعلم أن يراقب اللعب ويتأكد من إيجابية جميع الطلاب.

3- على المعلم أن يتحرك بين المجموعات، ويستمع وينصت جيدا، ولا يتدخل إلا عند الوقوع في خطأ أو عدم فهم اللعبة.

سادسا: مرحلة التقويم وتتضمن:

1- المستوى الأول: وهو المستوى المرحلي ويكون أثناء إجراء اللعبة وفيه يقوم المعلم بجمع البيانات، وتسجيل الملاحظات، وتزويد الطلاب بالتعليمات، والتوجيهات لتعديل مسار اللعب.

2- المستوى الثاني: وهو المستوى النهائي، ويكون بعد إنهاء اللعبة، وفيه يقوم المعلم بالتوصل إلى قرار حكم شامل حول مدى نجاح طلابه في استخدام اللعبة ومدى الاستفادة منها.

دور الطالب عند استخدام الألعاب

يتضح دور الطالب في اللعب في مقولة آلن:(إن إجراء أية لعبة يعتبر قمة التعاون والمنافسة ولكي نحافظ على القواعد التي تنظم اللعبة يجب أن يؤديها كل طالب بموافقته وإرادته) ونلخص ذلك في الآتي:

1- يجب أن يلتزم كل طالب بالدور المحدد له، ولا يتدخل في أدوار زملائه.

2- يجب أن يتكيف الطالب مع أفراد مجموعته التي اختير ضمنها.

3- يجب أن يؤدي الطالب دوره على أكمل وجه حتى يضمن نتائج إيجابية لمجموعته.

وعليه فإن طريقة الألعاب تعمل على تحقيق أهداف وجدانية وهي الحصول على المتعة، وإشباع حاجات الطلبة، وزيادة الميل لدراسة الرياضيات، وإشغال الطلبة داخل الصف، وإذا ما استخدم بصورة صحيحة قد تزيد من فاعلية التعلم، حيث يرغب الكثير من الطلبة بالقيام بألعاب بدلا من إقبالهم على القيام بنشاطات أخرى،أي رغبتهم باستقبال ما تحتويه اللعبة من معلومات رياضية،ولابد للمعلم أن يأخذ جانب الحذر حتى لا يتحول الأمر إلى مجرد فوز وخسارة،ويخرج زمام الأمر عن سيطرة المعلم،الذي يتلخص دوره بالوسيط أو الحكم،وتعرف **اللعبة الرياضية:** أنها أية وسيلة لعمل ممتع لها أهداف رياضية معرفية قابلة للقياس فضلا عن أهداف وجدانية محدودة يمكن مشاهدتها[25].

[25] - بل،فردريك ،هـ طرق تدريس الرياضيات ج2 ترجمة محمد امين المفتي وممدوح سليمان،ط2،القاهرة ،الدار العربية للنشر والتوزيع،1986 ،ص111-109

استراحة(قصيدة لطالب يكره الرياضيات)

خلاص يا رياضيـات مليـت	من معادلاتك و مسـألك هجيت
صعوبتك تفتت الصخر تفتيت	وفـى الاختبار ما بشيء حظيت
ومـع الراسـبيـن صفـيت	وبسـببـك بكيـت وونـيـت
مـن دروسـك ياما عنيـت	ومنـك جلسـت فـي البيـت
من مدرسـك يـما ترجيت	وعـلـى أيــده حـبـيـت
وأخبرني نجاح فيها مو هيت	إلا بالجـد والتفكير أن بغيـت
وعن مركز ديمـونو دوريت	للتفـكيـر أتعـلمه يـا ريـت

بعض أنواع اللعب في الرياضيات

1-: ألعاب اكتشاف المغالطات:

وتساعد الطلبة على التفكير واكتشاف الأخطاء.

مثال$_1$:أستطيع أن أثبت لك كل عدد يساوي نظيره مثلا(2- = 2):

أنت تعلم 4=4

4-4=0 تصفير المعادلة

(2-2)(2 +2)=0 تحليل فرق مربعين وبالقسمة على(2-2) لكلا الطرفين نحصل 2+2=0

وبالتالي2- = 2

س$_{27}$: هل تقبل بهذا البرهان و إذا كنت لا تقبل فأين الخطأ (أو المغالطة) الذي وقعنا فيه؟

مثال₂: أستطيع أن اثبت لك 2 = 1

لنفرض أن،   س = ص .... (1) بضرب المعادلة × 2

2 س= 2ص.....(2)

_____ بطرح المعادلتين نحصل

2 س - س =2ص - ص بترتيب المعادلة

2 س - 2 ص = س - ص نخرج (2) عامل مشترك

2 (س - ص) = (س - ص) بقسمة الطرفين على(س- ص) نحصل

2=1

س₂₈: هل تقبل بهذه النتيجة إذا قلت لا؟ فأين الخطأ في برهاننا؟.

2- ألعاب اكتشاف السبب:

كيف تقدر لعبة الجدول

تحتوي هذه اللعبة على أربعة أعمدة من أرقام (1-15)، اطلب من صـديقك أخـذ رقـم مـن أي عمـود ثـم تسأله هل هو موجود في العمود (A)ثم هل هو موجود في العمود(B) وهكذا والثالـث والرابـع ومـا عليـه الإجابة فقط (بنعم أو لا)، تستطيع أن تحزر الرقم الذي اختاره.

D	C	B	A
8	4	2	1
9	5	3	3
10	6	6	5
11	7	7	7
12	12	10	9
13	13	11	11
14	14	14	13
15	15	15	15

وإليك سر اللعبة: ما عليك سوى جمع الرقم الأعلى الموجود في بداية القائمة ولك مثال توضيحي: نفرض الرقم المختار هو (7) فهو موجود في الأعمدة A، B، C نجمع الأعداد في أعلى الأعمدة وهي(1+2+4=7)، ونقول له الرقم الذي اخترته (7).

3- ألعاب أكتشاف العلاقة أو التعميم:

أولا: هذا النوع يصلح للمرحلة متوسط في موضوع العلاقات، إذ نطلب ما هي العلاقة التي تـربط عناصر س بعناصر ص (الجواب يزيد بـ 2)

X	1	2	3	4
Y	3	4	5	6

س99: عند ضرب العد(11) في عدد من مرتبتين هناك قاعدة ترتبط بين العدد المضروب وناتج الجمع حاول أن تكتشفها من خلال الأمثلة الآتية ؟

$$11 \times 10 = 110$$
$$11 \times 11 = 121$$
$$11 \times 12 = 132$$
$$11 \times 13 = 141$$
$$11 \times 14 = 151$$
$$11 \times 15 = 161$$
$$11 \times 16 = 171$$
$$11 \times 17 = 181$$
$$11 \times 18 = 198$$
$$11 \times 22 = 242$$
$$11 \times 33 = 363$$

س₃₀: عند ضرب العدد(5) في عدد فردي يترتب بشكل متسلسل جميل كما في الأمثلة الآتية:

$$5 \times 1 = 05$$
$$5 \times 3 = 15$$
$$5 \times 5 = 25$$
$$5 \times 7 = 35$$
$$5 \times 9 = 45$$
$$5 \times 11 = 55$$
$$5 \times 13 = 65$$
$$5 \times 15 = 75$$
$$5 \times 17 = 85$$
$$5 \times 19 = 95$$
$$5 \times 21 = 105$$
$$5 \times 23 = 115$$
$$5 \times 25 = 125$$

من عجائب الأعداد تسعة الآتي:

$$9 \times 0 + 8 = 8$$
$$9 \times 9 + 7 = 88$$
$$9 \times 98 + 6 = 888$$
$$9 \times 987 + 5 = 8888$$
$$9 \times 9876 + 4 = 88888$$
$$9 \times 98765 + 3 = 888888$$
$$9 \times 987654 + 2 = 8888888$$
$$9 \times 9876543 + 1 = 88888888$$
$$9 \times 98765432 + 0 = 888888888$$

س$_{31}$: هل ممكن أن تجد علاقة بين عمليات الضرب أو الجمع مع الناتج

ومن عجائب العدد تسعةايضا الآتي:

$$987654321 \times 9 = 8888888889$$
$$98765432 \times 9 = 888888888$$
$$9876543 \times 9 = 88888887$$
$$987654 \times 9 = 8888886$$
$$98765 \times 9 = 888885$$
$$9876 \times 9 = 88884$$
$$987 \times 9 = 8883$$
$$98 \times 9 = 882$$
$$9 \times 9 = 81$$

س$_{32}$: حاول أن تجد علاقة تربط بين الأمثلة أعلاه.

4- **ألعـاب التخمـين**: يسـتخدم هـذا النـوع مـن الألعـاب في تثبيـت المفـاهيم والمبـادئ الرياضـية،ويمكن استخدامها في بعض الموضوعات الرياضية للمرحلة المتوسطة.

مثال$_1$: هل من المكمن أن تتساوى مساحة مربع مع مستطيل ؟

نعم، لو أخذنا مستطيل بعداه 1x5 ، هذا يعني أن نبحث عن مربع طول ضلعه $\sqrt{5}$.

وممكن أن نثبت ذلك عمليا، الشكل أدناه ورقة بيضاء على شكل مستطيل عرضه 1 سم و طوله 5cm سم (ضلع كل مربع صغير هو 0.5 سم)

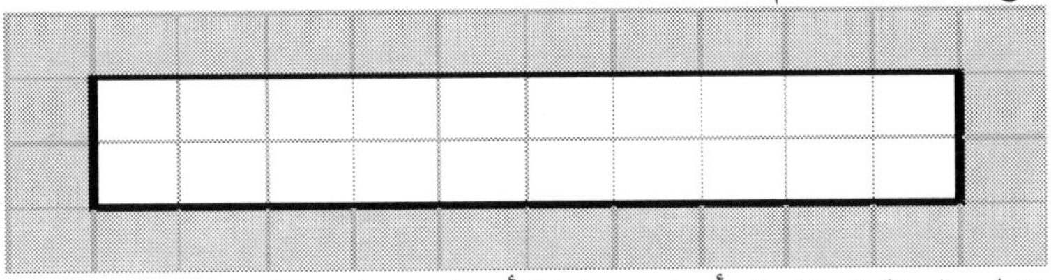

كيف يمكن تقطيع الورقة البيضاء إلى أجزاء بحيث إذا أعدنا ترتيبها حصلنا على مربع له نفس مساحة المستطيل ؟

الجواب: مساحة المستطيل 5 سم^2 إذن طول ضلع المربع يجب أن يكون:$\sqrt{5}$

ومنه يجب تقطيع الورقة إلى 4 مثلثات متساوية المساحة طول وترها كل منها $\sqrt{5}$

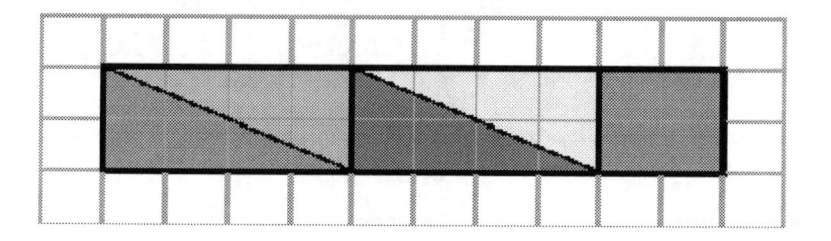

ثم نعيد ترتيبها كالآتي:

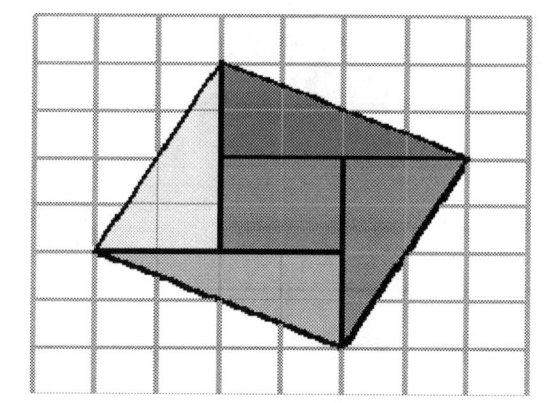

وبهذا نكون قد حصلنا على مربع له نفس مساحة المستطيل.

مثال$_2$: في موضوع الإحداثيات الديكارتية(10X10) ونسميها مثلا (لعبة المحبس) فنرسم على السبورة الإحداثيات السيني والصادي ونضع المحبس في مكان معين على سبيل المثال (-3،4) ونقسم الصف إلى فريقين وقواعد اللعبة تكون:-

- يعطى لكل فريق 20 نقطة وكل فريق يحاول معرفة مكان المحبس من خلال عدة أسئلة 0 تكون الإجابة فقط بنعم أو لا.
- ويخصم من كل فريق يسأل سؤال درجة واحدة إذا كانت الإجابة بـ لا، ولا يخصم إذا كانت الإجابة نعم.
- ألا أن يصل كل فريق إلى المحبس والذي يتبقى له نقاط أكثر هو الفائز.

حيث يتعلم الطلبة أثناء هذه اللعبة إضافة إلى معلومات رياضية كيفية صياغة الأسئلة الفعالة وينتبه بحيث يستفاد من الأسئلة بحيث لا يكررها،ومن هذه الأسئلة:هل

المحبس في الربع الأول، هل ألإحداثي السيني 5، هل الأرقام الإحداثيات متساوية وهكذا.

					المحور Y	4				
						3				
						2				
						1				
5	4	3	2	1	0	-1	-2	-3	-4	-5
						1			المحور X	
						2				
						3				
						4				
						5				

مثال3: **العب مع صديقك**

اللعبة الأولى: إذا أردت أن تحزر عمر صديقك أطلب منه ما يلي:

أن يضرب عمره بثلاثة.

أن يضيف إلى الناتج 1.

أن يضرب ناتج الجمع السابق بثلاثة.

أن يضيف إلى ناتج الجمع السابق مقدار عمره.

أن يعطيك النتيجة، وعندئذ أحذف الرقم الأول والأيمن (أي رقم الآحاد) من العدد الذي أعطاك إياه، فيبقي معك عمره.

وإليك مثال:

إذا كان عمر صديقك 15 سنة، مثلا، فإنه سيجري العمليات الحسابية التالية.

$$15 \quad x \quad 3 = 45$$
$$45 \quad + \quad 1 = 46$$
$$46 \quad x \quad 3 = 138$$
$$138 \quad + \quad 15 = 153$$

وعندما يخبرك بناتج الجمع النهائي وهو(153) فقط احذف أول رقم وقل له عمره (أي نحـذف الـرقم 3 (أو حذف الرقم الأول وضع محله صفر ثم قسم على (10)(تسلى مع صديقك في هذه اللعبة).

س$_{33}$: هل باستطاعتك تقديم برهان رياضي على ذلك ؟

اللعبة الثانية: خطوات حسابية نعرف عدد الأجداد،وعدد الأخوة، وعدد الأخوات لشخص المقابل لك تطلب منه:-

اضرب عدد إخوانك في 2 (الأولاد). إذا لم يكن لديك إخوان (معناها ضع رقم 0).

أضف 3.

اضرب المجموع في 5.

أضف عدد أخواتك إذا لم يكن لديك أخوات (معناها ضع 0).

اضرب الناتج في 10.

أضف عدد أجدادك الأحياء. إذا لم يكن لديك أجداد أحياء (معناها ضع 0).

اطرح 150.

الآن اكتب الناتج. سيكون الناتج مكون من ثلاثة أرقام ويكون:

العدد الأول (مرتبة الآحاد) = عدد الأجداد

العدد الثاني (مرتبة العشرات)= عدد الأخوات

العدد الثالث (مرتبة المئات) = عدد الإخوة

ولنأخذ بعض الأمثلة:-

مثال₁: (المعطيات)(أفرض لديك 3 أخوة و6 أخوات، وليس لديه أجداد إحياء) ولنتبع الخطوات السـابقة وقارنها بالمعلومات المعطاة:

95

عدد الأخوة   6 = 2 x 3   (نضيف 3) ثم نضرب الناتج × 5
45 = 5 x 9   & 9 = 3 + 6 ثم نضيف عدد الأخوات وهم (6) ثم الضرب× (10)
510 = 10 x 51 & 51 = 6 + 45 (ضف عدد الأجداد الأحياء وهو 0 لأنه لايوجد)
ثم نطرح من الناتج (150) ليكون الناتج النهائي   360 = 150 - 510
ولآن قارن بين الناتج والمعلومات المعطاة:-
العدد الأول (مرتبة الآحاد) = 0 عدد الأجداد الأحياء
العدد الثاني (مرتبة العشرات)= 6 وهو عدد الأخوات
العدد الثالث (مرتبة المئات) = 3 وهو عدد الأخوة
مثال₂:(المعطيات)(أفرض لديك 5 أخوة و2 أخوات، ولديك (2) أجـداد أحيـاء) ولنتبع الخطوات السـابقة وقارنها بالمعلومات المعطاة:
عدد الأخوة   10 = 2 x 5   (نضيف 3) ثم نضرب الناتج ×5، ثم نضيف عدد الأخوات وهم (2) ثم الضرب× (10)
10 + 3 = 13   & 13 x 5 = 65
670 = 10 x 67 & 67 = 2 + 65   (ضف عدد الأجداد الأحياه وهو (2) ثم نطرح من الناتج(150)
670 + 2 =672 &   672 - 150 =522
ليكون الناتج النهائي (522) ولآن قارن بين الناتج والمعلومات المعطاة:-
العدد الأول (مرتبة الآحاد) = 2 عدد الأجداد الأحياء
العدد الثاني (مرتبة العشرات)=2 وهو عدد الأخوات
العدد الثالث (مرتبة المئات) = 5 وهو عدد الأخوة
جرب الخطوات على عائلتك أولا ومن ثم مع صديقك وتسلوا مع الرياضيات.
س₃₄: هل بإمكان تقديم أثبات رياضي للمسألة؟

5- ألعاب التقدير: حيث يمكن عن طريق الألعاب التدريب على مهارة التقدير ويطلب من الطلبة تقدير أطوال الطلبة وطول السبورة والرحلة وغيرها ومن ثم قياسها بصورة مضبوطة والفائز هو من يكن اقرب إلى التقدير الصحيح[26]، **وهناك بعض الألعاب تعتمد على خواص الأعداد ممكن أن تستخدم كألعاب بعدها نسأل كيفية معرفة الحل ويخمنه أو يقدره:**

كيف يقدر اللعبة الأولى: أطلب من صديقك مع نفسه أن يضرب العدد(99) في أي رقم من (1 إلى 10) ويعلمك فقط بأول رقم من الناتج تستطيع أن تخبره بكل الناتج فمثلا قال لك (5) سيكون الناتج 495 وسوف أفسر لك هذا السر بعد أن تلاحظ ناتج العمليات الآتية:

$$99 = 1 \times 99$$
$$198 = 2 \times 99$$
$$297 = 3 \times 99$$
$$396 = 4 \times 99$$
$$485 = 5 \times 99$$
$$594 = 6 \times 99$$
$$693 = 7 \times 99$$
$$792 = 8 \times 99$$
$$891 = 9 \times 99$$
$$990 = 10 \times 99$$

لاحظ معي دائما الرقم الذي في الوسط سيكون 9 والرقم الأول(الذي سوف يخبرك به) ويكون الرقم الأخير 9 مطروحا منه الرقم الأول.

وممكن أن تصاغ اللعبة بشكل أخر اطلب من صديقك أن يختار رقم من ثلاثة مراتب (ليست كلها متشابه) ويعكسه ثم يطرحه (الكبير - الصغير) ويعطيك أول رقم من الناتج تستطيع أن تذكر له الناتج كاملا وإليك بعض الأمثلة:

مثال $_1$: نأخذ العدد (751) نعكسه ونطرحه $751 - 157 = 594$

---

[26]- بل 1986،مصدر سابق، ص112-120.

وعند ما يخبرنا بأول رقم (4) نضع الرقم الثاني (9) ونكمل الرقم الثالث (بطرح 5= 4 - 9)

مثال $_2$: نأخذ العدد (225) نعكسه ونطرحه 297= 225 - 522

وعند ما يخبرنا بأول رقم (7) نضع الرقم الثاني (9) ونكمل الرقم الثالث (بطرح 2= 7 - 9)

مثال $_3$: نأخذ العدد (990) نعكسه ونطرحه 891= 099 - 990

وعند ما يخبرنا بأول رقم (1) نضع الرقم الثاني (9) ونكمل الرقم الثالث (بطرح8= 1 - 9)

وتصاغ هذه اللعبة صيغة أخرى:- لو نأخذ أي عدد مكون من ثلاث مراتب ونعكسه ونطرح الصغير من الكبير فأن الناتج يقبل القسمة دائما على 9، 11 دائما:

مثال $_1$: نأخذ العدد (651) نعكسه ونطرحه 495= 156 - 651

494 ÷ 9 = 55

494 ÷11 = 45

مثال $_2$: نأخذ العدد (371) نعكسه ونطرحه 198= 173 - 371

198 ÷ 9 = 22

198 ÷11 = 18

مثال $_3$: نأخذ العدد (122) نعكسه ونطرحه 99= 122 - 221

99 ÷ 9 = 11

99 ÷11 = 9

س$_{35}$: هل تستطيع تقديم برهان رياضي على ذلك ؟

نموذج درس وفق استراتيجيه لعب الأدوار[27]

المادة: رياضيات من المرحلة الابتدائية

الموضوع: مضاعفات الأعداد

(1) الأهداف التعليمية:

الأهداف المعرفية:

1- أن يتعرف الطالب على مضاعفات الأعداد.
2- أن يوجد الطالب مضاعفات عدد معطى.
3- أن يقارن الطالب بين مضاعفات الأعداد
4- أن يكمل الطالب مضاعف عدد ما .
5- أن يحل الطالب مسائل حسابية على مضاعفات الأعداد.

الأهداف المهاريه:

1- أن يستخرج الطالب مضاعفات عدد معطى من بين الأرقام الموجودة على قمصان الطلاب

الأهداف الوجدانية

أن يقدر الطالب قيمه الرقم في حياتنا اليومية

(2) خطوات الدرس:

التهئيه والتمهيد:

مراجعه جداول الضرب من خلال طرح مجموعه من الاسئله لمناقشه وقياس مستوى الطلاب في الحفظ:

5 x 4 = 20	6 x 8 = 48
7 x 4 = 28	7 x 7 = 49
2 x 2 = 4	6 x 7 = 42
3 x 3 = 9	9 x 9 = 81

[27] - فايز مبارك اللهيبي

هل هناك علاقة بين الضرب والجمع من خلال ما درسته في السابق.

تجهيز الإمكانيات

- تجهيز الفصل أو مكان العرض
- تجهيز 9 قمصان تمثل الأرقام من (1,2,...,9) وذلك بكتابه كل رقم على صدر القميص.
- تجهيز قميصان يمثلان الرمزين (×) و (=)

توزيع الأدوار:

1 - اختيار 9 أشخاص يمثلون الأرقام من (1,2,...,9)

بحيث الرقم(9) يمثل الأخ الأكبر للأرقام السابقة والرقم (8) يمثل الأخ الأصغر من(9) وهكذا حتى الرقم (1) والذي يعد اصغر الأخوة.

2 - اختيار تلميذان يمثلون الرمزين (×) و (=).

3 - بقيه الطلاب يمثلون دور الملاحظين.

4 - يراعى عند اختيار الأخ الأكبر أن يكون أكبرهم جسما أو طولا.

تمثيل الدور استطلاعيا

يقوم الطلاب الممثلين للشخصيات السابقة بأداء استطلاعي (بروفة) تحقيقا لكفاءة الأداء وتجنبا للأخطاء، وتذليلا للصعوبات ويكون دور المعلم فيها المتابعة والتشجيع والتدخل عندما لا يتوافق المشهد مع ما أعده وخطط له.

تمثيل الأدوار: (10 دقائق)

يقوم الطلاب الممثلين بأداء أدوارهم، وبقيه الطلاب المشاهدين يقومون بالملاحظة.

التلخيص والاستخلاص:

بعد الانتهاء من المشهد التمثيلي:

س / اذكر تعريف مضاعف العدد؟

- يسأل المعلم كل طاب ممثل عن رأيه في أدائه (تقويم ذاتي).
- يسأل المعلم الملاحظين عن رأيهم في أداء كل ممثل (تقويم الأقران)

- يوضح المعلم رأيه في الأداء، ويوجه الطلاب إلى تعديل لبعض السلوكيات التي اعتراها بعض القصور.

المتابعة والتقويم:

يعرض المعلم أمام الطلاب عرض بالبوربوينت (لوحه تلخيص) يستنتج فيها الطلاب:-

- تعريف مضاعف العدد
- إيجاد المضاعف الخامس للعدد 6
- إيجاد المضاعف السابع للعدد 10
- إيجاد المضاعف الثاني عشر للعدد 7
- يناقش المعلم مع الطلاب بعض التدريبات من الكتاب المقرر.
- يوزع المعلم أوراق خارجية فيها بعض التدريبات لإيجاد بعض مضاعفات الأعداد.

(3)الأنشطة

تنوعت الانشطه بين فردية وجماعية، ومناقشه للجوانب ألمعرفيه والأدوار والتدريبات سواء في كتاب الطالب أو في أوراق خارجية أو وسائل وكتابة السيناريو وتمثيله.

(4)الوسائل

الكتاب – السبورة – الأقلام – أقمصة مرقمة – استخدام البوربوينت.

(5) أساليب التقويم

تعددت وتنوعت أساليب التقويم المستخدمة في تقويم الدرس فكانت هناك أساليب:

- فرديه تمثلت في التقويم الذاتى من قبل الطلاب.
- جماعية وتمثلت في ملاحظه مجموعه الطلاب المشاهدين لادوار زملائهم الممثلين.
- أسئلة منوعة حول موضوع الدرس شملت معظم مستويات الجانب المعرفي (تذكر... فهم... تطبيق)
- بطاقة ملاحظه يدون فيها المعلم ملاحظاته الخاصة بالجوانب المهاريه والوجدانية عن الطلاب أثناء تنفيذ الموقف التعليمي.

_انتهى الدرس

سيناريو المشهد التمثيل (10 دقائق)

يقف الطالب الممثل لشخصية الأخ الأكبر وهو الرقم (9) ويدخل عليه إخوته ما عدا الرقم (7) وينظر إليهم ويتحدث قائلا:

نحن الأرقام لا يستطيع احد الاستغناء عنا فانا واخوني نستخدم في:

- التعبير عن التواريخ والسنيين
- الأعمار لكل شخص
- حصر التعداد السكاني
- في البنوك
- وفي عدد الزوار والمعتمرين والحجاج إلى بيت الـلـه الحرام

(9): أنا أكبركم رقما ومسئول عنكم ويبدأ في عدهم ويلاحظ عدم وجود الرقم (7) فيسأل الأخ الأصغر منه رقما (8) ويقول أين الرقم (7) فأنا لا أجده معكم.

(8): لا اعلم.

(7): السلام عليكم ورحمة الـلـه وبركاته.

(9): وعليكم السلام ورحمة الـلـه وبركاته أهلا بأخي الأصغر (7) .

(7): كيف حالكم يا اخوني.

جميعهم: الحمد لله.

(7): آخى إنني في مشكلة.

(9): لا تقلق فانا سوف أكون لك الأخ الأكبر وواجبي مساعدتك فجميعنا أخوه ولابد أن نتكاتف من اجل مساعدتك. فتحدث عن مشكلتك.

(7): أريد أن أتعرف على مضاعفاتي فهل تساعدني يا آخي.

(9): نعم فانا وإخوتك سوف نساعدك ونعرفك على بعض مضاعفاتك.

دخول الرمزين (×) و (=): السلام عليكم ورحمه الـلـه وبركاته.

جميعهم: وعليكم السلام ورحمه الـلـه وبركاته.

(9):   أهلا يا أصدقاءنا الضرب والمساواة. كيف حالكم اليوم

(×) و (=):   الحمد لله.

(9): إن آخى يتمنى معرفه بعض مضاعفاته فهل تساعدنا في ذلك.

(×) و (=): بكل سرور.

(9): تبدأ المجموعة في تكوين مضاعفات الرقم (7) من خلال الترتيب التالي:

(7) (×) (2) = (14) إن مضاعفك الثاني هو (14)
(7) (×) (3) = (21) إن مضاعفك الثاني هو (21)
(7) (×) (4) = (28) إن مضاعفك الثاني هو (28)
(7) (×) (5) = (35) إن مضاعفك الثاني هو (35)
(7) (×)(6) = (42) إن مضاعفك الثاني هو (42)
(7) (×)(7) = (49) إن مضاعفك الثاني هو (49)
(7) (×)(8) = (14) إن مضاعفك الثاني هو (14)
(7) (×)(3) = (63) إن مضاعفك الثاني هو (21)
(7) (×) (10) = (70) إن مضاعفك الثاني هو (28)

(9):   ما رأيك يا آخى (7) فهل تعرفت على بعض مضاعفاتك.

(7):   نعم يا آخى أشكرك واشكر جميع اخوني وأصدقائنا (×) و (=) .

(4): اخوني هل ممكن أن أعرف مضاعفي الثامن.

جميعهم: بكل سرور

(4) × (8) = (32)

<u>استراحة(مداعبة)</u>

العلماء يداعبون أيضا

بينما كان العالم الرياضي الشهير " ألبرت اينشتاين " في إحدى الحفلات العامة اقتربت منه سيدة وطلبت منه أن يشرح لها النظرية النسبية فروى لها القصة التالية:

كنت مرة مع رجل مكفوف البصر فذكرت له أنني أحب الحليب.

فسألني: ما هو الحليب ؟

قلت: إنه سائل ذو لون أبيض.

فقال: أما السائل فإنني أعرفه. ولكن ما هو اللون لأبيض؟

قلت: إنه لون ريش البجع.

فقال أما الريش فإنني أعرفه. ولكن ما هو البجع؟

قلت: إنه طائر رقبته ملتوية.

فقال: أما الطائر فإنني أعرفه. ولكن ما معنى ملتوية؟

عند إذن أخذت ذراعه ومددتها ثم ثنيتها وقلت هذا معنى الالتواء.

فقال الرجل: آه: الآن عرفت ما هو الحليب.

ثم قال آينشتاين للسيدة: والآن يا عزيزتي أما زلت ترغبين في أن اشرح لك النظرية النسبية.

<u>أولا:المداعبة</u>

إن المداعبة أسلوب تربوي يصل إلى النفوس بأقصر طريقة ويزود المتعلمين بالطاقة والنشاط،وللمداعبة وللمزاح خصائص يلتزم بها حتى لا تخرج عن طور الآداب وتصبح تهريج حيث شبهها الأمام علي(عليه السلام) بالملح في الطعام بقوله(**أعط** الكلام من

المزح بمقدار ما تعطي الطعام من ملح)[28]، أي الدعابة مهمة ومفيـدة ولكـن بقـدر وفي حينهـا،و أن تكـون طبيعية بنت وقتها وتكون موجهة.

ونستطيع المداعبة مع الأعداد على النحو الآتي:

أولا: معرفة العمر(بالسنوات) و الشهر المولود فيه

من ميزات الرياضيات الكثيرة أن تتضمن الكثير من العجائب، و أحدها هي الظهـور بمظهـر السـاحر و كثـيرة هي هذه التمارين، هذا التمرين هو واحد منها، متى ما أجدته تستطيع استخدامه. يمكنك أن تداعب طلبتـك مداعبة ذكية أو يلعبوا مع بعضهم، حيث تخبرهم أن لديك مهارة غير عادية في معرفة سـن أي مـنهم بعمليـة بسيطة جدا:

أولا:

1 - يضرب رقم الشهر المولود فيه × 2، ثم يضيف عدد (5) إلى الناتج.

2 - يضرب ناتج الجمع × 50، ثم يضيف إلى ذلك سنوات عمره.

3 - يطرح من الناتج عدد أيام السنة 365.

4 -اطلب منه يعطيك الناتج الأخير فقط ثم أضف إليه 115.

5 -سيكون الناتج مكونا من ثلاثة أرقام أو أربعة.

الرقمان الأول و الثاني من اليمين(الآحاد والعشرات) هما عمر صديقك بالسنين و أما الرقم الثالث وحده، أو الثالث و الرابع فهو الشهر الذي ولد.

مثال$_1$: نفرض أن عمر الصديق 13 سنة، و شهر مولده هو شهر 7.

$2 \times 7 = 14$

$5 + 14 = 19$

$50 \times 19 = 950$

$13 + 950 = 963$

$963 - 365 = 589$

$589 + 115 = 713$

[28] - لبن،علي احمد زاد المعلم في مبادىء التدريس واعداد الدروس للمتعلمين وطلاب التربية العملية ،الوفاء للطباعة والنشر- /المنصورة،مصر 1986،ص15.

لاحظ الرقمان الأول و الثاني (13) = عمر الصديق، و الرقم الثالث (7) هو شهر مولده.

قارن بين النتائج والمعلومات المعطاة في المثال.

مثال₂: لو كان العمر أقل من 10 سنوات (مرتبة واحدة) مثلا:عمر الصديق 9 سنوات، و شهر مولده هو شهر 1.

$$2 \times 1 = 2$$
$$5 + 2 = 7$$
$$50 \times 7 = 350$$
$$9 + 350 = 359$$
$$359 - 365 = -6$$
$$-6 + 115 = 109$$

لاحظ الرقمان الأول و الثاني (9) = عمر الصديق، و الرقم الثالث (1) هو شهر مولده.

مثال₃: نفرض أن عمر الصديق 20 سنة، و شهر مولده هو شهر 12.

$$2 \times 12 = 24$$
$$5 + 24 = 29$$
$$50 \times 29 = 1450$$
$$20 + 1450 = 1470$$
$$1470 - 365 = 1105$$
$$1105 + 115 = 1220$$

لاحظ الرقمان الأول و الثاني (20) = عمر الصديق، و الرقم الثالث والرابع (12) هو شهر مولده.

س₃₆: هل بإمكانك تقديم برهان رياضي بذلك؟

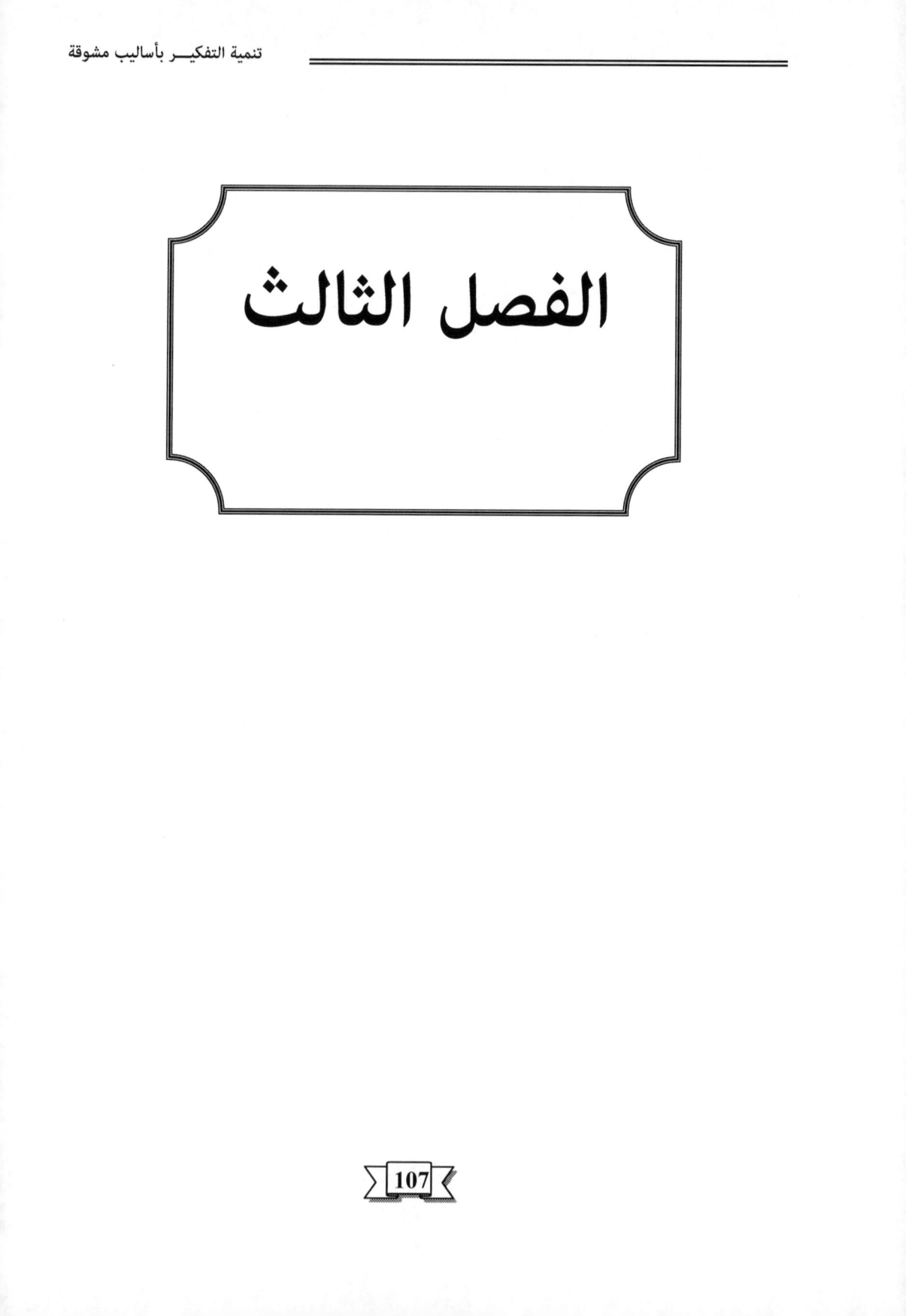

الفصل الثالث

الفصل الثالث: بعض أنواع التفكير

أولا: التفكير الإبداعي وعمليات العصف الذهني

ما وصلت إليه البشرية اليوم من انفجار معرفي وتطور تكنولوجي والانفتاح على العالم نتيجة سرعة الاتصالات والمواصلات هي نتاج أفكار المبدعين.

هذا العصر يتطلب منا السرعة في تنمية عقليات مفكرة قادرة على حل المشكلات وتنميتها مسؤولية كل مؤسسات الدولة وعلى رأسها المؤسسات التعليمية من خلال المناهج الدراسية المختلفة داخلها، و المناهج باختلافها تساهم في تنمية التفكير والقدرة على حل المشكلات لدى الطلاب وتسهم في زيادة قدراتهم في أنواع التفكير المختلفة إذا توفر لتدريسها الإمكانات اللازمة حيث القدرات الإبداعيـة موجودة عند كل الأفراد بنسب متفاوتة، وهي بحاجة إلى الإيقاظ والتدريب لكي تتوقد[29].

وهذا لا يتأتى بدون وجود المعلم المتخصص الـذي يعطي طلابـه فرصة المسـاهمة في وضع التعميمات وصياغتها وتجربتها، وذلك مـن خـلال تزويدهم بالمصادر المناسبة وإثارة اهتماماتهم وحملهـم علـى الاستغراق في التفكير الإبداعي وقيادتهم نحو الإنتاج الإبداعي، وعـرض خطوات التفكير عند معالجـة المشكلة بدلا من عرض النتيجة فقط مما يدفعهم نحو تطوير نمـاذج التفكير والقدرة على تقييم نتائج التعلم بشكل فعال حيث الإبداع يصف الناتج، أما التفكير الإبداعي فيصف العمليات نفسها[30].

تعريف التفكير الإبداعي: Creative Thinking

يعرف كل من التفكير الإبداعي:

أحمد عـزت راجح: بأنه تفكير توليـدي للأفكار والمنتجـات يتميـز بـالخبرة والأصالة والمرونـة والطلاقة والحساسية للمشكلات والقدرة على إدراك الثغرات والعيوب في الأشياء وتقديم حلول جديدة (أصيلة) للمشكلات، وأن الإبداع أو الابتكار

---

[29] - محمد ،حفني إسماعيل التعلم باستخدام استراتيجيات العصف الذهني ،الانترنيت

[30] - دي بونو 1997، التفكير الإبداعي، ترجمة: خليل الجرسي، أبو ظبي ،المجمع الثقافي ،.

(Creation) هو إيجاد حل جديد وأصيل لمشكلة علمية أو عملية أو فنية أو اجتماعية، ويقصد بالحل الأصيل الحل الذي لم يسبق صاحبه فيه أحد.

يعرفه (جوردن): (Gordon 1995)هو الموهبة للإنتاج ويحدث التغيير القوي والمفيد في حل أقوى المشكلات[31].

و يعرفه (منير كامل 1996): الأسلوب الذي يستخدمه الفرد في إنتاج أكبر عدد ممكن من الأفكار حول المشكلة التي يتعرض لها (الطلاقة الفكرية)، وتتصف هذه الأفكار بالتنوع والاختلاف (المرونة) وعدم التكرار أو الشيوع (الأصالة)[32].

ويعرفه(فتحي جروان 1999): نشاط عقلي مركب وهادف توجهه رغبة قوية في البحث عن حلول أو التوصل إلي نواتج أصيلة لم تكن معروفة سابقا. ويتميز التفكير الإبداعي بالشمولية والتعقيد- فهو من المستوى الأعلى المعقد من التفكير - لأنه ينطوي على عناصر معرفية وانفعالية وأخلاقية متداخلة تشكل حالة ذهنية فريدة[33].

مراحل التفكير الإبداعي

ويرى بعض الباحثين عملية التفكير الإبداعي تتم خلال أربع مراحل متتالية هي[34]:

1. مرحلة التحضير أو الإعداد:Preparation وهي الخلفية الشاملة والمتعمقة في الموضوع الذي يبدع فيه الفرد وفسرها (جوردن Gordon) بأنها مرحلة الإعداد المعرفي والتفاعل معه.

---

31 - Gordan, Rawland, , 1995 "Instructional design and creativity: A response to Criticized". Educational Technology

32 - ميخائيل ،منير كامل 1996،ندوة التربية العلمية ومتطلبات التنمية في القرن الحادي والعشرين ،مركز تطوير تدريس العلوم، جامعة عين شمس.

33 - جروان ،فتحي عبد الرحمن1999 ،تعليم التفكير- مفاهيم وتطبيقات، دار الكتاب الجامعي،عمان.

34 - Freeman, J. 1996, Encouraging Creativity in the Gifted paper presented in "The Region workshop", Amm-an, Jordan,.

- Osborn, Alex,1991, Yaur Creative Power, Motorola University Press, Schaumburg, Illinois,

2. مرحلة الكمـون والاحتضـان:Incubation وهـي حالـة مـن القلـق والخـوف اللاشـعوري والـتردد بالقيام بالعمل والبحث عن الحلول، وهي أصعب مراحل التفكير الإبداعي.

3. مرحلة الإشراق:Illumination وهي الحالة التي تحدث بها الومضـة أو الشرارة التـي تـؤدي إلى فكرة الحل والخروج من المأزق، وهذه الحالة لا يمكن تحديدها مسبقا فهي تحدث في وقت ما، في مكان ما، وربما تلعب الظروف المكانية والزمانية والبيئة المحيطة دورا في تحريك هذه الحالة، ووصفها الكثيرون بلحظة الإلهام.

4. مرحلة التحقيق:Verification وهي مرحلـة الحصـول عـلى النتـائج الأصـلية المفيـدة والمرضـية، وحيازة المنتج الإبداعي على الرضى الاجتماعي.

أي أن الإبداع هو إنتاج الجديد النادر المختلف المفيد فكرا أو عملا وهو بذلك يتطلب بدوره معلـما قـادرا على إدارة عملية التفكير في مواقف العصف الذهني الأمر الذي يستلزم تدريب المعلمين أثناء الخدمة علي كيفية استخدام إستراتيجية العصف الذهني، وكذلك إعادة النظر في برامج إعداد المعلمين بكليـات التربيـة وكليات المعلمين لتتوافق مع التوجهات الحديثة التي تطالب بتنمية التفكير الإبداعي والمهارات التدريسية اللازمة للمعلم لتنمية القدرات الإبداعية لدي طلابه.

ومن الممكن أن تتم عملية العصف الذهني خلال مجموعات من الطلبة حيث هناك من ويـرى أنـه مـن المستحيل الآن أن تظل عملية التفكير وحل المشكلات واستشراق المستقبل عملية يقوم بهـا مفكـر بمفـرده مهما كانت قدرته أو شموليته في العلم، وأصبح من المحتم أن تقوم بهذه العملية مجموعة مـن المفكـرين في تخصصات متنوعة تعمل عقلها الجماعي في إنتاج الأفكار و إنتاج حلـول متنوعـة للمشـكلة الواحـدة و إنتاج البدائل لمواجهة التحديات المستقبلية، وهناك من يسمي مجموعة المفكرين فرق التفكير، و التفكـير الذي يمارس عندهم يسمى التفكير التعاوني والذي ينتج من

إعمال العقل متظافرا مع غيره من العقول بأسلوب منهجي يتسم بالعلميـة والموضـوعية لإيجـاد حلـول متنوعة لمشكلات نتجت عن ظواهر طبيعية أو مجتمعية، أو لاستشراق المسـتقبل ووضـع بـدائل لمواجهـة تحدياته واحتمالاته.

و لكي ننمي التفكير التعاوني(الجماعي)لدى المتعلم بعد أن تعود عقله ولسنوات طويلة في إطار نظام تعليمي وممارسات مقصودة داخل حجرات الدراسة على التفكير الفردي(أو المنفرد). يجب الاتجاه إلي استخدام إستراتيجية التعلم التعاوني، وإستراتيجية التعلم في مجموعات صغيرة، وحل المشكلات عن طريق إشراك مجموعات من الطلاب في التفكير،ووضع بدائل الحلول وتنفيذها، وتقويم النتائج [35].

تنمية التفكير الإبداعي

يتفق علماء النفس أن كل الأفراد الأسوياء لديهم قدرات إبداعية، لكنهم يختلفون في مستويات امتلاكهم لها. وإذا ما أريد تنمية التفكير الإبداعي فيجب أولا تهيئة بيئة فصلية محفزة للإبداع يشعر الطالب فيها بأمان سيكولوجي؛ أي أن أفكاره وحلوله غير مهددة بالنقد والتهكم. كما يجب تقبل أسئلة الطلاب وتعزيزها، وعلى المعلم إتباع الإجراءات الآتية:-

1- العمل على إثارة الخيال الخصب عند الطلاب، وذلك بإبراز ظواهر وأحداث يمكن لدارس المرحلة الثانوية إثارة خيال خصب حولها، وهذا الخيال يجعل عقل الطالب يعمل بحرية لإيجاد تفاعلات جديدة، ورؤية وتصور أمور وعلاقات غير واضحة قبل ذلك، لأن الخيال هو الشريك القوي لعملية الإبداع.

2- إرجاء الحكم، فلا يقوم المعلم بالحكم على المخرجات (استجابات الطلاب) مباشرة بل يرجئ ذلك لفترة أخرى، كما يجب ممارسة نقد واقعي وبناء للأفكار المعروضة.

---

[35] - المفتي، محمد أمين 1995، قراءات في تعليم الرياضيات، مكتبة الأنجلو المصرية ،القاهرة.

3- يساعد المعلم الطلاب على أن يكونوا حساسية للمشكلات(المعرفية والاجتماعية والشخصية) فأول مرتكز لعملية

التفكير الإبداعي هو الحساسية للمشكلات.

4 - على المعلم أن ينمي الفضول عند الطلاب، والفضول هنا يعني الميل لمعرفة الأشياء كل أنواع الأشياء فقط

لمعرفتها، فالمعرفة لديه ممتعة وغالبا ما تكون مفيدة.

5- التحدي: ينبغي على المعلم أن يبني جانب التحدي عند الطلاب في مواجهة المشكلة.

6- الشكوكية: على المعلم أن يعرف أن الإبداع يسير في خط لا منته فعلى الطالب أن يكون شكاكا في الحلول.

والمعالجات التي طرحت للمشكلة حتى ينتج أشياء أخرى.

7- يجب عرض مشكلات واقعية من داخل المجتمع وتمس حياة الفرد على أن تكون المشكلة محددة وليست عامة.

دور المدرسة في تنمية الإبداع[36]

- بيئة تعلم مرنة يمكن للطلبة فيها أن يعبروا عن أنفسهم بحرية وإيجابية.
- قائمة غنية بمشاريع لمواد دراسية مثل العلوم واللغات والرياضة.
- التعلم عن طريق الخدمة العامة كجزء طبيعي من المنهج.
- التعلم بالممارسة العملية (معسكرات صيفية تعطي المتعلمين الفرصة للتدريب على ما تعلموه).
- طرق خاصة لتقييم وتقدير الإبداع.

[36] - جونسيلي أورال، التفكير الإبداعي وإعداد المعلم جامعة أكدينيز، كلية التربية، تركيا

منشط التفكير الإبداعي في المدرسة هو من:

- يمتلك فلسفة بناءة.
- يخلق بيئة تعلم مفيدة تحفز الطلاب على حب الاستطلاع.
- يقوم بتنفيذ طرق ملائمة، وينشئ ويستخدم وسائل تشجع على التفكير الإبداعي وتقنيات تقييمه.

دور المعلم في تنمية الإبداع

أن يكونوا قدوة للمتعلمين لكي يصبحوا مبدعين.

- أن يستخدموا خيالهم.
- التفكير في قصص شيقة وابتكار طرق متنوعة لتناول المواضيع العادية.
- إضفاء جو من المرح أثناء الدرس بطريقة مناسبة.
- ربط المحتوى بعالم الواقع.
- التشجيع على ضبط النفس والنظام الذاتي.

ممارس المنهج الإبداعي:

- يتابع باستمرار ردود أفعال الطلاب تجاه المواد الدراسية، لكي يفهم طريقة اختزان المعرفة وتذكرها من قبل الأطفال.

على سبيل المثال:

- التعرف على الوحدات أو المواضيع الأكثر قبولا عند الطلاب، وتلك التي لا تتسم بـذلك، وتحديد السبب.
- كيف يمكننا أن نطور بنية/ تقديم المواضيع؟
- بالاستخدام التفاعلي للوحدات؟ (مثلا الكتابة الإبداعية).
- بإضفاء جو من المرح.
- بالمشاريع الشيقة (العلمية، الخدمة العامة).

- بإدخال المقررات الدراسية الخاصة بتعليم التفكير الإبداعي (مثلا دروسCoRT)

سياسات تدريب المعلم

- من المؤهل لكي يكون معلما؟ وهل توجد معايير للمعلمين الإبداعيين؟
- كيف يمكننا أن نختار المعلمين المحتملين من بين الجماعات المهنية الأخرى؟
- ما هي المعارف و المهارات والمواقف التي ينبغي للمعلمين اكتسابها؟
- كيف نقوم بتنسيق بيئة تعلم إبداعية بحيث يصبح المعلمون نماذج يقتدي بها؟
- على مؤسسات إعداد المعلمين أن:
- تشجع التفكير الحر دون التقيد بحدود ضيقة
- تشجع على الملاحظة ومتعة التجريب
- تعلم الفحص النقدي للأفكار الإبداعية مقارنة بالأفكار الشخصية
- تعلم إبداء النقد والأسئلة المتفحصة
- تنمي القدرة على استيعاب المعرفة والتعبير عن الأفكار

قدرات التفكير الابتكاري (الإبداعي):

يتطلب التفكير الإبداعي عدة قدرات خاصة منها [37]:

1- الأصالة (الجدة) (Originality): وهى القدرة على إنتاج أفكار تستوفي شروط معينة في موقف معين، بحيث تكون هذه الأفكار نادرة من الوجهة الإحصائية، أو أفكار ذات ارتباط غير مباشر وبعيدة عن الموقف المثير، أي إنتاج متفرد بالنسبة للمجموعة المرجعية التي ينتمي إليها الفرد، أي أفكار جديدة، نادرة، غير مألوفة، قليلة التكرار.

2- المرونة(Flexibility): القدرة على تغيير وجهة نظره إلى المشكلة بالنظر إليها من زوايا مختلفة.

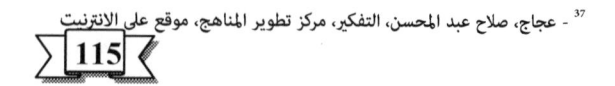

[37] عجاج، صلاح عبد المحسن، التفكير، مركز تطوير المناهج، موقع على الانترنت

3- الطلاقة (Fluency) :هي القدرة على إنتاج أكبر عدد ممكن من الأفكار في فترة محددة، بمعنى إنتاج العديد من الاستجابات أو الحلول للأسئلة أو المشكلات مفتوحة النهايات.

4- الحساسية للمشكلات (Sensitivity to Problem) :هي قدرة الشخص على رؤية الكثير من المشكلات في الموقف الواحد الذي قد لا يرى فيه شخص آخر أية مشكلات.

5- الإفاضة (التفاصيل أو التوسع أو الإتقان) Elaboration: وتعنى القدرة على إتقان أو إحكام التفاصيل المتعلقة بفكرة ما وتطويرها وجعلها قابلة للتنفيذ.

6- التخيل أو التصور البصري (Visualization): وتتمثل في القدرة على التخيل أو المعالجة العقلية للصور والأفكار والتوليف بينها من زوايا وجوانب متعددة داخلية وخارجية، بحيث ينظمها في صور وأشكال لا خبرة للفرد بها من قبل

7- التحويلات (Transformation): وتتمثل في القدرة على تغيير الأشياء أو الأفكار التقليدية إلى أشياء أو أفكار جديدة بهدف الوصول إلى معاني أو تطبيقات أو تضمينات أو منظومات أو اشتقاقات أو توليفات جديدة.

8- الحدس (Intuition): وتتمثل في القدرة على إدراك ورؤية العلاقات وعلى استنتاجات أو تخمينات اعتمادا على معلومات جزئية أو ناقصة.

9- التركيب(Synthesis): وتتمثل في القدرة على تجميع الأجزاء أو الأفكار التي تبدو أقل ارتباطا في تراكيب أو أبنية أو توليفات جديدة.

10- التقويم (Evaluation): وهى عملية استمرار معالجة الفكرة بشكل متعاقب ومستمر ومعالجتها بالتحليل والتحقيق والتجريب والاختبار العملي.

11- سرعة البديهة (Intuition): وتبدو في الإضافات التي يضيفها الفرد على الفكرة الواحدة ليجعل منها فكرة معقدة متشعبة مليئة بالاستجابات، كالتعليقات على الرسوم والصور والأشكال، من قبيل: أغرب تعليق، أطرف تعليق.

12 – الاحتفاظ بالاتجاه ومواصلته Maintaining Direction: وهي تعني مقاومة المشتتات، وأن يظل المبدع موجها نحو حل المشكلة الأصلية.

13 - تحليل المضمون Content Analysis : هـو أسـلوب بحـث يطبـق للوصـول إلـي وصـف كمـي هـادف ومنظم للمضمون المراد تحليله، بغرض التوصل إلـي مدى شيوع ظاهرة أو أحد المفاهيم أو فكرة أو أكثر في المضمون محل التحليل.

14 - القدرة على الغلق Closure: وهي تعني تأجيل إتمام مهمة معينة لمدة زمنية تسمح بالتأجيل من أجل إمكانية التوصل إلي إنتاج أفكار أصيلة.

التفاكر (العصف الذهني):Brain Storming

العصف الذهني هو موقف تعليمي يستخدم من أجل توليد أكبر عدد من الأفكار للمشاركين في حل مشكلة مفتوحة خلال فترة زمنية محددة في جو تسوده الحرية والأمان في طرح الأفكار بعيدا عـن المصادرة والتقييم أو النقد. ومن خلال القيام بعملية العصف الذهني حسـب القواعد والمراحل السـابقة أثبت العصف الذهني نجاحه في كثير من المواقف التي تحتاج إلى حلول إبداعية لأنه يتسم بإطلاق أفكار الأفراد دون تقييم، وذلك لأن انتقاد الأفكار أو الإسراف في تقييمها خاصة عند بداية ظهورها قد يؤديان إلى خوف الشخص أو إلى اهتمامه بالكيف أكثر من الكم فيبطئ تفكيره وتنخفض نسبة الأفكار المبدعـة لديه. وهذا يوضح أهمية عملية العصف الذهني في تنمية التفكير الإبداعي وحل المشكلات.

تعد إستراتيجية العصف الذهني أكثر المنهجيات شيوعا واستخداما في الميدان التربوي لتنميـة التفكير الإبداعي وهي إستراتيجية تدريس يقوم المعلم خلالها بتقسيم طـلاب الفصل إلى أكـثر مـن مجموعة ثـم يطرح عليهم مشكلة تتعلق بموضوع الدرس، بعدها يقوم الطلاب بإعطاء حلول متنوعة للمشكلة ويرحب بها كلها مهما كانت، ويقوم قائد المجموعة بتسجيل كل الأفكار على أن لا يسمح بنقد وتقويم تلك الأفكار إلا في نهاية الجلسة بواسطة المعلم والطلاب، ويقصـد بـه توليد وإنتاج أفكار وآراء إبداعيـة مـن الأفراد والمجموعات لحل مشكلة معينة، وتكون هذه الأفكار والآراء جيدة ومفيدة. أي وضع الذهن في حالة مـن الإثارة والجاهزية للتفكير في كل

الاتجاهات لتوليد أكبر قدر من الأفكار حول المشكلة أو الموضوع المطروح، بحيث يتاح للفرد جو من الحرية يسمح بظهور كل الآراء والأفكار.

أما عن أصل كلمة عصف ذهني (حفز أو إثارة أو إمطار للعقل) فإنها تقوم على تصور حل المشكلة على أنه موقف به طرفان يتحدى أحدهما الأخر، العقل البشري(المخ) من جانب والمشكلة التي تتطلب الحل من جانب آخر. ولابد للعقل من الالتفاف حول المشكلة والنظر إليها من أكثر من جانب، ومحاولة تطويقها واقتحامها بكل السبل الممكنة.أما هذه السبل فتتمثل في الأفكار التي تتولد بنشاط وسرعة تشبه العاصفة وهناك أربع قواعد أساسية للتفاكر هي[38]:

1- النقد المؤجل: وهذا يعني أن الحكم المضاد للأفكار يجب أن يؤجل حتى وقت لاحق حتى لا نكبت أفكار الآخرين وندعهم يعبرون عنها ويشعرون بالحرية لكي يعبروا عن أحاسيسهم وأفكارهم بدون تقييم.

2 – الترحيب بالانطلاق الحر: فكلما كانت الأفكار أشمل وأوسع كان هذا أفضل.

3- الكم مطلوب: كلما ازداد عدد الأفكار ارتفع رصيد الأفكار المفيدة.

4 - التركيب والتطوير عاملان يكون السعي لإحرازهما: فالمشتركون بالإضافة إلى مساهمتهم في أفكار خاصة بهم يخمنون الطرق التي يمكنهم بها تحويل أفكار الآخرين إلى أفكار أكثر جودة أو كيفية إدماج فكرتين أو أكثر في فكرة أخرى أفضل.

ويرى (ديفيز Davis 1986) أن عملية التفاكر(العصف الذهني) هامة لتنمية التفكير الإبداعي وحل المشكلات لدى الطلاب للأسباب الآتية[39]:

1- للتفاكر جاذبية بدهية (حدسية): حيث إن الحكم المؤجل للتفاكر ينتج المناخ الإبداعي الأساسي عندما لا يوجد نقد أو تدخل مما يخلق مناخا حرا للجاذبية البدهية بدرجة كبيرة.

---

[38] - سليمان علي السيد 1999، عقول المستقبل،استراتيجيات لتعليم الموهوبين وتنمية الإبداع، مكتبة الصفحات، الذهبية الرياض.

[39]-Davis, G.A., Creativity is for Ever, 2nd ed, Dibugue, IA, Kendll& Hunt Publishing Company, Inc., 1986

2- التفاكر عملية بسيطة: لأنه لا توجد قواعد خاصة تقيد إنتاج الفكرة ولا يوجد أي نوع من النقد أو التقييم.

3 - التفاكر عملية مسلية: فعلى كل فرد أن يشارك في مناقشة الجماعة أو حل المشكلة جماعيا والفكرة هنا هي الاشتراك في الرأي أو المزج بين الأفكار الغريبة وتركيبها.

4- التفاكر عملية علاجية: كل فرد من الأفراد المشاركين في المناقشة تكون له حرية الكلام دون أن يقوم أي فرد برفض رأيه أو فكرته أو حله للمشكلة.

5 - التفاكر عملية تدريبية: فهي طريقة هامة لاستثارة الخيال والمرونة والتدريب على التفكير الإبداعي.

وتمر عملية العصف الذهني بثلاث مراحل هي[40]:

المرحلة الأولى: ويتم فيها توضيح المشكلة وتحليلها إلى عناصرها الأولية التي تنطوي عليها،تبويب هذه العناصر من أجل عرضها على المشاركين الذين يفضل أن تتراوح أعدادهم ما بين (10-12) فردا، ثلاثة منهم على علاقة بالمشكلة موضوع التفاكر والآخرون بعيدوا الصلة عنها، ويفضل أن يختار المشاركون رئيسا للجلسة يدير الحوار ويكون قادرا على خلق الجو المناسب للحوار وإثارة الأفكار وتقديم المعلومات ويتسم بالفكاهة، كما يفضل أن يقوم أحد المشاركين بتسجيل كل ما يعرض في الجلسة دون ذكر أسماء (مقرر الجلسة) .

المرحلة الثانية: ويتم فيها وضع تصور للحلول من خلال إدلاء الحاضرين بأكبر عدد ممكن من الأفكار وتجميعها وإعادة بنائها (يتم العمل أولا بشكل فردي ثم يقوم أفراد المجموعة بمناقشة المشكلة بشكل جماعي مستفيدين من الأفكار الفردية وصولا إلى أفكار جماعية مشتركة). وتبدأ هذه المرحلة بتذكير رئيس الجلسة للمشاركين بقواعد التفاكر وضرورة الالتزام بها وأهمية تجنب النقد وتقبل أية فكرة ومتابعتها.

المرحلة الثالثة: ويتم فيها تقديم الحلول واختيار أفضلها.

[40] - روشكا الكسندر 1989، الإبداع العام والخاص، ترجمة: غسان أبو فخر، مكتبة عالم المعرفة ،الكويت.

خطوات إستراتيجية العصف الذهني مع مثال:

أولا: المشكلة(موضوع الجلسة): المطلوب(عدة أمثلة) لعددين مختلفين مجموعهما نفس حاصل ضربهما.

1- تحديد ومناقشة المشكلة (موضوع الجلسة): المطلوب منكم أن تجدوا لي أعداد حاصل جمعها نفس حاصل ضربها، هنا يقوم رئيس الجلسة بمناقشة المشاركين حول موضوع الجلسة لإعطاء مقدمة نظرية مناسبة لمدة (5 دقائق) .

2- إعادة صياغة المشكلة: يعيد رئيس الجلسة صياغة المشكلة في (5 دقائق)على النحو التالي: أي مطلوب أعداد س، ص بحيث س + ص = س × ص   ،   و س≠ ص والمطلوب عدد كثير من الأمثلة.

3- تهيئة جو الإبداع والعصف الذهني: يقوم رئيس الجلسة بشرح طريقة العمل وتذكير المشاركين بقواعد العصف الذهني. لمدة (5 دقائق) :

- أعرض أفكارك بغض النظر عن خطئها أو صوابها أو غرابتها.
- لا تنتقد أفكار الآخرين أو تعترض عليها.
- لا تسهب في الكلام وحاول الاختصار ما استطعت.
- يمكنك الاستفادة من أفكار الآخرين بأن تستنتج منها أو تطورها.
- استمع لتعليمات رئيس الجلسة ونفذها.
- أعط فرصة لمقرر الجلسة لتدوين أفكارك.

4- تعيين مقرر للجلسة ليدون الأفكار.

5- يطلب من المشاركين البدء أفكارهم إجابة عن الأسئلة لمدة (40 دقيقة) .

6- يقوم مقرر الجلسة بكتابة الأفكار متسلسلة على سبورة معدنية أمام المشاركين.

● طالب: ماذا عن 2 + 2 = 2 x 2 لهما نفس الناتج 4.

● المدرس: نعم لنسجل هذا المثال. هل من توصل إلى مثال أخر.

● طالب أخر: 0 +0 = 0 x 0 والناتج أيضا صفر.

- طالب أخر:ارجوا أن ينتبه الطلاب أنت قلت يا أستاذ عددين مختلفين وهذه الأمثلة لا تصح.
- المدرس: هذا صحيح أعيدوا التفكير في المطلوب.
- طالب: لا يوجد عددين تنطبق عليهما هذه الحالة حيث لو أخذنا عددين مختلفين 3 , 4 سيكون مجموعهما =7، وضربهما 12 أي حاصل الضرب دائما يكون اكبر من حاصل الجمع.
- طالب أخر: مهلا كلامك غير صحيح ليس دائما الضرب أكبر من الجمع.
- طالب الذي تكلم: وكيف أعطني مثال.
- الطالب:1+1 > 1×1
- الطالب: هذا صحيح
- المدرس: المطلوب منكم عدم التسرع.
- طالب أخر: هل توجد مثل هذه الأعداد يا أستاذ.
- المدرس(مع الابتسامة) وبكثرة جدا بل أقول لكم لا أحد يستطيع عدها.
- طالب آخر: اعتقد توصلت إلى شيء المدرس قال لنا أعداد ولم يحدد إلا طبيعية لماذا لا نجرب الكسور.
- المدرس:فعلا جربوا الكسور(الأعداد النسبية).
- طالب:

$$\frac{1}{2}+\frac{1}{4}=\frac{3}{4} \quad \text{ولكن} \quad \frac{1}{2}\times\frac{1}{4}=\frac{1}{8}$$

هنا الجمع يصبح اكبر من الضرب دائما، عفوا لربما تسرعت في هذا الكلام اقصد اكبر في هذا المثال فقط ولربما يصح على مثال أخر.هل يعرف أحد مثال يعطي العكس.

طالب:

$$\frac{5}{2}+\frac{7}{2}=\frac{12}{2} \quad \text{ولكن} \quad \frac{5}{2}\times\frac{7}{2}=\frac{35}{2}$$

هنا الضرب أكبر من الجمع.

- الطالب:هذا صحيح.

- طالب أخر: كيف هذه الأرقام $\dfrac{5}{2}$ ، $\dfrac{7}{2}$ ، هذه أعداد كسرية

- المدرس: ولما لا أليست أعداد نسبية.

- طالب أخر: أنت حلها يا أستاذ.

- اغلب الطلبة اعترضوا: لا لا دعنا نفكر.

7- يقوم رئيس الجلسة بتحفيز المشاركين إذا ما لاحظ أن معين الأفكار قد نضب لديهم كأن يطلب منهم تحديد أغرب فكرة وتطويرها لتصبح فكرة عملية أو مطالبتهم بإمعان النظر في الأفكار المطروحة والاستنتاج منها أو الربط بينها وصولا إلى فكرة جديدة.

- المدرس: وأنا متأكد سوف تصلون إلى الحل، واستفادا من الفكرة الأخيرة الأعداد الكسرية

- طالب:نعم لنركز على أخر الحل الذي جاء بأعداد كسرية(أي الكسور المختلطة) فلقد لاحظنا مرة يكون الجمع اكبر ومرة اصغر فكروا الآن بالتساوي.

- طالب آخر: وجربوا عدد صحيح مع كسر مختلط.

- بدأ الطلاب بعضهم لوحده والبعض الأخر مشتركين يكتبون ويجربون بالورقة والقلم وبعد صمت قليل.

- وجدت مثالا وتحقق منه وهو

- طالب: $3 + \dfrac{3}{2} = \dfrac{9}{2}$ وكذلك $3 \times \dfrac{3}{2} = \dfrac{9}{2}$

- المدرس: هذا صحيح نريد المزيد أيها الأبطال.

- طالب: $4+ \dfrac{4}{3} = \dfrac{16}{3}$ وكذل $4 \times \dfrac{4}{3} = \dfrac{16}{3}$

- طالب: $5 + \dfrac{5}{4} = \dfrac{25}{4}$ وكذلك $5\times \dfrac{5}{4} = \dfrac{25}{4}$

● طالب أخر: كلامك كان صحيحا يا أستاذ الآن أقدر أن أضرب أمثلة أخرى لا تعد ولا تحصى.

● المدرس: وكيف؟

الطالب: عندما أضيف واحد على العدد الصحيح الأول، أضيف واحد على كل من البسط والمقام للعدد الثاني.

● المدرس: قم بإيضاح فكرتك على السبورة

● الطالب: $6 + \dfrac{6}{5} = \dfrac{36}{5}$ وكذلك $6 \times \dfrac{6}{5} = \dfrac{36}{5}$

$7 + \dfrac{7}{6} = \dfrac{49}{6}$ وكذلك $7 \times \dfrac{7}{6} = \dfrac{49}{6}$

$8 + \dfrac{8}{7} = \dfrac{64}{7}$ وكذلك $8 \times \dfrac{8}{7} = \dfrac{64}{7}$

وهكذا يا أستاذ نحصل على أمثلة غير محدودة لعددين مختلفين حاصل جمعهما يساوي حاصل ضربهما.

المدرس: أحسنتم بمجهودكم التعاوني والفردي توصلتم لحل المشكلة.

8-التقييم: يقوم رئيس الجلسة بمناقشة المشاركين في الأفكار المطروحة لمدة (40 دقيقة) من أجل تقييمها وتصنيفها إلى:

- أفكار أصيلة و مفيدة وقابلة للتطبيق.

- أفكار مفيدة ولكنها غير قابلة للتطبيق المباشر وتحتاج إلى مزيد من البحث أو.......

- أفكار مستثناة لأنها غير عملية وغير قابلة للتطبيق.

9- يلخص رئيس الجلسة الأفكار القابلة للتطبيق ويعرضها على المشاركين لمدة(10 دقائق).

وتعد الهندسة مجالا خصبا لتنمية التفكير الإبداعي من خلال إيجاد عدة حلول لسؤال الواحد:-

حيث يدرب المعلم طلابه على حل المسألة بأكثر من طريقة وفيما يلي عرض للمسألة والتي تعتمد على نظرية المماسين المرسومين من نقطة خارج الدائرة، و يكونان متساويان في الطول، وإجابات مختلفة من قبل الطلبة.

المسألة:رسمت دائرة مركزها(م)، ورسم لها ثلاثة مماسات أب، ب جـ، أ جـ، ومست الدائرة في النقاط الآتية على الترتيب هـ و، د،وقد تلاقت هذه المماسات وشكلت المثلث أب جـ طول أب= 5سم، ب جـ = 8سم، أ جـ = 7سم، جد طول أهـ، هـ ب، ب و، وجـ، دجـ، أد.(اعتمد الحل إذا رسم مماسان لدائرة من نقطة خارجية عنها فالممسان متساويان بالطول)

أ) طريقة الطالب 1: (الاعتماد على تكوين 3 معادلات جبرية، وحلها بالحذف والتعويض،

أهـ = أ د = س

ب هـ = ب و = ص

دجـ = وجـ = ع

لكن س+ ص = 5

ص + ع = 8

س + ع = 7

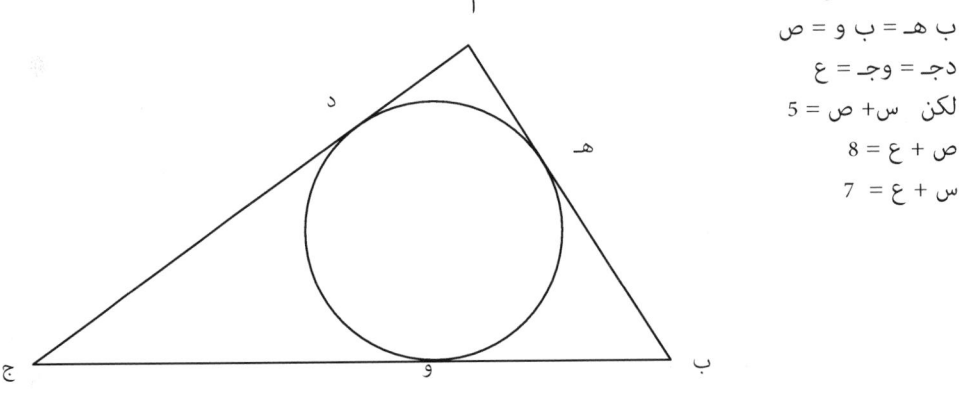

بحل المعادلات الثلاثة بالحذف والتعويض ينتج أن س= 2 سم، ص = 3 سم، ع = 5سم

أهـ = أ د = 2

ب هـ = ب و = 3

دجـ = وجـ = 5 وهو المطلوب.

ب)طريقة الطالب2: الاعتماد على ربط المتغيرات بمتغير واحد (س).

أهـ = أ د = س

ب هـ = ب و = 5 - س

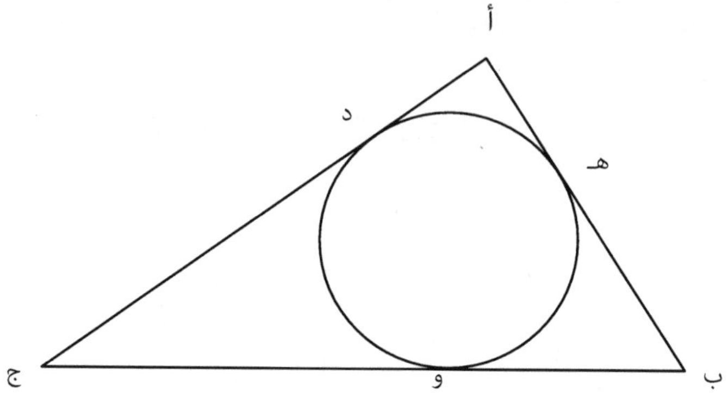

دجـ = وجـ = 7 - س

ب و + وجـ =8 معطى

5 –س +7 -س =8

ومنها س =2 سم أي:

أهـ = أ د = 2 سم

ب هـ = ب و = 3 سم

دجـ = وجـ = 5 سم وهو المطلوب.

جـ) طريقة الطالب3:(تعتمد على التجريب والتخمين الذكي-المحاولة والخطأ-)

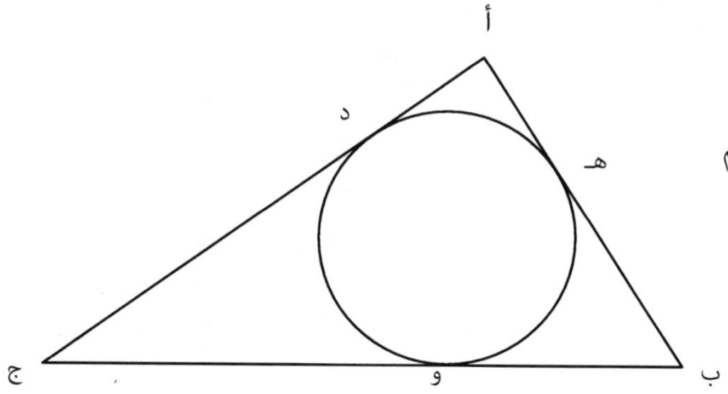

طول ب جـ = 8 سم

لو فرضنا أن طول و جـ = 5 سم

يكون ب و = 3 سم

وعليه يكون ب و = ب هـ = 3 سم

و جـ = جـ د = 5 سم

وعليه فأن أ هـ 2 = 5 - 7

أ د = 2 سم

ومن الملاحظ أن ما يكون تفكيرا ابتكاريا لطالب، قد يكون تفكيرا بسيطا أو تذكرا لطالب

آخر وما يكون تفكيرا ناقدا لطالب، قد يكون تفكيرا بسيطا أو تذكرا لطالب أخر، وما يكون

تفكيرا إبداعيا لطالب قد يكون تفكيرا ناقدا لطالب آخر وبالعكس علما أن التفكير يعتمد على المرحلة العمرية والعقلية، ومدى صعوبة المسألة وسهولتها، والصعوبة في الفصل بين التفكير الناقد والتفكير الإبداعي بسبب تأثيرهما، واعتمادهما على بعض.

معوقات العصف الذهني:
1- عوائق إدراكية تتمثل بتبني الإنسان لطريقة واحدة بالتفكير والنظر إلى الأشياء.
2- عوائق نفسية وتتمثل في الخوف من الفشل.
3- عوائق تتعلق بشعور الإنسان بضرورة التوافق مع الآخرين.
4- عوائق تتعلق بالتسليم الأعمى للافتراضات.
5- عوائق تتعلق بالخوف من اتهامات الآخرين لأفكارنا بالسخافة.
6- عوائق تتعلق بالتسرع في الحكم على الأفكار الجديدة والغريبة.

العناصر التي تساعد في نجاح عملية العصف الذهني منها:

1- وضوح المشكلة مدار البحث وما يتعلق بها من معلومات و معارف لدى المشاركين و قائد النشاط قبـل جلسة العصف.

2- وضوح مبادئ و قواعد العمل و التقيد بها من قبل الجميع، بحيث يأخـذ كـل مشـارك دوره في طرح الأفكار دون تعليق أو تجريح من أحد.. (وقد يكون من الضـروري توعيـة المشـاركين في جلسـة تمهيديـة و تدريبهم على إتباع قواعد المشاركة و الالتزام بها طوال الجلسة) .

3 - خبرة قائد النشاط و جديته و قناعته بقيمة أسلوب العصف الذهني كأحد الاتجاهات المعرفية في حفز الإبداع، بالإضافة إلى دوره في الإبقاء على حماس المشاركين في أجواء من الاطمئنان و الاسترخاء و الانطلاق.
4 -معرفة المشاركين أنه كلما زاد عدد الأفكار المقترحة منهم كلما زاد احتمال بلوغ قدر أكبر من الأفكار الإبداعية.
5- وفي نهاية الجلسة تكتب قائمة الأفكار التي طرحت و توزع على المشاركين لمراجعة ما تم التوصل إليه. وقد يساعد هذا الإجراء على استكشاف أفكار جديدة و دمج أفكار موجودة تمهيدا لجلسة التقييم، التي قد تعقب جلسة توليد الأفكار مباشرة و قد تكون في وقت لاحق.
6 -وينبغي ملاحظة أن المشاركين في جلسة التقييم ليسوا بالضرورة هم الذين شاركوا في جلسة توليد الأفكار، وربما كان من الأفضل إشراك آخرين من خارج المجموعة الأولى، ولاسيما إذا كانوا معنيين بمسؤولية تنفيذ الحلول التي سوف يتم التوصل إليها، أو كان لهم دور ما في تنفيذها.
7- ستحسن أن يكون عدد المشاركين ما بين (12-6) شخصا وألا يقل عن ستة مشاركين.
8- يستحسن أن يسود الجلسة جو من خفة الظل والمتعة.
9 -يجب قبول الأفكار غير المألوفة أثناء جلسة العصف الذهني وتشجيعها دون تقويم أو نقد.

تنمية التفكير الإبداعي لدى الطلبة:

1- إتاحة الفرصة لطلبة الإجابة وتجريب بأنفسهم وإعطائهم أسئلة تتطلب تفكير ومشكلات مفتوحة.
2- تشجيع الطلاب على أنتاج أنشاء جديد أو حلول مبتكرة.
3- إعطاء الفرصة للطلبة أن يتعلموا مع بعض وتشجيع الحوار مع بعضهم.
4- عدم تقديم حلول نهائية وكاملة على السبورة لينقلها الطلبة .

5- تشجيع الطلبة وتعويدهم أن يقدموا أكثر من حل.

6- دعهم يكتشفون أنماط و إيجاد علاقات بين المعطيات المسألة وتكليفهم بأنشطة مفتوحة كما في الأمثلة الآتية(على مستوى المرحلة الابتدائية وما بعدها)[41]:

مثال$_1$:أعدت أم سعاد (5) أطباق من الكيك بمناسبة دعوة صديقات أبنتها بمناسبة تفوقها في المدرسة، وقامت سعاد بتقطيع كل طبق إلى(8)أجزاء متساوية، فإذا علمن أن كل واحدة من المدعوات أكلت (3) قطع بما فيهم سعاد وبقي طبق و(5) أجزاء من الطبق فكم كان عدد المدعوات؟

الجواب:مجموع القطع الكلية =$5 \times 8 = 40$ قطعة

عدد القطع المتبقية =$5 + 8 = 13$ قطعة

عدد القطع المأكولة = $40 - 13 = 27$ قطعة

عدد المدعوات مع سعاد= $27 \div 3 = 9$

وعليه عدد المدعوات = 8

س$_{37}$:لو قسمت سعاد كل طبق إلى (5) قطع وكل مدعوة(بما فيهم سعاد) أكلت قطعتين احسب عدد القطع المتبقية؟

مثال$_2$: اختصر طالب الكسر الآتي بعد أن حذف العدد(6) من البسط والمقام:

$$\frac{26}{65} = \frac{2}{5}$$

ولكن عند تعليمنا لطريقة الاختصار بقسمة البسط والمقام على العامل المشترك بينهما ألآتي:

$$\frac{26}{65} = \frac{26 \div 13}{65 \div 13} = \frac{2}{5}$$

س$_{38}$: رغم أن جواب الطالب صحيح ولكن طريقته خاطئة كيف تثبت لطالب أن طريقة غير صحيحة ولا تصلح أعط مثالين على الأقل توضح فيه عدم صلاحية هذه الطريقة.

[41] -عبيد وليم،2004 تعليم الرياضيات لجميع الأطفال، دار المسيرة للنشر وتوزيع والطباعة، عمان، الأردن

مثال$_3$: أ، ب نقطتان على نهاية قطعة مستقيم أوجد نقطة (جـ) على قطعة المستقيم أ ب بحيث أ جـ = جـ ب وما عدد الحلول التي نستطيع إيجادها؟

الجواب:نضع جـ منتصف المسافة وهو الحل الوحيد

أ جـ ب

س$_{39}$:هل من الممكن أن تبتكر مثال مشابه ولكن يكون فيه عدد الحلول لا نهائي؟

س$_{40}$: لاحظ الأمثلة الآتية وستنتج الرابط الذي يجمعها ؟(اكتشاف نمط)

12 × 12 = 144
21 × 21 = 441
13 × 13 = 169
31 × 31 = 961
113× 113 = 12769
311 × 311 = 96721
201× 201 = 40401
102× 102 = 10404
301 × 301 = 90601
103 × 103 = 10609
1003 × 1003 = 1006009
3001 ×3001 = 9006001

مثال $_4$:لو أردنا بناء متكون من قطع مضلعة الشكل منتظمة (مثلث، مربع، شكل خماسي، سداسي، سباعي، ثماني،...) ونريد البناء يتكون من تكرار المضلع المنتظم عدة مرات، دون وجود مسافات بينهم، ودون تداخل الأشكال. يتم تعريف المضلع المنتظم بأنه الشكل الذي تكون فيه كافة الجوانب متساوية والزوايا التي تكونها من جوانب متجاورة جميعها متساوية. مثل المثلث المتساوي الأضلاع، فتكون الجوانب الثلاثة جميعها بنفس الطول ويكون قياس كل من الزوايا الداخلية 60 درجة، ويكون البناء من القطع المثلثة كما في الآتي:

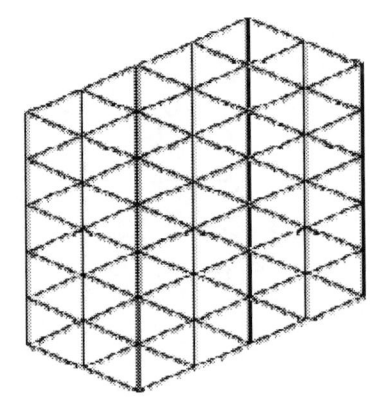

الآن هل من الممكن عمل الشيء ذاته من مضلعات أخرى؟

ويكون الجواب نعم: هب القطع سداسية الشكل تلتقي ثلاثة أشكال سداسية (سداسي الزوايا والأضلاع) قياس كل من زواياها الداخلية 120 درجة، في كل نقطة مـن قطع البناء السداسية الشكل. ثلاث زوايا قياس كل منها 120 درجة يشكل مجموعها 360 درجة أيضا.

لا يمكن استخدام الشكل الثماني الأضلاع لقطعـة البناء منتظمة. قطع عـددا مـن الأشـكال ذات الثمانيـة أضلاع وجرب ذلك. إن قياس الزوايا الداخلية للشكل الثماني الأضلاع هو 135 درجة. زاويتان منهما تشكل ما مجموعه 270 درجة وثلاث منها تكون 405 درجات. ليس هناك طريقة للحصول على مجموع 360 درجة ولذلك لا توجد طريقة للحصول على مضلع ثماني الشكل يلتقي في نقطة دون مسافات أو تداخل.

ويود الكاتب أن يطلع القاري الكريم على الموضوع الآتي ذا الصلة:

النحل وروعة البناء المعماري في خلاياه

النحل هذه الخلايا معروف للجميع، و هو الشكل السداسي. و لكن هـل فكـر أحـدكم يومـا لماذا لا يبنـي النحل خلاياه بشكل ثماني أو خماسي الأضلاع ؟.

لقد توصل علماء الرياضيات الذين سعوا للإجابة على هذا السؤال إلى نتيجة مثيرة: إن الشكل السداسي هو أنسب الأشكال الهندسية التي تحقق استخدام أكبر قدر من المساحة المتاحة.

فالخلية سداسية الشكل تحتـاج لأقـل كميـة مـن الشـمع لبنائهـا، بيـنما تسـمح بتخـزين أكـبر كميـة مـن العسل.وهذا الموضوع له تطبيقات في الرياضيات تحت مفهوم تطبيقات النهايـات العظمـى والصـغرى أي النحل يستخدم أنسب الأشكال الهندسية الممكنة.

أما النظام المستخدم في بناء الخلايا الشمعية فهو مذهل كذلك: فالنحل يبدأ في بناء الشـكل السـداسي مـن مكانين أو ثلاثة أماكن مختلفة، ثم يبدأ في حبك سلسلة الخلايا في آن واحد من هـذين المكـانين أو الأمـاكن الثلاثة. و على الرغم من أن النحـل يبـدأ مـن أمـاكن مختلفـة فإنـه - عـلى كـثرة عـدده - يبنـي الأشـكال السداسية بتطابق تام، ثم ينسج الخلايا الشمعية بتجميع هذه الأشـكال مـع بعضـها الـبعض و الالتقـاء في منطقة الوسط تماما. و تظهر نقاط التحام هذه الأشكال السداسية مهارة فائقـة، بحيـث لا يلاحـظ أبـدا أن هذه الأشكال قد التحمت ببعضها البعض تدريجيا.

و برؤيتنا لهذا الأداء الرائع البديع لا يسـعنا إلا التسـليم بوجـود إرادة مـدبرة عظيمـة هـي المسـؤولة عـن توجيه هذا الكائن الحي، فهذا يعني أن هناك حكمة و قوة عظيمة تهـيمن عـلى جميـع هـذه المخلوقـات الدقيقة، فإن اللـه سبحانه و تعـالى الـذي خلـق تلـك المخلوقـات الدقيقـة قـد (ألهمهـا ذلـك ففـي قولـه تعالى:{ **وأوحى ربك إلى النحل أن اتخذي من الجبال بيوتا ومن الشجر ومما يعرشون * ثم كـلي مـن كـل الثمرات فاسلكي سبل ربك ذللا يخرج من بطونها شراب مختلف ألوانه فيه شفاء للنـاس إن في ذلـك لآيـة لقوم يتفكرون**} (النحل68- 69}

بلورة الثلج السداسية

عندما يتفحص المرء بلورات الثلج يرى أشكالا متعددة و مختلفة فيما بينها. ويعتقد الباحثون أن مترا مكعبا من الثلج يحتوي على 350 مليون بلورة، إن الشكل المضلع السداسي للبلورة الثلجية، و التي لها أنواع مختلفة من ناحية التناسق و التماثل فيما بينها، يعد دليلا على الإبداع الإلهي في الخلق، فحبة الثلج تتألف من أكثر من مئتي بلورة ثلجية، والبلورات الثلجية هي عبارة عن مجموعة من جزيئات من الماء مرتبة و منظمة بتناسق باهر فيما يبنها، و توصف هذه البلورات الثلجية بأنها بناء معماري بارع جدا، و هي تشكل عندما يمر بخار الماء خلال السحاب متعرضا للبرودة، و يحدث هذا الأمر كالآتي:

يحتوي بخار الماء على جزيئات الماء التي تكون منتشرة بصورة عشوائية، و عندما تمر بين السحاب تتعرض للبرودة و بالتالي يقل نشاطها، و هذه الجزيئات التي أصبحت حركتها بطيئة تميل إلى التجمع فيما بينها ثم تتحول إلى جسم صلب، و لكن هذا التجمع لا يكون عشوائيا أبدا، بل على العكس إنه دائما يكون باتحاد جزيئات الماء لتكوين مضلعات سداسية مجهرية منتظمة الشكل.

و كل قطعة ثلج تتكون من مرحلة أولى من مضلع سداسي و يتبلور من جزيئات الماء، و من ثم تأتي باقي المضلعات السداسية المتبلورة لتلتحم بالبلورة الأولى، و العامل الرئيسي في طريقة تشكيل هذه البلورة الثلجية هو الالتصاق المتسلسل لهذه المضلعات السداسية بعضها ببعض تماما مثلما تتحد حلقات السلسلة الواحدة.

و المفترض في هذه البلورات هو أن تتخذ الشكل نفسه مهما اختلفت الحرارة و الرطوبة، و لكن الذي يحصل هو أن شكلها يختلف باختلافهما، لماذا توجد هذه البلورات المتناسقة ذات الشكل المضلع السداسي في كل قطعة ثلج؟ و لماذا تأخذ شكلا مختلفا إحداها عن الأخرى؟ لماذا تكون حواف هذه الأشكال ذات زوايا بدلا

من أن تكون مستقيمة؟ و لا زال العلماء مستمرين في أبحاثهم سعيا وراء العثور عن الأجوبة و لكن الحقيقة الواضحة أن الله فاطر السماوات و الأرض هو الذي خلق كل شيء و سواه لا شريك له و هو الأحد الصمد[42].

والآن عودة إلى الموضوع الأصلي لقطع البناء مضلعة الشكل منتظمة (مثلث، مربع، شكل خماسي، سداسي، سباعي، ثماني،...) وعرفنا أن قطع المثلثات والشكل السداسي لا تكون بينهما فراغات و لنوجه السؤال الآتي:

س$_{41}$: هل من الممكن عمل الشيء ذاته من مضلعات أخرى ؟ أورد كافة الاحتمالات.

س$_{42}$: شخص أراد قطع مسافة معينة بين مدينتين وقاد سيارته بسرعة ثابتة طوال الرحلة ولاحظ بعد بداية سفرته بفترة معينة لاحظ لوحة تشير أن المسافة التي قطعها متكونة من عدد مكون من مرتبتين وبعد ساعة واحدة لاحظ لوحة أخرى استنتج منها أن المسافة التي قطعها متكونة من عدد من مرتبتين نفس المسافة الأولى ولكن بعكس الترتيب، وبعد مضي ساعة أخرى كانت المسافة قد أصبحت تساوي عدد من ثلاثة مراتب نفس عدد المسافة الأولى ولكن بينهما صفر احسب المسافة بين المدينتين وسرعة السيارة؟

مثال $_5$: لو أخذنا العددين 2 , 2 فإن مجموع مقلوبيهما يساوي واحد.

$$1 = \frac{1+1}{2} = \frac{1}{2} + \frac{1}{2}$$

لو أخذنا الأعداد 2 , 3 ,6 فإن مجموع مقلوب تلك الأعداد يساوي واحد.

[42] - يحيى هارون، كتاب العظمة في كل مكان

$$1 = \frac{1+2+3}{6} = \frac{1}{6} + \frac{1}{3} + \frac{1}{2}$$

و لو أخذنا أربع أعداد هي 24,8, 3, 2 يكون كذلك مجموع مقلوب الأعداد يساوي واحد.

$$1 - \frac{1+3+8+12}{24} - \frac{1}{24} + \frac{1}{8} + \frac{1}{3} + \frac{1}{2}$$

ولو أخذنا الأعداد خمسة أعداد مثل: 2 , 4 , 8 , 12 , 24

$$1 - \frac{1+2+3+6+12}{24} - \frac{1}{24} + \frac{1}{12} + \frac{1}{8} + \frac{1}{4} + \frac{1}{2}$$

س$_{43}$: بالنسبة

لعددين لا يوجد سوى المثال المذكور حاول أن تأتي بنماذج أخرى من ثلاثة أعداد، أربعة أعداد، خمسة أعداد لها نفس الخاصية أعلاه حيث توجد احتمالات كثيرة؟

س$_{44}$: إذا كانت س^2 -9 س + 6 = 0

فما قيمة س^2 + $\frac{36}{س^2}$

مثال$_6$: أي عدد (من مرتبتين) ممكن كتابته:- عدد مضروب × (9) + (مجموع عددين)

مثال$_1$: العدد 27 يكتب بصورة: $27 = 9 \times 2 + (7 + 2)$

مثال$_2$: العدد 21 يكتب بصورة: $21 = 9 \times 2 + (2 + 1)$

مثال$_3$: العدد 50 يكتب بصورة: $50 = 9 \times 5 + (5 + 0)$

مثال$_4$: العدد 11 يكتب بصورة: $11 = 9 \times 1 + (7 + 2)$

مثال$_6$: العدد 53 يكتب بصورة: $53 = 9 \times 5 + (5 + 3)$

س$_{45}$: هل عرفت على أي قاعدة تكتب فيها الأعداد؟

مثال$_7$: أي عدد (من ثلاثة مراتب)ممكن كتابته: عدد مضروب × (9) + (مجموع مراتبه الثلاثة)

مثال $_1$: العدد 987 يكتب بصورة: $987= 9 \times 107 +(9+8+7)$

مثال $_2$: العدد 523 يكتب بصورة: $523= 9 \times 57 +(5+2+3)$

مثال $_3$: العدد 123 يكتب بصورة: $123= 9 \times 13 +(1+2+3)$

مثال $_4$: العدد 900 يكتب بصورة: $900= 9 \times 99 +(9+0+0)$

مثال$_5$: العدد 777 يكتب بصورة: $777= 9 \times 84 +(7+7+7)$

مثال$_6$: العدد 557 يكتب بصورة: $987= 9 \times 60 +(5+5+7)$

س$_{46}$: هل عرفت على أي قاعدة تكتب فيها الأعداد؟

طريقة ممتعه للضرب في العدد (9)

أولا:الضرب بعدد من مرتبة واحدة:

مثال$_{1:}$ 9×7 يكون الناتج بأخذ (1) من العدد المضروب ×(9)(أي نأخذ واحد من العدد7) ونضعه في الناتج في مرتبة العشرات و رقم الآحاد تكملة الرقم الأول حتى (9) للعدد فيصبح العدد=63

ثانيا:الضرب بعدد من مرتبتين:

مثال$_{2:}$ 9×57 يكون الناتج بطرح(رقم العشرات+ 1) من العدد الأصلي(يكون الناتج51)وهذا يمثل في الناتج مرتبة عشرات والمئات أما رقم الآحاد فتكمل مجموع

مراتب الناتج(51) وهو(6) إلى العدد(9) و التكملة هوا لعدد(3) ليكون الناتج النهائي=513
(ملاحظة نقصد بناتج الجمع إلى أن يصبح مرتبة واحدة مثلا إذا ظهر الناتج(88) نجمعه فيصبح(16) نجمعه مرة أخرى ليصبح(7) ثم نكمل إلى (9).

مثال$_3$: 9 x 98 ناتج الطرح(10) من(98) هو (88) ومجموعه(16) ثم مجموعه(7) وتكملته للعدد(9) هو (2) نضعه في مرتبة الآحاد ويكون الجواب النهائي=882

س$_{47}$: هل ممكن ابتكار طريقة لضرب العدد(9) في عدد من ثلاثة مراتب (أو أربعة مراتب)بعد مشاهدتك لأمثلة الآتية:- (أرشاد: خذ المرتبتين العشرات والمئات + 1)، إذا أربع مراتب خذ الثلاث مرتب الأخيرة +1)

128 x 9 = 1152
352 x 9 =3168
175 x 9 =1575
211 x 9 =1899
352 x 9 =3168
3658 x 9 = 32922
3111 x 9 = 27999

مثال$_8$:لو طلب منك عددين مجموعهما يساوي ناتج قسمتهما، في الوهلة الأولى قد يبدو هذا الطلب صعب أو شبه مستحيل كون أن الأعداد في الجمع تزداد وعند القسمة تقل، والأغرب من ذلك عندما تعلم يوجد عدد لا نهائي مثل هذه الأعداد كما للآتي:

$\frac{1}{2}+\frac{1}{2}=\frac{1}{1}$	وكذلك	$\frac{1}{2}\div\frac{1}{2}=\frac{1}{1}$
$\frac{1}{6}+\frac{1}{3}=\frac{1}{2}$	وكذلك	$\frac{1}{6}\div\frac{1}{3}=\frac{1}{2}$
$\frac{1}{12}+\frac{1}{4}=\frac{1}{3}$	وكذلك	$\frac{1}{12}\div\frac{1}{4}=\frac{1}{3}$
$\frac{1}{20}+\frac{1}{5}=\frac{1}{4}$	وكذلك	$\frac{1}{20}\div\frac{1}{5}=\frac{1}{4}$
$\frac{1}{30}+\frac{1}{6}=\frac{1}{5}$	وكذلك	$\frac{1}{30}\div\frac{1}{6}=\frac{1}{5}$
$\frac{1}{42}+\frac{1}{7}=\frac{1}{6}$	وكذلك	$\frac{1}{42}\div\frac{1}{7}=\frac{1}{6}$
وهكذا............		وهكذا............

س48: هل عرفت القاعدة التي تربط هذه الأعداد العجيبة؟ أملأ الفراغات لتعرفها:

يجب أن يكون العدد(نفرضه س)   س >............ أما الأعداد هي:

$\frac{1}{س\times(...)}+\frac{1}{س}-\frac{1}{س-....}$	$\frac{1}{س\times(...)}\div\frac{1}{س}-\frac{1}{س-....}$

س49:قاد سائق سيارته ثلث المسافة بين مدينتين بسرعة 75 كم/الساعة، وخمس المسافة المتبقية استغرقت ساعة واحدة،وباقي المسافة بسرعة 80 كم/الساعة. المسافة بين المدينتين 450 كم، لو افترضنا أن السائق قاد سيارته بسرعة ثابتة طول الرحلة

بين المدينتين، فما هي السرعة التي يجب أن يقود بها السيارة من أجل أن تستغرق الرحلة بين المدينتين نفس الفترة الزمنية السابقة ؟

س$_{50}$:ما هي مساحة الشكل شبه المنحرف قائم الزاوية في الشكل المجاور ؟

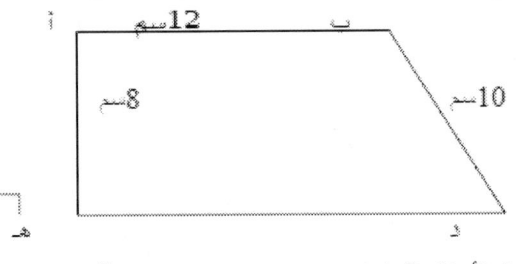

س$_{51}$:لاحظ الأمثلة الآتية في عملية مربعات عدد الذي آحاده(5)

$$225=15\times15$$

$$625=25\times25$$

$$1225=35\times35$$

$$2025 = 45\times45$$

$$3025=55\times55$$

$$4225=65\times65$$

$$5625=75\times75$$

هل ممكن أن تبتكر قاعدة لضرب مثل تلك الأعداد دون عملية الضرب الاعتيادي من خلال متابعتك للأمثلة أعلاه؟ وتقدم برهانا رياضيا على ذلك؟

س$_{52}$:لاحظ الأمثلة الآتية في عمليات الضرب لعددين متشابهين في مرتبة العشرات ومجموع آحادهما يساوي (10) كما في الآتي:

$$221=13\times17$$

$$1221=33\times37$$
$$2016=48\times42$$
$$9024=94\times96$$
$$7209=89\times81$$

$$4224=66\times64$$

$$11009=109\times101$$

$$11016=108\times102$$

$$13221=113\times117$$

هل ممكن أن تبتكر قاعدة لناتج مثل تلك الأعداد دون الضرب الاعتيادي علما بـأن القاعـدة تشـمل أيضـا أعداد لثلاثة مراتب؟

التفكير الناقد

تمهيد [43] :

أصبح تعليم مهارات التفكير الناقد غاية أساسية لمعظم السياسات التربوية لـدول العالـم وهدفا رئيسيا تسعى مناهجها لتحقيقه، وذلك لما حققه من نتائج إيجابية ثبت أثرها سواء على حياة الفـرد أو المجتمـع، وقد تبلور الاهتمام بتعليم التفكير الناقد في الولايات المتحـدة الأمريكيـة مـع بدايـة السـبعينات مـن هـذا القرن، حيث أوصى المعهد الأمريكي للتربية بضرورة إعطاء مهارات التفكير الناقد أولويـة خاصـة في المنـاهج الدراسية،بدءا من عام 1996م وحتى عام 1999م أدخلت كامبريدج (شهادة كامبريدج للتفكير الناقد)، وهـو اختبار مدته 90 دقيقة، ويتكون من 44 سؤالا، صيغت على نسق الاختيار مـن متعـدد، ويهـدف إلى تقيـيم التفكير الناقد ومهارة حل المشكلات،وفي عام 2001م تقرر إدخال اختبار(تقييم مهارات التفكير) لاستخدامه مبدئيا داخل جامعة كامبريدج كأحد المؤشرات لاختيار الطلاب للالتحاق بالجامعة. وهذا الاختبار يعتـبر امتدادا لاختبار كامبريدج لمهارات التفكير الذي توقف عام 1999م وما زال الاهتمام بهذا النـوع مـن التعلـيم في الولايات المتحدة الأمريكية قائما حتى وقتنا الحاضر، تهتم سنغافورة بهذا النـوع مـن التفكـير ففـي عـام 1997 عقد فيه المؤتمر الدولي السابع للتفكير في سنغافورة وحضره 2400 ممثل لحوالي 42 دولة مـن مختلـف بقاع العالم تحت شعار(مدرسة تفكر... وطن يتعلم).

كما أبدت بعض الدول العربية اهتماما بتعلم التفكير الناقد، حيث أعدت وزارة التربية والتعليم في المملكـة الأردنية الهاشمية خطة لتدريب المعلمين امتدت من عام 1991 حتى عام 1998، وكـان أحـد أهـداف هـذه الخطة توجيه التدريس لتنمية التفكير الناقد لدى الطلبة،بل يوجد مركز متخصص في الأردن(مركز ديبونو

[43] - المغيصيب، عبد العزيز ،عبد القادر تعليم التفكير الناقد، كلية التربية ،جامعة قطر.

- جاهين، جمال حامد 2004،اجعلوا بعض الألغاز في الاختبارات، مجلة المعرفة، العدد 104

للتفكير) للتخريج المعلمين والمتدربين على برامج تنمية التفكير الدورات المتكررة لتعليم التفكير.

وفي العام الدراسي 2001 – 2002 كان أول برنامج لتعليم وتنمية مهارات التفكير العليا مـن خـلال المـواد الدراسية يطبق في المملكة العربية السعودية، وقد تم البدء بتدريب المعلمين علـى هـذه المهـارات، وذلـك على اعتبار أن المعلم يشكل العنصر الرئيسي لنجاح أي برنامج، وقد عقدت ورش عمل قومية في الرياض في عام 2002م وقد تم تدريب العديد من المعلمين ومعدي المناهج الدراسية، ومشرفي الفصول والإدارات التعليمية. وتمثلت أهداف المشروع في دمج تدريس مهارات التفكير في المنهج المدرسي، وإعداد مجموعـة من الدروس القائمة على مهارات التفكير باللغة العربية في كـل مـادة دراسـية وفي كـل صـف دراسـي،كما بدأت جمهورية مصر العربية عام 2001، مشروعا تجريبيا هدفه تطوير جميع مكونات العملية التعليميـة، وشمل 245 مدرسة، وقد ركز المشروع على تنمية مهارات التلاميـذ علـى الحـوار وحـل المشكلات والتفكير الناقد.

وفي إطار هذه المحاولات المستمرة للارتقاء بنوعية التعليم أخذ الاهتمام التفكير الناقـد يشـغل حيزا متناميا في خطط التطوير، ولعل مـا عضـد هـذا التوجـه وأدى إلى الاسـتمرار فيـه، مـا توصـلت إليـه الدراسات العلمية من نتائج مفادها:

1- أن تعليم التفكير لا يشكل مشكلة بل هو أمر ممكن التحقيق.

2- أن أنواع التفكير يمكن تدريسها بفاعلية.

3- أن جميع الموضوعات مناسبة للتفكير إذا قدمت ضمن سياق مناسب.

تعريف التفكير الناقد

مفهوم النقد: لغويا نقد الدراهم أي ميز الذهبية منها.. بمعنى اكتشـف الزائفـة.. ومن المعـاجم الأخـرى يفهم أن النقد عبارة عن تمحيص الأمر لإظهار عيوبه.. وهو تنقية وعزل لما حاد عن الصواب.. ومن الناحية الفلسفية نجد أن النقد ينحى إلى شروط العقل

ومقاييسه التي تضمن تصورات صحيحة وتعطي قيمة صائبة للأفكار بل وللأحكام ذاتها[44].

والتفكير الناقد في أبسط معانيه هو القدرة على تقدير الحقيقـة ومن ثم الوصول إلى القرارات في ضوء تقييم المعلومات وفحص الآراء المتاحة والأخذ بعين الاعتبار وجهات النظر المختلفة، وينطوي التفكير الناقد على مجموعة من مهارات التفكير التي يمكن تعلمها والتـدريب عليها وإجادتها، ويمكن تصنيف هـذه المهارات ضمن فئات أربع هي الاستقراء والاستنباط و التحليل و التقييم، كما تتضمن قدرة التفكير الناقد تعلم كيف نسأل، ومتى، وما الأسئلة التي تطرح، وكيف نعلل ومتى، وما طرق التعليل التي نسـتخدمها، ذلك أن الفرد يستطيع أن يفكر تفكيرا ناقدا إذا كان قادرا على فحص الخبرة وتقويم المعرفة والأفكار والحجج من أجل الوصول إلى أحكام متوازنة.

ويعرف التفكير الناقد:

1. عملية دينامـيكية للتسـاؤل والتعليل وهو تقصي فعال عن المعرفة أكثر من التجميع السـلبي لها، أنه تسـاؤل عن التعريفات والشواهد والأفعال والمعتقدات ومـا هـي؟ مـاذا كانـت؟ مـا مرجح أن تكون [45]؟ .

2. نوع من التفكير يتم فيها إخضاع المعلومات التي لدى الفرد لعملية تحليل وفرز وتمحيص، لمعرفة مدى ملاءمتها لما لديه مـن معلومـات أخرى تأكد صدقها وثباتها، وذلك بغـرض التمييز بين الأفكار السليمة والخاطئة[46].

3. مجموعة الإجراءات التي يقوم بها الفرد استنادا إلى أسس علمية منطقية، بحيث يستطيع الانتقاد بصورة موضوعية[47].

[44] - الآبادي، فيروز: القاموس المحيط.

[45] - Moss, R & Koziol, S ,1991: Investigating the Validity of alocally Developed Critical Thinking test, Educational Measurement: issues and practice, vol. 10, no, 4. , p.19

[46] - غانم، محمود محمد 1995 ،التفكير عند الطفل، تطوره وطرق تعليمه ،ط 1، دار الفكر للنشر والتوزيع، عمان، الأردن ص29.

[47] - عبد الهادي، نبيل وبني مصطفى، نادية (2001) : التفكير عند الأطفال، ط1، دار صفاء للنشر والتوزيع، عمان، الاردن. ص92

تعليم التفكير الناقد:

وكما أسلفنا في مبحث سابق هناك أكثر من رأي أو اتجاه فيما يتعلق بكيفية تعليم التفكير الناقد أو التدريب عليه، إلا أن هذه الآراء تكاد تتمحور حول طريقتين رئيسيتين هما:

1- تعليم التفكير الناقد كمادة مستقلة كغيره من المواد وذلك من خلال برامج ومقررات يتم تحديدها على شكل أنشطة وتمارين لا ترتبط بالمواد الدراسية، وقد طورت العديد من البرامج المتخصصة لتنمية مهارات هذا النوع من التفكير، وعادة ما يقوم مدرب متخصص بتدريب الطلبة عليها، ومن مميزات هذه الطريقة أنها تجعل المتعلمين يدركون أهمية الموضوع الذي يدرسونه ويشعرون بالعمليات التفكيرية التي يقومون بها، كما تجعل عملية قياس وتقييم التفكير الناقد أدق.

2- تعليم التفكير الناقد ضمن محتوى المواد الدراسية المختلفة، وهذا يستدعي وجود معلمين مؤهلين ووقت كاف للقيام بالنشاط التفكيري، ومن مميزات هذه الطريقة أنها تنشط العملية التعليمية باستمرار، وتحفز المتعلمين على استخدام عمليات التفكير في مختلف المواد، وتوفر فهما أعمق للمحتوى المعرفي لهذه المواد وقدره أفضل على استيعابها وتطبيقها.

وقد برزت اتجاهات حديثة حاولت الجمع بين الطريقتين في تعليم التفكير الناقد بهدف الاستفادة من مميزات وإيجابيات كل منهما.

ومن خصائص المناخات الصفية التي تعزز تعليم مهارات التفكير الناقد أنها:

1- تهيئ الفرص للتعامل مع حالات ومواقف من الحياة الحقيقية أو تطرح مواقف واقعية.

2- يكون فيها التعليم متمركزا حول المتعلم، أي أن المتعلم هو محور النشاط.

3- تحفز على التعاون والتفاعل بين المتعلمين والمعلمين.

4- تتيح الفرص للمتعلمين للتعبير عن آرائهم والدفاع عنها واحترام آراء الآخرين.

5- تشجع الاكتشاف والاستقصاء وحب المعرفة وتعزز مسؤولية المتعلم عما يتعلمه.

كما يعد المعلم من أهم عوامل نجاح برامج تعليم التفكير الناقد، حيث أن أي تطبيق لخطة تعليم التفكير إنما يتوقف على نوعية التعليم الذي يمارسه المعلم داخل غرفة الصف، ومن أهم الخصائص التي ينبغي أن يتصف بها المعلمون من أجل توفير بيئة صفية مهيأة لنجاح عملية تعليم التفكير وتعلمه ما يلي: الحرص على الاستماع للمتعلمين، وإعطائهم وقت كاف للتأمل والتفكير، وتهيئة الفرص لهم للمناقشة والتعبير، وتشجيعهم على التعلم النشط الذي يقوم على توليد الأفكار وذلك من خلال توجيه أسئلة لهم تتعامل مع مهارات التفكير العليا، وكذلك تقبل آرائهم وتتمين أفكارهم واحترام ما بينهم من فروق ومحاولة تنمية ثقتهم بأنفسهم وتزويدهم بتغذية راجعة مناسبة.

ونظرا لأن التفكير الناقد لا ينمو من فراغ، إذ انه لابد من توفر المناخ الذي يؤدي إلى اكتسابه وتنميته ثم ممارسته، كانت الدعوة له بالتدريب من خلال مواقف حياته تفاعلية، ووجهت المدارس لتبني استراتيجيات تستثير التفكير وتساعد على تنمية مهاراته، وتهيئ الأجواء لممارسة أنشطة وتدريبات تتحدى فكر المتعلم وتستدعي استخدام عمليات عقلية كالتحليل والتركيب والنقد والمقارنة بهدف الارتقاء بتفكيره إلى مستوى يعلو عن مستوى ممارسة الأنشطة الدنيا للتفكير كالحفظ والتذكر، ويتم تعليم مهارات التفكير الناقد لكل الطلاب وبصرف النظر عن مستوياتهم الاستيعابية وذلك من منطلق الاعتقاد بأن لكل فرد استعداداته الفردية القابلة للتطور، بحيث تمثل مهارات التفكير المراد تعليمها جزءا من الحصة الدراسية المعتادة ويصمم المعلم درسه وفق المنهج المقرر ويضمنه المهارة التي تتناسب مع محتوى الدرس.

وبالرغم من أن جهد المعلم لا يشكل إلا جزءا من كـل في العمليـة التعليميـة، فـالمعلم كـما هـو معروف لا يستطيع تنفيذ كل ما يطلب منه إلا إذا تـوفر لـه المنـاخ المـؤازر والإمكانـات الداعمـة والوقـت الكافي، إلا أنه وبالرغم من كل ذلك يظل هو الوسيط الرئيسي والمهم في تزويد الطلاب بالمعـارف والخـبرات والمهارات المطلوبة.

التفكير الناقد و الرياضيات

والرياضيات بتركيبها الدقيق غنيـة بصـورة لا تضـاهيها فيهـا أي مـادة أخـرى، ولـن يجـد لا المعلـم خـلال التعليم، ولا صانع الامتحان صعوبة تذكر في جعل مسائل الصح والخطأ مبتكرة دائما، إذ تعد عبارات الصح والخطأ من أكثر مواد الرياضيات ملائمة لصناعة وتطوير ملكات النقد أذا طلب معها التعليل.
حيث أن العبارة المنطقية في الرياضيات أما أن تكون صادقة أو خاطئة وليس الاثنان معا
مثالا على ذلك في أي مستوى يكون المستقيمان متوازيين أو أنهما متقاطعان.. أي مثلثين إما أنهما متطابقان وإما غير متطابقين .. ومن هنا تأتي أهمية تعزيز نفي احتمال حدوث وإن كان ذلك فإن المفضل أن يختـبر المتعلم الموقف بنفسه وباستقلالية، بل يجب استحداثها وتجديدها، ذلك أن النسـخ والتكـرار يقلـلان مـن الفائدة المرجوة، ولا شك أن للمعلم هنا دور أساسي وجوهري و نورد هذه العبـارات عـلى سـبيل المثـال لا الحصر:

* المستقيم المرسوم من منتصف أي وتر يمر بمركز الدائرة (خطأ.. لماذا؟) .
* من غير الممكن أن نجد مثلث فيه زاوية قائمة وأخرى منفرجة؟(لماذا).
* الزاويتان المتقابلتان في الشكل الرباعي متكاملتان... (ادعاء غير صحيح !) .
* مستطيل مساحته 24 سم^2 وطوله 6 سم فإن عرضه 3 سم (غير معقول !) .
* لديك مثلث أطوال أضلاعه(4، 5، 10)سم أوجد.. (مضحك حقا !).
* مثلث قائم أطوال أضلاعه 5، 12، 14... (لا يجوز !!) .

* طالب حل مسألة لإيجاد عدد العمال وتوصل إلى أن الناتج كان يساوي(3.5)عامل(الجواب غير منطقي لماذا).

* إذا كان س² = ص² فإن س = ص.... (العبارة خطأ.. وهذا النوع من أخطر وأشد التعميمات صعوبة في الحكم... أي عندما يكون الاستنتاج صحيحا في أحد احتمالاته والمعلوم أن التعميم لا يكون صحيحا إلا إذا كان كذلك في كل احتمالاته، كما أن معالجة القضايا السابقة باستخدام الرسومات أفضل و ضروري خلال الشرح والأنشطة، ويجب إدراك أن صعوبة المسألة تتضاعف كثيرا إذا لم تكـن مصحوبة بشكل أو رسم توضيحي، كما أن الجمل المجردة بالكامل تدفع الطلبة لتجاهل الموضوع، ويراعى بالطبع ذوي الحاجات الخاصة والموهوبون.

الرياضيات تدعو لتنمية التفكير الناقد:

أولا:- من خلال:أهداف تدريسها المتعلقة بالتفكير التي نتوقع بعد دراسة الرياضيات من الطالب:-

1. أن يستخدم الأسلوب العلمي بالتفكير.
2. يستخدم خطوات حل المسألة،في حل المسائل أو المشكلات الرياضية،أو المشكلات التي تواجهه في الحياة اليومية.
3. أن تنمي القدرة على التفكير الناقد،والتبصر.
4. أن يفكر بموضوعية بعيدا عن التحيز والتعصب والانفعالات.
5. أن يناقش ويعتمد على تقديم الحجج القوية التي تسند أرائه[48].

ثانيا:الرياضيات تدعو للتفكير الناقد مـن خلال طبيعـة تكوينهـا:حيـث تتكون مـن(مبـادئ وتعميمـات ومفاهيم ومهارات ومسائل) فلو أخذنا أحد مكوناتها التعميم الذي يعرف بأنه مجموعـة عبـارات مسلم بصحتها يستنتج أو يستنبط منها نتائج أخرى،

---

[48] - البكري،أمل وعفاف الكسواني،2002، أساليب تعليم العلوم والرياضيات، دار الفكر للطباعة والنشر،ط2 الأردن ،ص107

مثل- الزاوية الخارجية للمثلث تساوي مجموع الزاويتين الداخليتين عدا المجاورة،والمساحات بصورة عامة،مبرهنة فيثاغورس وغيرها،ومثال آخر إذا أضيفت كميات متساوية إلى أخرى متساوية بقيت الكميات متساوية.

التفكير الناقد،حسب ما تبناه الكتاب،التفكير الذي يروم إلى إصدار حكم أو التوصل إلى نتيجة بإقناع، حسب الأدلة والحجج والبراهين المقدمة،ومن ضمن مهارات التفكير الناقد هي (الاستنباط -الاستنتاج- التفسير -تقويم الحجج-معرفة الافتراضات أو المسلمات)

ومن خلال طريقة التدريس والتدريب الملائمة ممكن أن تنمى مهارات التفكير الناقد.

ومهارات التفكير الناقد هي:

1: الاستنباط (ويسمى أحيانا القياس)؛ هو التفكير الذي يستخلص نتيجة من مقدمتين أو أكثر، وتوجد علاقة بين هذه المقدمات و النتيجة [49].

ويتكون كل موقف من عبارتين(مقدمتين)وتعتبر صحيحة في كل الأحوال،تليها عدة نتائج مقترحة،والمطلوب من الطالب الحكم استنباط نتيجة مرتبة من المقدمات.

مثال2(استنباط): م 1:يسمى العدد بالعدد التام إذا كان مجموع عوامله = العدد نفسه

م 2:عوامل العدد 6=3،2،1 ومجموع هذه العوامل=6

من خلال المقدمتين السابقتين ممكن استنباط أن العدد 6 هو عدد تام[50].

2: الاستنتاج: هي القدرة التي من خلالها يمكن التوصل إلى استنتاجات معينة، بناء على حقائق وبيانات مقدمة.

عرض أمثلة متنوعة:

مثال$_1$:(استنتاج)

1عدد فردي+3عدد فردي=4 عدد زوجي

3عدد فردي+5عدد فردي=8 عدد زوجي

---

[49] - الحارثي،إبراهيم أحمد مسلم 1999، تعليم التفكير ،دار الرواد ،الرياض ،ص100

[50] - غالبا ما تترتب اختبارات التفكير الناقد على شكل اختيارات من متعدد.

5عدد فردي+7عدد فردي=12 عدد زوجي

من خلال الأمثلة السابقة بإمكان الطالب و بتوجيه المدرس أن يستنتج أن:- عدد فردي+عدد فردي=عدد زوجي

3: التفسير: العملية الفكرية التي يحكم بها الطالب من خلالها على ما إذا كانت التفسيرات المقترحة تترتب منطقيا على المعلومات المقدمة أو لا،على فرض أن المعلومات صحيحة.

مثال2:(التفسير):عندما نعرض للطالب عملية القسمة 12÷3=4 ونخبره هذا الناتج صحيح لأن 4×3=12 ولكن كيف نفسر له أن 12÷صفر=كمية غير معرفة ولا معنى لها في الأعداد الحقيقية، نستطيع تفسير ذلك بقولنا صفر× ؟=12 لا نجد عدد حقيقي يحقق هذه المعادلة.

4: تقويم الحجج: العملية العقلية التي يميز بها الفرد من خلالها بين الحجج القوية والضعيفة بناء على أهميتها وصلتها بالموضوع المقدم[51].

مثال3:(تقويم الحجج):- إذا كان س > 3 هل بالضروري أن يكون س>5

الجواب: لا ليس بالضروري لأن على سبيل المثال 4 اكبر من 3 ولكن 4 ليست اكبر من 5

5: معرفة الافتراضات أو المسلمات: هي شيء أو نتيجة مسلم بها في ضوء حقائق معينة أو مقدمات[52]، وفيها يعرض للطالب موقف أو حقائق، والمطلوب من الطالب أن يقدم افتراضات في ضوء ما ورد في الموقف.

مثال4:(فرض الافتراضات): سؤال: جد عدد يزيد على مربعه؟ عندما يفكر الطالب بالعدد (1)أو الصفر على سبيل الافتراض يكون الجواب خطأ لأن مربعهما نفس العدد

---

51 - محمد،رائد مصطفى1996،فاعلية برامج تدريس لمهارة التفكير الناقد لطلبة الصفوف الأساسية العليا في الأردن،رسالة ماجستير غير منشورة،كلية الدراسات العليا في الجامعة الأردنية،ص7-8.

52 - جابر،جابر عبدالحميد ،ويحيى هندام 1973،اختبار التفكير الناقد ،دار النهضة العربية،القاهرة،ص190.

وليس أصغر،وعندما يفكر بالعدد سالب، يكون الجواب خطاء لأن المربع سيكون موجب وبالتالي اكبر مـن العدد وليس أصغر، وحين يفكر بالكسر مثلا:

$$\frac{1}{2} \text{ يكون مربعه } \frac{1}{4} \text{ يكون هذا الافتراض صحيح.}$$

تنمية التفكير الناقد

ونستطيع كذلك أن ننمي التفكير الناقد من خلال تعويد الطلبة على خطـوات حـل المسـائل والمشـكلات الرياضية،فيطلب منه أن يستنبط ويستنتج ويناقش ويفترض الحلول ويقدم حججه على صـحتها والتأكـد من الاستنتاج الصحيح،وحل المشكلة كما حدده العالم بوليا يعتمد على ثلاث أسئلة ما لدي؟، وماذا أريد أن أصل أليه؟، وكيف أستخدم ما لدي لأصل إلى ما أريد؟[53]، وبهذا تحمـل الرياضيات رسـالة ليسـت بالسـهلة على من يدرسها،وعلى مؤلفي كتبها أن ينموا من خلال التأليف أو التدريس تنمية التفكير الناقد.

بعض الأسئلة لقياس التفكير الناقد[54]

مثال₁:لو رمزنا لشخصين متزوجين بزوج مرتب مثلا(فارس، فاطمة)، والذي عندهم أطفال برمز(فارس، فاطمة)، وعندما يكون لهما أطفال أولاد وبنات بمخطط الآتي:

(فارس، فاطمة)

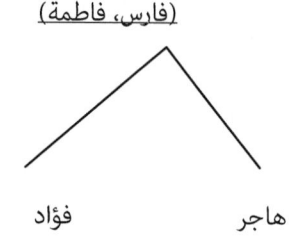

فؤاد   هاجر

[53] - البكري، 2000، مصدر سابق، ص140
[54] - اقتبس قسم منها بتصرف من، عبيد، وليم ،2004 ،تعليم الرياضيات لجميع الأطفال،دار المسيرة للنشر والتوزيع عمان الأردن

س$_{53}$: كون مخطط لعائلة: أحمد وليلى متزوجين ولهما ثلاث بنات: نورة، سعاد، زينب و ولد أسمه سالم، زينب متزوجة ولديها ولدان:أيوب، ومراد، وبنت أسمها عائشة.

س$_{54}$: من المخطط الذي كونته في(س$_1$) ضع أشارة(✓) أو (×) أمام الآتي:

1- خال مراد هو سالم.

2-عمت عائشة هي نورة.

3- ليلى لها حفيدان.

س$_{55}$:لديك سلك طوله (24) متر بكم طريقة يمكن تكوين مستطيل بعداه أعداد صحيحة وما هي أكبر ،اصغر مساحة يمكن الحصول عليها من الطرق المذكورة؟ اكتب برهان رياضي ما يؤيد حلك.

س$_{56}$: رتب أربع أنواع من الرموز الآتية:
(Ø، @ ، ©، Ö) في الجدول المجاور(4 x 4) بحيث لا يحتوي كل صف أو عمود شكلين متشابهين.

س$_{57}$: أقرأ العبارة الآتية ثم ضع علامة(✓) أو (×) أمام المرافقة:

العبارة:إذا علمت أن كل مثلثين متطابقين فإنهما متشابهان.

النتائج:

1- المثلث أ، ب، جـ والمثلث س، ص، ع متطابقان، أذن هما متشابهان.

2- المثلث أ، ب، جـ والمثلث س، ص، ع متشابهان، أذن هما متطابقان.

3- المثلث أ، ب، جـ والمثلث س، ص، ع غير متطابقان، أذن هما غير متشابهان.

4- المثلث أ، ب، جـ والمثلث س، ص، ع غير متشابهان، أذن هما غير متطابقان.

س$_{58}$: لإيجاد حاصل ضرب (55 x 9) ضع علامة(✓) أو (×)أمام العبارات الآتية:

1- يوجد إجابة واحدة صحيحة وطريقة صحيحة واحدة للحصول عليها.

2- يوجد أكثر من إجابة واحدة صحيحة، وأكثر من طريقة صحيحة للحصول عليها.

3- يوجد إجابة واحدة صحيحة، و أكثر من طريقة صحيحة للحصول عليها.

4- لا توجد إجابة صحيحة واحدة.

س59: أحذف المعلومات الزائدة والتي لا تحتاج إليها في الحل لكل مما يأتي:-

1- أحمد يسكن في أحد العمارات، والمتكونة من (15) طابقا، وتوجد في كل طابق(4) شقق، واحمد يسكن في الطابق السابع، كم شقة في العمارة التي يسكن فيها أحمد؟.

2- شخص اتبع نظام حمية (رجيم) وقرر أن يمشي كل يوم (60) دقيقة مع نظام الأكل، ومارس هذا النظام لمدة(6) أيام من أول أسبوع فقد خلاله من وزنه(12) كغم، فكم كيلو غراما متوسط ما يفقد يوميا؟.

3- باص ركاب يسع(40) راكبا، في أول محطة ركب(20) أشخاص، وفي المحطة الثانية نزل(2) راكب وصعد(5) راكب، وفي المحطة الثالثة نزل(8) راكب وصعد(12) راكب، وفي المحطة الرابعة لم ينزل أحد وصعد(5) راكب، وفي المحطة الخامسة(أخر محطة) نزل جميع الركاب كم محطة توقف عندها الباص ؟.

4- في عمارة معينة يوجد (4) مصاعد كهربائية و كل مصعد يتسع(6) ركاب على الأكثر،كم راكبا يستطيعون استخدام مصعد واحد.

س60: الجدول الآتي يبين أقصى سرعة يمكن أن يجري أو يطير بها كل من الكائنات المبينة:

الكائن	السرعة بـ(كم^2)	الكائن	السرعة بـ(كم^2)
الغزال	75	النسر	180
الأرنب	67	الثعلب	60
الصقر	270	الإنسان	30
القرد	105	الفيل	37

المطلوب

1- رتب السرعة تصاعديا.

2- إذا تسابق الأرنب والثعلب والغزال فأيهما يكون أكثر احتمالا للفوز؟.

3- هل يمكن لثلاثة أشخاص(من بني الإنسان) أن يجروا بأقصى سرعة لكل منهم حتى يسبقوا قردا واحدا؟.

4- إذا ركب إنسان على فيل وحاولا معا سباق الثعلب هل من الممكن أن يسبقوه؟.

س$_{61}$:أظهرت أحدى الإعلانات التجارية في أحد المحطات الفضائية شخصية (طرزان في الغابة) وهو ممسـك بقنينة (عسل ماركة الشفاء) أي من الاستنتاجات يمكن استنتاجها من الإعلان:

1- كل من يتغذى(عسل ماركة الشفاء) يصبح بطلا رياضيا.

2- طرزان أصبح بطلا لأنه يتغذى على(عسل ماركة الشفاء).

3- من لا يتغذى على(عسل ماركة الشفاء) لا يصبح بطلا.

4- الشركة تريد تزيد من مبيعاتها.

س$_{62}$:أرسل أحد الأشخاص رسالة إلى صاحبه الذي بخس حقه متكونة من كلمتين، تستطيع أن تعرف مضمونها إذا اتبعت الآتي:

أولا: أكمل سلسلة الأعداد الآتية في كل صف حسب النمط الذي كتب فيه:

2 , 4 , ... , 8 , 10 , ... ,14

1 , 5 , 6 , 11 , ... , 28 , ...

1 , 3 , ... , 27 , ... , 243

17 , 15 , ... , 9 , 7 , ... , 3 , 1

ثانيا: خذ الحروف التي تحت الأعداد التي أكملت بها الفراغات السابقة وحذف البقية وشكل الرسالة:

5	6	20	29	12	11	80	91	45	100
س	أ	ق	و	ت	ق	ل	ك	ي	ط

53	62	17	9	77	54	32	81	90	5
ض	ث	ا	ل	ت	ق	ف	ل	ي	هـ

س$_{63}$:إذا كان س، ص $\ni$ ح بحيث:

س = ص بضرب طرفي المعادلة × س

س^{2} = س ص بطرح ص^{2} من الطرفين

س^{2} - ص^{2} = س ص - ص^{2}

(س – ص)(س + ص) = ص (س – ص) بقسمة الطرفين على (س – ص)

س + ص = ص

ولكن س = ص

أي 2 س = 1 س ومنها 2 = 1

أين الخلل في البرهان

س$_{64}$: لحل المعادلة س^{2} + س + 1 =0 نضرب الطرفين × (س -1)

(س^{2} + س + 1) (س -1) =0

س^{3} -1 =0

س^{3} =1

ومنها س = 1

ولكن هذه القيمة لا تحقق المعادلة الأصلية عند التعويض بها فأين المغالطة بحلنا؟

س$_{65}$: استطيع أن اثبت 6 = 5

(1)^{5} = 1 لأن (1) مهما رفع للقوة يبقى1

(1)^{6} = 1

(1)^{5}= (1)^{6} لأن الكميتان متساويتان ، {و إذا تساوت الأساسات تساوت الأسس وبالعكس}

وعليه 6 = 5

أين الخلل في هذا البرهان

س$_{66}$:س^{2} + س +1 =0

س +1 = - س^{2} -----(1)

كذلك: س^{2} + س =-1

س (س +1) =-1 نعوض من (1) عن س +1 = - س^{2} نحصل

س × - $س^2$ = -1

- $س^3$ = -1 ، $س^3$ = 1

أي س = 1 حل للمعادلة $س^2$ + س +1 =0

وعند نريد التأكد من صحة الحل بالتعويض يكون

$س^2$ + س +1 =0

1 + 1 + 1 = 3 أي الحل غير صحيح أين الخطأ في حل المعادلة.

س67:استطيع أن اثبت لك أن أي مثلث هو متساوي الساقين:المعطيات: أ ب جـ مثلث، ننشيء دهـ عموديا على ب جـ من منتصفه، وننصف الزاوية ب أ جـ بمنصف يلاقي العمودي في نقطة هـ كما نسقط هــ س، هـ ص عموديان على أ ب، أ جـ على الترتيب.

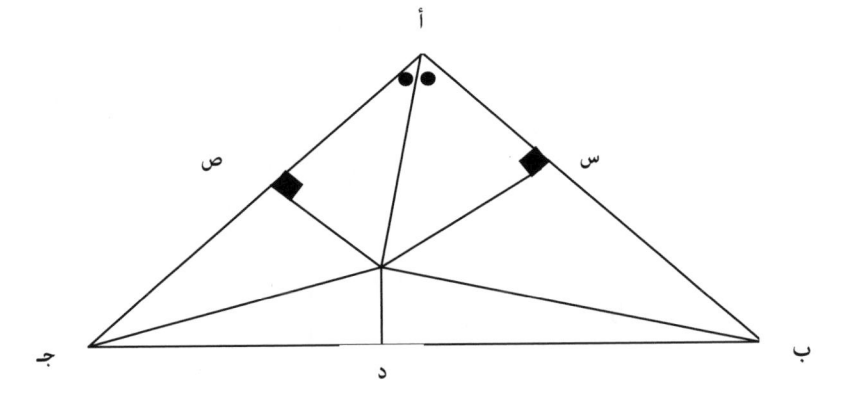

س

البرهان:

المثلثان ب د هـ، جـ د هـ متطابقان (بضلعين وزاوية محصورة) وينتج أن:

ب هـ = جـ هـ.........(1)

كذلك المثلثين أ س هـ، أ ص هـ متطابقان(بزاويتين وضلع) وينتج أن:

س هـ = ص هـ........... (2)

من (1)، (2) ينتج أن المثلث س ب هـ يطابق المثلث ص جـ هـ وينتج أن:

س ب = ص جـ.... (3)

ولكن من تطابق المثلثين أ س هـ، أ ص هـ ينتج أن:

أ س = أ ص........... (4)
وبجمع (3)، (4) ينتج أن أ س + س ب = أ ص + ص جـ
أي أن أ ب = أ جـ......... وهذا يعني أن المثلث أ ب جـ متساوي الساقين، فأين المغالطة في ذلك

التفكير الرياضي

التفكير الرياضي: هو القدرة على رؤية العلاقات التي ترتبط بين الأفكار والمفاهيم والقواعد والقوانين وفهمها واستيعابها ويؤكد على النشاط العقلي. ويشمل استخدام المعادلات السابقة الإعداد والاعتماد على القواعد والرموز والنظريات والبراهين، حيث تمثل إطارا فكريا يحكم العلاقات بين الأشياء.

وهو: التفكير الذي يتم بوساطة حل المشكلات الرياضية حلا ذهنيا ومن خلال المقدمات في السؤال وهو على مظاهر منها:

أ- الاستنتاج:وهو الوصول إلى نتيجة خاصة من مبدأ معلوم أو مفروض أو هو عملية اشتقاق حقائق من قواعد عامة للوصول إلى نتائج.
ب- الاستقراء:هو الوصول إلى قاعدة عامة من خلال أمثلة وحالات خاصة[55].
ت- التعميم:عبارة رياضية تنطبق على مجموعة أشياء.
ث- التفكير العلاقي:إدراك العلاقات بين العوامل المختلفة في الموقف الذي يجابه الفرد[56].
ج- المنطلق الشكلي:استخلاص التضمينات الضرورية من المقدمات[57] .

---

[55] - أبو السل،محمد عبدالكريم(1999)،مناهج تدريس الرياضيات وأساليب تدريسها،مكتبة دار الفرقان ،اربد،الأردن،ص[21-20].

[56] - هندام،يحيى حامد1982،تدريس الرياضيات القاهرة دار النهضة العربية،ص[14].

[57] - أبو زينة،فريد كامل(1994)مناهج الرياضيات المدرسية وتدريسها،ط1،مكتبة الفلاح،الإمارات العربية المتحدة،ص19.

والكاتب يرى من خلال دراسة القرآن الكريم بالإمكان أن نجد مواقف من خلالها يمكن استنتاج قضايا أخرى باستخدام التفكير الرياضي فعلى سبيل المثال لا الحصر:

مثال$_1$:ذكر الباري عز وجل في آيتين عن الحمل والفطام((**وحمله وفصاله ثلاثون شهرا))(الأحقاف: من الآية 15))**

((والوالدات يرضعن أولادهن حولين كاملين))(البقرة:من الآية 233)(أي سنتين=24شهر)

النتيجة المستنبطة مدة الحمل والرضاعة(30)شهر- مدة الرضاعة 24 شهر=6أشهر فترة الحمل،بعد أن ندرك ترابط الآيتين الكريمتين.

وهذا الاستنباط للإمام علي(عليه السلام) وهو استنباط صحيح أيده الخليفة عثمان(رضوان الـله عليه)،حيث جاء رجل إلى الخليفة، واخبره أن زوجته وضعت بعد زواجه بـ 6 أشهر،وهو منكر ومتهما لزوجته، و أرسل الخليفة بطلب زوجته(وهي تبكي وتقول لأختها، ما التبسني أحد من خلق الـله تعالى غير زوجي قط فليفعل الـله سبحانه وتعالى ما شاء)،فأمر الخليفة برجمها، فلما بلغ ذلك الأمام علي(عليه السلام)،أتى للخليفة، فقال ما تصنع،فقال الخليفة لقد ولدت لستة أشهر وهل يكون كذلك؟ قال الإمام أما تقرأ القرآن، قال بلى،قال إما سمعت الباري وتلى الآيات المذكورة أعلاه وقال إلا بقيت ستة أشهر،فقال الخليفة عثمان و الـله ما فطنت بهذا أبدا.(تفسير ابن كثير)، وما مهارة الاستنباط ألا واحدة من الفقه الإسلامي الذي يعرف:-معرفة الأحكام الشرعية نصا واستنباطا،ومن المعلوم إن هناك مسائل ما يكتفي في مورد النص،ومن المسائل الفقهية ما يحتاج المسلم استنباط الأئمة واجتهاد الفقهاء[58].

مثال$_2$:جاء لفظ كلمة المطر في أربعة مواضع فقط في كل القرآن الكريم وهي:

((ولا جناح عليكم إن كان بكم أذى من مطر))(النساء: من الآية102)

[58] - الفيضي،فيضي2002 ،نحو كتاب فقهي معاصر،في مجلة الفتوى،السنة التاسعة العدد108،بغداد،العراق.

((ولقد أتوا على القرية التي أمطرت مطر السوء))(الفرقان: من الآية40)
((وأمطرنا عليهم مطرا فساء مطر المنذرين))مكرره في **(الشعراء:173) و(النمل:58)**
من الآيات الكريمة أمكننا أن نستخدم الاستقراء بأن لفظة المطر في القرآن الكريم ورد بمعنى سؤ وانتقام.

تنمية التفكير الرياضي

ولكي ننمي التفكير الرياضي من خلال تدريس الرياضيات وجب أن ننبه الطلبة على بعض الأساسيات فيها كون الرياضيات موضوع تراكمي يعتمد التعلم اللاحق على التعليم السابق،فإذا لم يتقن الطالب التعلم السابق، فانه سيواجه صعوبات في الفهم ما يبنى عليه من موضوعات جديدة، فالمعرفة الرياضية والإلمام بأساسياتها وتطبيقاتها مطلب ضروري لكل فرد من أفراد المجتمع، فضلا عن كونها مادة فكرية تسهم في تنمية أساليب متنوعة في التفكير، والدقة في التعبير والقدرة على تنظيم واستخدام أساليب التخطيط في حل المشكلات[59].

أن دراسة الرياضيات وحتى في مراحل متقدمة ترتبط وبشكل كبير في أساسيات سبق وان درسها الطلبة في مراحل سابقة،فقد يكون طلبة في مرحلة جامعية، وليس لهم القدرة على أجراء العمليات الأربع في الكسور الاعتيادية أو العشرية[60]، وهذا ما لمسه الكاتب أيضا فقد اخفق طلاب المرحلة الرابعة في أحد أقسام كلية التربية (ليس تخصص رياضيات)عند مناقشة الأخطاء الشائعة وضرب لهم مثالا من الرياضيات عن الخطأ الشائع وطلب تأكيد صحة الناتج من عدمه للعملية(2+3×4=20) أجاب صف

[59] - أبو صالح،محمد صبحي1996 وآخرون مناهج الرياضيات وأساليب تدريسها،مطابع الكتاب المدرسي ط1 صنعاء،ص[4]، ص[14].

[60] - الشارف،احمد العريفي(1996):المدخل في تدريس الرياضيات،الجامعة المفتوحة، طرابلس،ص14.

تعداده أكثر من 45 طالبا وطالبة أن الجواب صحيح،متناسين أساسية بسيطة هي أجراء عملية الضرب قبل الجمع ويكون الجواب(2+4×3=14).

يجهل بعض المدرسين المهارات التي تؤدي إلى تنمية التفكير وفي بعض الأحيان عدم الإيمان بها واعتقادهم أن مهمة التعليم تتمثل في حشد أذهان المتعلمين بالمعارف دون معرفة الأسلوب الذي به تكشف،فالطريقة المتبعة حاليا في اغلب المدارس وحتى التعليم الجامعي تتمثل في إعطاء المعلومات جاهزة للطالب دون إعطائه دورا في اكتساب المعنى من خلال إعطائه المباديء الأساسية للمعرفة بحيث تكون هذه المباديء الأساسية كافية لإكساب الطالب القدرة على تطوير وإنماء المعرفة لديه واكتساب معرفة جديدة.فعملية إيجاد نواتج العمليات في الرياضيات أمر مهم ولكن الأهم منه تفاعل الطالب مع العمليات التي أدت إلى هذه النتائج فالمهمة الأساسية للرياضيات تعويد الطلبة على الانتقال من المحسوس إلى المجرد لينمو لديهم التفكير بكل أنواعه.

وفي تجربة بسيطة قام بها الكاتب واختبر (43 طالب وطالبة من قسم الرياضيات من مراحل مختلفة) في اختبار للتفكير الرياضي مكون من 10 فقرات موزعة بين مظهرين (الاستقراء والاستنتاج) تعتمد اغلبها على أساسيات بسيطة في الرياضيات كانت النتائج غير مشجعة حيث لم يتجاوز الوسط الحسابي لهم 3.25 أي بنسبة 32.5%وهي نسبة غير متوقعة علما بان الاختبار جزء كبير منه بمستوى المرحلة قبل الجامعية وقد يكون سبب ذلك عدم تعرض الطلبة لمثل هذا النوع من الاختبارات أو عدم تمكنهم من بعض الأساسيات الضرورية ومنها على سبيل المثال:

س:أستطيع أن أبرهن لك بأن كل عدد يساوي نضيره الجمعي

بما أن 4=4

4-4=0 تصفير المعادلة

(2-2)(2+2)=0 تحليل فرق مربعين وبالقسمة على(2-2) لكلا الطرفين نحصل

2+2=0 وبتالي 2= -2 السؤال أين الخطاء في هذا البرهان؟

س: إذا كان س تنتمي إلى ط

وكان س 3-3س2=4س بالقسمة على س للطرفين نحصل

س2-3س=4 بتصفير المعادلة نحصل

س2-3س-4=0

(س-4)(س+1)=0 ومنه أما س=4 أو س=-1

هل عندك أي اعتراض على طريقة الحل الجواب.

اخفق الكثير من الطلبة في التوصل إلى التعليل الصحيح علما كلا السؤالين يعتمد على أساسية بسيطة وهي (لا تجوز القسمة على صفر).

ومن هنا قد تتجلى أهمية رصد الأساسيات التي يحتاجها الطلبة في حل المسائل الرياضية أو التفكير في خطواتها والتي قد تساهم في خفض التحصيل في الرياضيات أو في المواد الدراسية الأخرى وعلى أسلوب من خلاله ننمي قابليتهم على التفكير الرياضي من المرحلة الإعدادية وحتى المراحل الجامعية حيث نلتمس الكثير من إخفاقات طلبة في مراحل التعليم العام وما بعدها (المرحلة الجامعة) في التحصيل قد تعود إلى تلك الأساسيات، حيث اغلب المسائل الرياضية تبدأ بمعلومة يعطيها المدرس لمادة جديدة في الرياضيات أما بقية تكملة السؤال تعتمد اعتمادا كليا على أساسيات درسها الطالب في المرحلة المتوسطة وقد تكون من المرحلة الابتدائية مثل العمليات على الكسور بنوعيها الاعتيادي والعشري،وما يؤيد الضعف في الأساسيات ينسحب على ضعف في التحصيل والتفكير الرياضي.

3- التفكير المنطقي[61]

والذي يدخل ضمنا في التفكير الرياضي كما تشير الكثير من أدبيات الموضوع و الصفة الأساسية للتفكير المنطقي أنه يعتمد علي التعليل لفهم واستيعاب الأشياء. و التعليل يعد خطوة علي طريق " القياس". ويلاحظ أن وجود علة أو سبب لفهم الأمور لا يعني عن أن السبب وجيه أو مقبول يعد الذكاء المنطقي قدرة الشخص على فهم واستخدام الأرقام بفاعلية، إضافة لقوة الاستنتاج والتصنيف لديه، وتعامله البارع مع الرموز المجردة. ويميل هذا الشخص للدقة والنظام والمنهجية.

[61] - نيفين، عبد اللـه صلاح،2004، موقع إسلام أون لاين

تنمية التفكير المنطقي

بعض المقترحات للمعلم (أو أي مربي) لتنمية التفكير المنطقي

- امنح طلبتك فرصا للبحث وحل المشكلات.

- علم طلبتك مهارة طرح الأسئلة.

- امنح طلبتك فرصا للاستكشاف.

- ساعد طلبتك على الوصول لإجابات لأسئلتهم.

- نم لدى طلبتك مهارات التفكير المختلفة وخاصة الناقد (الملاحظة، التصنيف، الاستنتاج، السبب والنتيجة، التمييز بين الحقائق والرأي الشخصي، حل المشكلات، اتخاذ القرار، المقارنة،....).

- امنح طلبتك أدوات للقياس والملاحظة، والتصنيف.

- اعمل على تنمية المفاهيم والعلاقات المجردة لدى طلبتك.

- اشترك مع طلبتك في حل الألغاز والألعاب الحسابية.

- أشرك طلبتك في أنشطة منطقية.

ويمكن تنمية الذكاء المنطقي الرياضي من خلال تنمية مهارات التفكير المنطقي، وهي:

مهارات التفكير المنطقي

1 - التصنيف:

يمارس المعلم مع طلبته تصنيف الأشياء الموجودة في الصف أو الوسائل التعليمية المتوفرة أو الأدوات التي يمكن أن يساهم الطالب بإحضارها مثل الأشكال الهندسة المستوية أو المجسمة ويصنفها تبعا للون، الحجم، الطول،... أي صفة مميزة، علامة مميزة... أو أي شيء محدد تختاره سلفا مع الطالب.

2 - التشابه والمختلف:

يحاور المعلم مع طلبته ما المتشابه والمختلف في الأشياء، الأماكن، الأشخاص... إلخ، مـثلا: مـا المتشابه وبـين المتوازي الإضلاع و المستطيل، ما الفرق بين العدد الأولي، والعدد الفردي

3- الملاحظة، من خلال الدراسة والمتابعة بعناية يطلب المعلم من طلابه أن يتابع ويلاحظ ويسجل مثل أنواع الزوايا أنوع المثلثات بالنسبة للزوايا أو الأضلاع.

4- البحث عن السبب والنتيجة: يركز المعلم مع طلبته تمييز وربطه بين السبب والنتيجة، مثل:

$$2س +10= 14 \quad \text{(بالقسمة على 2 لماذا)}$$

$$\sqrt{س} = 4 \quad \text{نربع الطرفين (لماذا)}$$

5 - القياس: عند جلب عبوة كبيرة مـن المـاء مـثلا.. اطلب مـن طلبتك أن يخمـن كـم كوبـا يمكـن أن تستوعب هذه العبوة.

التفكير الاستقرائي

هو عملية استدلال عقلي، تستهدف التوصل إلى استنتاجات أو تعميمات تتجاوز حدود الأدلة المتوافرة أو المعلومات التي تقدمها المشاهدات المسبقة.

إن التفكير الاستقرائي بطبيعته موجه لاكتشاف القواعد و القوانين، كما أنـه وسـيلة مهمـة لحـل المشكلات الجديدة أو إيجاد حلول جديدة لمشكلات قديمة أو تطوير فروض جديدة. و عوضا عـن تجنب الاسـتقراء، علينا أن نجعل استنتاجاتنا موثوقة إلى

أقصى درجة ممكنة، و ذلك بالحذر في إطلاق التعميمات أو تحميل المعلومات المتـوافرة أكـثر مـما تحتمـل خوفا من الوقوع في الخطأ.

مكونات عملية الاستقراء:

1- تحليل المشكلات المفتوحة.
2- تحديد العلاقة السببية أو ربط السبب بالمسبب.
3- التوصل إلى استنتاجات.
4- الاستدلال التمثيلي.
5- تحديد المعلومات ذات العلاقة بالموضوع، و يتطلب ذلك البحـث بين السـطور، و تفسـير العبارات و الأسباب و الأدلة المؤيدة منها و المخالفة و الخصائص و العلاقات و الأمثلة.
6- إعادة تركيبها أو صياغتها و حلها، وقد تأخذ هذه العملية عدة أشكال من بينها:

- التعرف على العلاقات عن طريق الاستدلال الرياضي أو العددي.
- التعرف على العلاقات عن طريق الاستلال اللفظي.
- حل مشكلات تنطوي على استبصار أو حدة ذهن.
- التعرف على العلاقات عن طريق الاستدلال المكاني.

التفكير الاستنباطي[62]

التفكير الاستنباطي: هو عملية استدلال منطقي، تستهدف التوصل لاستنتاج ما أو معرفة جديدة بـالاعتماد على فروض أو مقدمات موضوعة و معلومات متوافرة. و يأخذ البرهان الاستنباطي شكل تركيب رمـزي أو لغوي، يضم الجزء الأول منه فرضا أو أكثر يمهد الطريق للوصول إلى استنتاج محتوم. بمعنـى أنـه إذا كانـت الفروض أو المعلومات الواردة في الجزء الأول من التركيب صادقة، فلا بد أن يكون الاسـتنتاج الـذي يـلي في الجزء الثاني صادقا، ولتوضيح ذلك نورد المثال الأتي:

المقدمات

* جميع لاعبي التنس الأرضي المحترفين رياضيون.
- جميع الرياضيين أناس لديهم عضلات قوية.

الاستنتاج: جميع لاعبي التنس الأرضي المحترفين أناس لديهم عضلات قوية.

إن الهدف من البرهان الاستنباطي هو تقديم دليل يتبعه و يترتب عليه بالضرورة استنتاج مقصود بعينه، أما صدق البرهان من عدمه فيمكن تحديده بصورة أساسية عن طريق فحص بنائه أو مكوناته. فالبناء الذي لا يحقق الاستنتاج يجعل البرهان زائفا حتى لو كانت فروضه أو مقدماته صادقة.

مثال:

الفروض / المقدمات .

- جميع الكلاب حيوانات.
- جميع القطط حيوانات.

الاستنتاج:إذن جميع الكلاب قطط .

[62] - موقع واحات تربوية

أما أبسط أشكال البرهان الاستنباطي فهي تلك التي تأتي على صورة قياس منطقي افتراضي، وتتكون من فرض رئيس أو مقدمة كبرى وفرض فرعي أو مقدمة صغرى ونتيجة مستنبطة منهما ومن الأشكال الصحيحة للقياس المنطقي الافتراضي:

أ. أن يأتي الفرض الفرعي مؤكدا لمقدمة الفرض الرئيس.

مثال: فرض رئيس / مقدمة كبرى:

-إذا أمطرت، تكون السماء ملبدة بالغيوم.

فرض فرعي مؤكد للمقدمة الكبرى:

-السماء تمطر.

نتيجة:

-إذا السماء ملبدة بالغيوم.

ب. أن يأتي الفرض الفرعي مناقضا للشق الثاني من الفرض الرئيس المترتب على مقدمته، مثل:

فرض رئيس:

-لو أخذ محمد الدواء لكان قد شفي.

فرض فرعي مناقضا للشق الثاني:

-لم يشف محمد.

نتيجة: إذن، لم يأخذ محمد الدواء.

إن استخدامنا لأسلوب الاستدلال الاستنباطي يفوق كثيرا ما قد يتبادر للذهن، ذلك أن الكثير مما يعرفه كل واحد منا قد تم تعلمه عن طريق الاستنباط من أشياء أخرى نعرفها، ولو أن معرفتنا مقصورة على ما تعلمناه بشكل مباشر وصريح لكانت بلا شك محدودة كما وكيفا. إن الاستدلال عن طريق الاستنباط المنطقي عملية تفكير مركبة تضم مهارات التفكير الآتية:

-استخدام المنطق.

-التعرف على التناقضات في الموقف.

-تحليل القياس المنطقي.

-حل مشكلات قائمة على إدراك العلاقات المكانية

بعض الأسئلة لقياس التفكير الرياضي ومهاراته

أولا: سلاسل الأعداد:

مثال: أذكر القاعدة التي تترتب بها الأعداد .... , 20 , 17 , 14 , 11 , 8 , 5

الجواب: نضيف (3) في كل مرة.

س68: أذكر القاعدة التي تترتب بها الأعداد فيما يأتي:-

1 - 64 , 32 , 16 , 8 , 4 , 2 , ...

2 - 4 , 13 , 31 , 67 , 139 , 283,....

3- 3 , 0 , -6 , -18 , -42 , -90 ,....

4- -243 , 81 , -27 , 9 , -3 , 1 , ...

5- 1 , -4 , 11 , 116 , 13451 ,....

ثانيا:الاستقراء:

مثال: لاحظ الأمثلة الآتية:

1 = 1

1 + 2 = 3

1 + 2 + 3 = 6

1 + 2 + 3 + 4 =10

1 + 2 + 3 + 4 + 5 =15

1 + 2 + 3 + 4 + 5 + 6 =21 وهكذا..............

ما مجموع ن من هذه الأعداد ؟أي ما مجموع:

1+ 2+ 3 +4+ 5 + 6+ 7 + 8+..........+ ن

الجواب: مجموع ن من هذه الأعداد = $\frac{ن\,(ن+1)}{2}$

س69:لاحظ الأمثلة الآتية واجب عن المطلوب:

$3 = 3$

$3 + 6 = 9$

$3 + 6 + 9 = 18$

$3 + 6 + 9 + 12 = 30$

$3 + 6 + 9 + 12 + 15 = 45$

$3 + 6 + 9 + 12 + 15 + 18 = 63$ وهكذا.............

السؤال: ما مجموع $3 + 6 + 9 + 12 + 15 + 18$,......., 3 ن ؟.

س$_{70}$:لاحظ الأمثلة الآتية واجب عن المطلوب:-

$2^1 = 2$

$2^1 + 2^2 = 6$

$2^1 + 2^2 + 2^3 = 14$

$2^1 + 2^2 + 2^3 + 2^4 = 30$

$2^1 + 2^2 + 2^3 + 2^4 + 2^5 = 62$

$2^1 + 2^2 + 2^3 + 2^4 + 2^5 + 2^6 = 128$ وهكذا.............

السؤال: ما مجموع $2^1 + 2^2 + 2^3 + 2^4 + 2^5 + 2^6$,......+ $2^{ن}$ ؟.

س$_{71}$:لاحظ الأمثلة الآتية واجب عن المطلوب:-

$1^3 = 1$

$1^3 + 2^3 = 9$

$1^3 + 2^3 + 3^3 = 36$

$1^3 + 2^3 + 3^3 + 4^3 = 100$

$1^3 + 2^3 + 3^3 + 4^3 + 5^3 = 225$

$1^3 + 2^3 + 3^3 + 4^3 + 5^3 + = 441$ وهكذا............

السؤال ما مجموع $1^3 + 2^3 + 3^3 + 4^3 + 5^3 + 6^3 +$......+ $ن^3$

س$_{72}$:لاحظ العبارات الآتية:

العبارة $س^2 - س + 5$ عدد أولي: س $\in$ ط، تكون صحيحة لكل س < 5.

العبارة $س^2 - س + 11$ عدد أولي: س $\in$ ط، تكون صحيحة لكل س < 11.

العبارة $س^2 - س + 25$ عدد أولي: س $\in$ ط، تكون صحيحة لكل س < 25.

العبارة $س^2$ - س + 35 عدد أولي: س ∋ ط، تكون صحيحة لكل س < 35.

العبارة $س^2$ - س + 41 عدد أولي: س ∋ ط، تكون صحيحة لكل س < 41.

متى تكون العبارة $س^2$ - س + ن عدد أولي: س، ن ∋ ط، صحيحة ؟

س73:لاحظ أمثلة الجمع لأعداد مختلفة(زوجية وفردية) الآتية:

2 + 1 = 3	1 + 0 = 3	0 + 2 = 2	1 + 3 = 4
4 + 3 = 7	3 + 2 = 5	2 + 4 = 6	3 + 5 = 8
6 + 5 = 11	5 + 4 = 9	4 + 6 =10	5 + 7 =12
8 + 7 = 15	7 + 6 =13	6 + 8 =14	7 + 9 =16
10 + 9 = 19	9 + 8 =17	8 + 10 =18	9 + 11 =20
12 + 11 = 23	11 + 10 =21	10 + 12 =22	11 + 13 =24

ماذا تستنتج من جمع مثل هذه الأعداد؟

س74:لاحظ الجدول الأتي واستنتج التعميم متى يقبل العدد على (6):

العدد	نوعه	مجموع مراتبه	مجموع مراتبه يقبل القسمة على(3)=	قابلية العدد القسمة على(6)
256	زوجي	13	لا يقبل	لا يقبل
8940	زوجي	21	يقبل=7	يقبل
339	فردي	15	يقبل=5	لا يقبل
757	فردي	19	لا يقبل	لا يقبل
330	زوجي	6	يقبل=2	يقبل
65346	زوجي	24	يقبل=8	يقبل

س75:أكل المثال السادس بدون أجراء عمليات الضرب على غرار الأمثلة المتسلسلة الجميلة الآتية:

10=2×5	20=4×5	30=6×5	40=8×5
110=22×5	220=44×5	330=66×5	440=88×5
1110=222×5	2220=444×5	3330=666×5	4440=888×5
11110=2222×5	22220=4444×5	33330=6666×5	44440=8888×5
111110=22222×5	222220=44444×5	333330=66666×5	444440=88888×5
=........×5	=........×5	=........×5	=........×5

ثالثا: الاستنباط

س$_{76}$:إذا كان الشرط الضروري لمعرفة المثلث قائم الزاوية أن يكون مجموع مربعي ضلعين فيه يساوي مربع الضلع الثالث ضع علامة(✓) أمام أطوال الأضلاع التي تشكل مثلث قائم الزاوية:

1- (12 , 13 , 5) ( ) .
2- (9 , 9 , 9) ( ) .
3- ($\sqrt{5}$, $\sqrt{10}$, 5) (✓) .
4- (4 , 1 , 1) ( ) .
5- (5 , 7 , 8) ( ) .

س$_{77}$:إذا كان س عدد موجب (س > صفر) و ص عدد سالب (ص < صفر) أي من الأعداد التالية يعتبر الأكبر؟

(أ) $\frac{س + 3}{ص}$ (ب) $\frac{س - ص}{3}$ (جـ) $\frac{3}{ص - س}$ ، (د) $\frac{ص}{س + 3}$

س$_{78}$:اذا كان الوسط الحسابي لأعداد س، ص، ع هو س ص، ما هي قيمة ع ؟

أ - 3 س ص – س – ص
ب - س ص – س – ص
جـ - 3 س ص + س + ص
د - 3 س ص – (س – ص)

س$_{79}$:إذا كانت المسافة بين أ، ب (400)م، والمسافة بين ب، جـ (300) م، فإن المسافة بين أ، جـ هي........ ؟

أ) 100 م ب) 500 م جـ) 700 م د) لا يمكن تحديدها من المعطيات

س$_{80}$: إذا كانت (س) رقم فردي، فأي من المقادير التالية تكون قيمتها دائما عدد فردي ؟

أ) 3 (س + ص) ب) $س^2 + 7$ جـ) $س^2$ د) $\frac{س (س + 3)}{2}$

س81: إذا كانت :

د = (جـ × ك) / ل وكانت جـ ل،ك أعداد موجبة اذا ضربت ل بالعدد (4)و قسمت ك على(2)

عندها تكون القيمة الجديدة لـ(د)........... من قيمتها الأصلية ؟

أ) 6 مرات ب) أكبر بمرتين جـ) 8 مرات أقل د) 4 مرات أكبر

س82:خمس سكان أحد القرى يعملون بزراعة القمح و ربع باقي السكان يعملـون بزراعـة الفاكهـة، بيـنما يعمل الباقون و عددهم (2100) خارج القرية، كم عدد سكان القرية؟

أ) 3000 ب) 3500 جـ) 4400 د) 4700

س83:إذا كان حاصل ضرب 3 أعداد صحيحة أقل من أصغرهم، ما هو الشرط الواجب توفره في هذه الأعداد لتحقيق ذلك ؟

أ) أن يكون أحد الأعداد سالبا.

ب) أن يكون اثنين من الأعداد سالبين والثالث موجبا.

جـ) أن لا تكون إشارة الثلاث أعداد متشابهة.

د) لا يوجد أعداد يمكن أن تحقق ذلك.

س84:في دائرة مركزها م ونصف قطرها ن (أنظر الشكل) تم رسم مربع داخل هذه الدائرة، واحدة من زوايا المربع هي م والزاوية المقابلة هي أ وهي تقع على محيط الدائرة. قيمة مساحة الدائرة مقسومة على مساحة المربع تساوي.

أ) π /2 ب) 2 π جـ) π/ ن د) 4 π

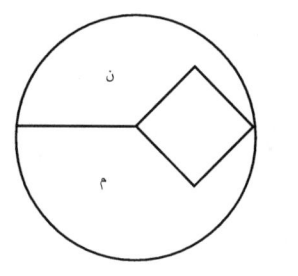

أسئلة التفكير المنطقي

مثال: استنتج الشكل الذي يتفق مع العبارة الآتية: الشكل الأعلى ليس دائرة والشكل الأسفل ليس شكل رباعي.

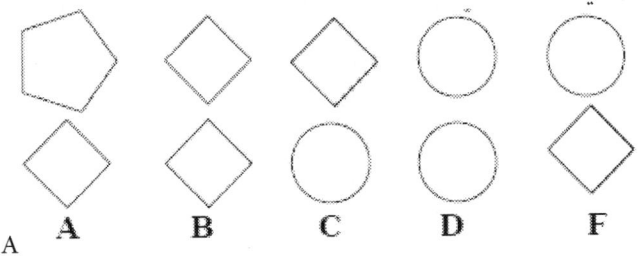

الجواب: الشكل C

س₈₅: استنتج الشكل الذي يتفق مع العبارة الآتية:-الشكلان ليسا دائرتين.

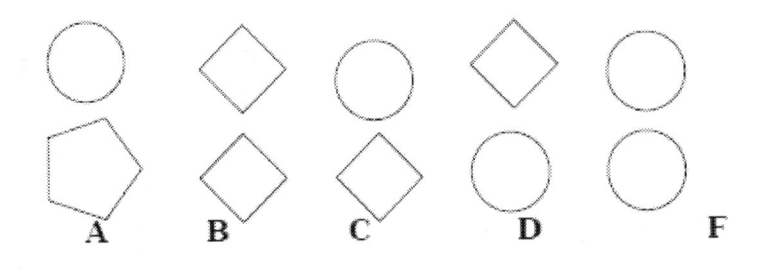

س₈₆: إذا كان الشكل الأعلى شكل رباعي يكون الأسفل شكل خماسي، ضع علامة(✓) مع الشكل الذي يتفق مع العبارة من الآتي:

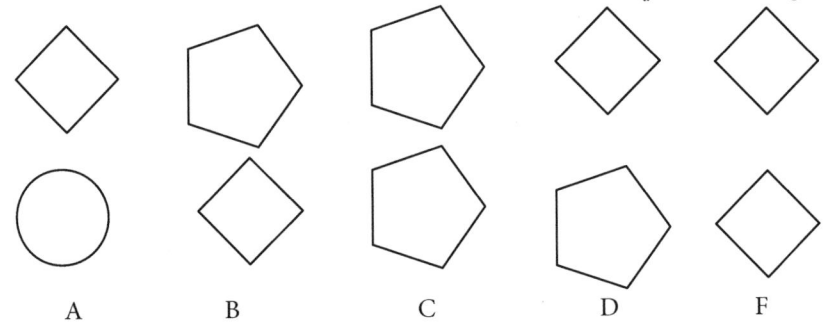

س$_{87}$: ما هو الشكل الذي يختلف عن باقي إشكال المجموعة ؟

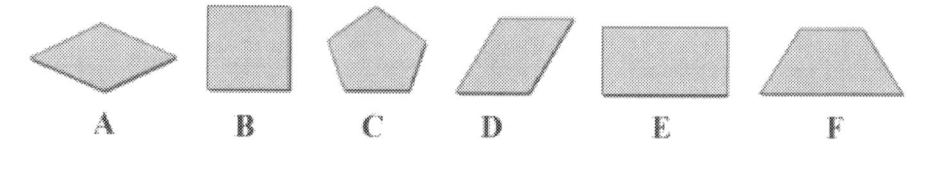

A B C D E F

س$_{89}$: ما هو الشكل الأكثر اختلافا عن باقي أشكال المجموعة الآتية ؟

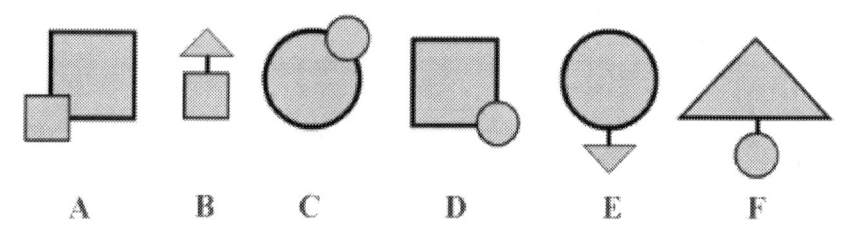

A B C D E F

س$_{90}$: أي من الأشكال الخمسة اقل شبها بباقي أشكال المجموعة ؟

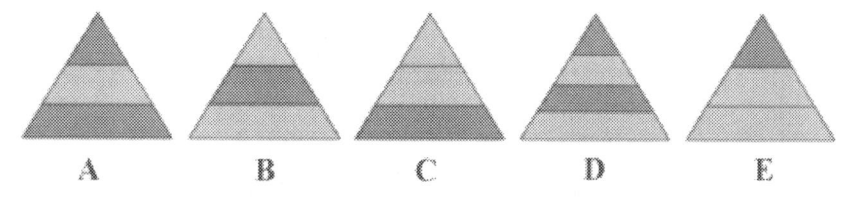

A B C D E

س$_{91}$: أرنب وأرنبة لهما ستة من الأرانب (الذكور)، أحد الأرانب له أختان، كم عدد أسرة الأرانب؟

س$_{92}$: يسلق أحمد كل صباح بيضة للفطور في ثلاث دقائق، وذات يوم جاءه صديقان، كم من الوقت يلزم أحمد ليعد ثلاث بيضات للجميع؟

س$_{93}$: في اليوم الأول من السنة الدراسة، كانت معلمة الصف تتعرف على التلاميذ الجدد، وجدت بنتين متشابهتي الملامح تماما، ولهما نفس اسم الأب. سألتهما المعلمة: هل أنتما توءمين؟ أجابت إحدى البنتين: لا لسنا توءمين، ولكننا أختان، فكيف يكونا أختين لهما نفس الملامح، ولكنهما ليسا توءمين؟متى يصح هذا المنطق

س₉₄: احمد وفلاح وحسن يراد منك معرفة مهنة كل واحد(طبيب، مهندس، معلم) من المعلومات الآتية:

● المعلم أقل مرتب وله ابن وحيد.

● أخت احمد متزوجة من فلاح.

● حسن مرتبه أكثر من المهندس.

س₉₅: صاحب مزرعة يريد أن يعبر لضفة الأخرى من النهر وعنه كمية من الحبوب و دجاجة وثعلب، ارشد هذا المزارع عن الكيفية التي يعبر بزورقه إلى الضفة الأخرى دون أن يخسر أي واحد منهم شرط ينقل شيء واحد في كل مرة؟

س₉₆: صندوق يحتوي 10 جوارب أسود و 10 جوارب بني والتي جميعا مخلوطة. ما العدد الأقل للجوارب الممكن سحبها بدون نظر وتكون متأكدا أن سحبنا زوج من نفس اللون؟

س₉₇: أبوان وابنان كل واحد منهم صاد سمكة واحدة جمعوها في سلة واحدة وكانت ثلاثة سمكات فكيف يكون ذلك؟

س₉₈: ما هو الشيء الذي له جلد وليس حيوان، وله ورق وليس نباتا، ويستطيع أن يفهمك موضوع معين أو يقنعك وهو ليس إنسانا.

س₉₉: هذا السؤال عبارة عن لغز كتبه العالم المشهور أينشتاين بنفسه في القرن الماضي، وقال أن 98 % من سكان العالم لم يتمكنوا من حله وهو عبارة عن معلومات:

1- توجد خمس منازل لكل منها لون مختلف.

2- يسكن كل منزل شخص من جنسية مختلفة.

3- كل ساكن يفضل أن يشرب مشروبا معين، وله لعبة معينة، ويحتفظ بحيوان أليف معين.

4- لا أحد من الجيران الخمسة يشرب نفس المشروب أو له نفس اللعبة أو لديه نفس الحيوان.

معلومات الربط:

1- يسكن الأردني في المنزل الأحمر.

2- لدى الخليجي غزال.

3- يحب المصري شرب الينسون.

4- البيت الأخضر على الجانب الأيسر من البيت الأبيض.

5- مالك البيت الأخضر يشرب القهوة.

6- الشخص الذي يلعب كرة طائرة لديه طائر.

7- الرجل الذي يسكن في البيت الأوسط يشرب الحليب.

8- مالك المنزل الأصفر يلعب كرة سلة.

9- يسكن العراقي في المنزل الأول.

10- يسكن الذي يلعب كرة طائرة مجاورا الذي لدي خيول.

11- الرجل الذي لديه خيول يسكن مجاورا لمن يلعب كرة سلة.

12- الذي يلعب التنس يحب المشروبات الغازية

13- يسكن العراقي مجاورا للبيت الأزرق.

14- يلعب المغربي لعبة كرة منضدة.

15- الذي يلعب كرة قدم لديه جار يحب شرب الشاي.

لا توجد خدعه في حل هذا اللغز، بل هو منطق صرف من يعرف الإجابة سيكون من ضمن (2%) الذي ذكرهم أينشتاين و وصفهم أذكى أذكياء العالم .

المطلوب:رتب المعلومات تحدد اللون / الجنسية / الحيوان / المشروب / اللعبة لكل واحد مع بعدها نريد معرفة من الذي يربي السمك ؟

س$_{100}$:في سباق لكرة القدم متكون من(8) فرق رياضية، أجريت(7) مباريات في (3)جولات من المعلومات الآتية قرر الفريق الفائز برسم مخطط بياني:

● الفرق هم (أ، ب، جـ د، هـ و، ز، ح).

● الجولة الأولى: (4)مباريات على الترتيب: (أ تغلب على ب)، (جـ تغلب علـى د)، (هــ خسـر ـ أمـام و)،(ز، أحرز نقاط أكثر من ح).

- الجولة الثانية(2)مباريتان على الترتيب:الفائز في المباراة الثانية فاز على الفائز في المباراة الأولى، والفائز في المباراة الرابعة خسر أمام الفائز في المباراة الثالثة.
- الجولة النهائية(مباراة واحدة): الفائز في المباراة الخامسة خسر أمام الفائز في المبراة السادسة.

التعبير بالرموز

مثال:كان نظام العد العربي القديم يستخدمون الحروف محل الأعداد ويسمى بنظام الجمل حيث لكل حرف قيمة معينة كما في الجدول الآتي:

أ 1	ب 2	ج 3	د 4	هـ 5	و 6	ز 7
ح 8	ط 9	ي 10	ك 20	ل 30	م 40	ن 50
س 60	ع 70	ف 80	ص 90	ق 100	ر 200	ش 300
ت 400	ث 500	خ 600	ذ 700	ض 800	ظ 900	غ 1000

مثال: 1 + 30 + 4 + 10 +50 = 171

تكون بالرموز= أ + ل + ع + ل + م = العلم.

س101: اجب كنا في المثال السابق واكتب الأعداد بما تساوي من رموز:

1 : 1 + 30 + 4 + 10 + 50 = 95

2 : 70 + 50 + 4 = 124

3 : 1 + 30 + 30 + 5 = 66

4 : 1 + 30 + 1 + 60 + 30 + 1 + 40 = 163

س102:إذا كان:

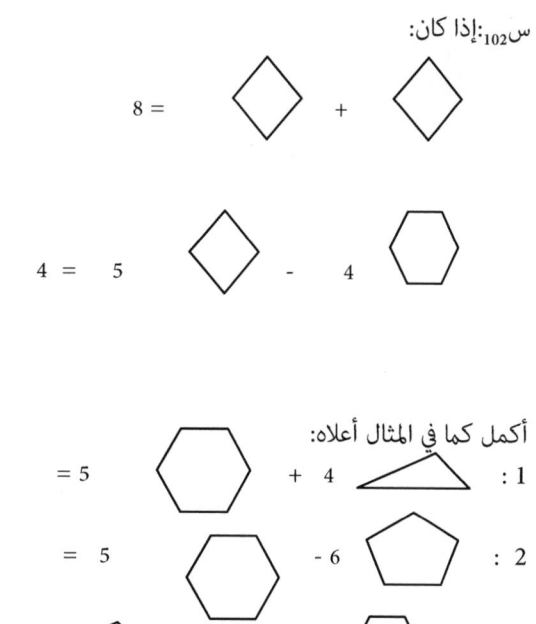

- 4

أكمل كما في المثال أعلاه:

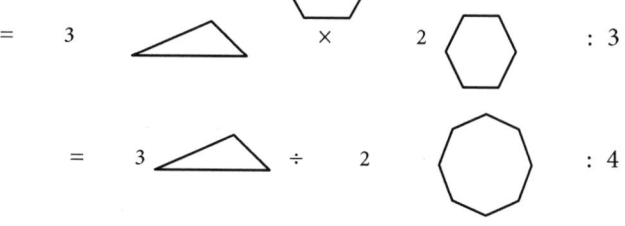

1 :
+ 4
4 :

س103:عبر برموز للجملة الرياضية:عدد ونصفه وثلثه وربعه يساوي 50.

س104:عبر بمعادلة: عدد يزيد على مربعه بمقدار $\frac{1}{4}$

س105: عبر بفرضية ثم معادلة عن الآتي:

ثلاثة أعداد زوجية متتالية ثلاثة أمثال أوسطها يزيد بمقدار (10) عن أكبرها.

س106: عبر بفرضية ثم معادلة عن الآتي: عددان يزيد احدهما عن الأخر بمقدار (4)، وثلاثة أمثال العدد الأكبر يساوي أربعة أمثال العدد الأصغر.

س107: عبر بفرضية وكون بعدها معادلتين:

عدد مكون من مرتبتين وآحاده يزيد عن عشراته بمقدار(1)، والعدد يساوي أربعة أمثال مجموع رقميه.

س108: عبر بفرضية وكون بعدها معادلتين:-

مستطيل محيطه(46)سم فإذا كان ثلث طوله يزيد 1 سم عن نصف عرضه.

اختبار التفكير المنظومي:

1 – نستطيع أن نعبر عن العدد(100) باستخدام خمس ثلاثات مع أي عمليات تختارها كما في الآتي:

$$(33 \times 3) + \frac{3}{3} = 100$$

س$_{109}$: كيف تعبر عن العدد(100):

(أ) - باستخدام ستة ثلاثات مع أي عمليات تختارها ؟

(ب) –باستخدام سبعة ثلاثات مع أي عمليات تختارها ؟

(ت) –باستخدام ثمانية ثلاثات مع أي عمليات تختارها ؟

(ث) –باستخدام تسعة ثلاثات مع أي عمليات تختارها ؟

(ج) –باستخدام عشرة ثلاثات مع أي عمليات تختارها ؟

(ح) –باستخدام أي عدد فردي من الثلاثات مع أي عمليات تختارها ؟

(خ) – باستخدام أي عدد زوجي من الثلاثات مع أي عمليات تختارها ؟

2 – نستطيع التعبير باستخدام أربعة (2,2,2,2) والعمليات الحسابية المختلفة لإيجاد نواتج مختلفة مثل الآتي:

أ- $(2 + 2) - (2 + 2) = 0$

ب- $\dfrac{22}{22} = 1$

س$_{110}$: كيف تستطيع باستخدام أربعة (2,2,2,2) والعمليات الحسابية المختلفة لإيجاد النواتج الآتية: 2 , 3 , 4 , 5 , 6 , 8 9 , 10 , 11 , 12

س$_{111}$: ما هو أكبر عدد يمكن تكوينه باستخدام أربعة (2,2,2,2) والعمليات الحسابية المختلفة؟

س112: اكتب كل رقم من الأعداد الموجودة أدناه في الدوائر الخالية بحيث لا يوجد خط يصل بين رقمين متتالين من الأشكال الآتي:-

أ - الأعداد: 2 , 3 , 4 , 5   في الشكل (أ)

ب - الأعداد:9 , 10 , 11 , 12 في الشكل (ب)

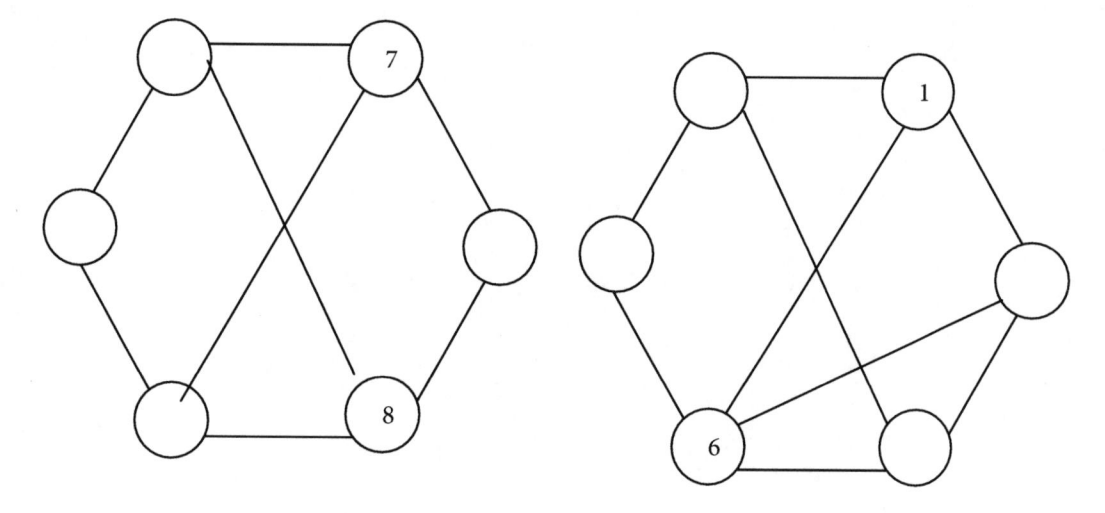

(ب)   (أ)

الفصل الرابع

تنمية التفكير من خلال طرق التدريس

أولا: تنمية التفكير من خلال طريقة الاكتشاف[63]

تعد طريقة التعلم بالاكتشاف طريقة محببة لـدى الطلبـة ومعلمـي الرياضيات، ذلك لأنها مناسبة لتقديم مهارات ومفاهيم جديدة لمجموعة من الطلبة التي يكتشـفونها بأنفسـهم ويمكن تعريف الـتعلم بالاكتشاف على انه التعلم الذي يحدث كنتيجة لمعالجة الطالب المعلومات وتركيبها وتحويلها حتـى يصل إلى معلومات جديدة حيث تمكن الطالب من تخمين أو تكوين فرض أو أن يجد حقيقة رياضية باستخدام عمليات الاستقراء أو الاستنباط أو باستخدام المشاهدة والاستكمال أو أية طريقة أخرى.

وتعد هذه الطريقة من الطرق التي تساعد الطلبة على اكتشاف الأفكار والحلول بأنفسهم وهـذا بدوره يولد عندهم شعورا بالرضى والرغبة في مواصلة العلم والتعلم ويفسح لهـم المجـال لاكتشـاف أفكار جديدة بأنفسهم والتعلم بالاكتشاف نوعان هما:

الاكتشاف الموجه

وهو النوع الذي يكون للمدرس دور الإشراف الكلي على نشاط الطلبة وتوجيهه، كما سنوضح لاحقا بأمثلة.

---

[63] - اعتمد بعض المعلومات النظرية من المصادر الآتية:-

● حافظ، أمل الشحات وآخرون2002، برنامج تدريب المعلمين مـن بعـد: اسـتراتيجيات التـدريس الفعـال ومهاراتـه في الرياضيات للمرحلـة الابتدائية، مشروع تحسين التعليم، وزارة التربية والتعليم، القاهرة.

● حافظ، أمل الشحات وآخرون2002، برنامج تدريب المعلمين مـن بعـد: اسـتراتيجيات التـدريس الفعـال ومهاراتـه في الرياضيات للمرحلـة الإعدادية، مشروع تحسين التعليم، وزارة التربية والتعليم، القاهرة.

● بل، فريدريك هـ ،1986: طرق تدريس الرياضيات، ترجمة وليم عبيد وآخرون، الدار العربية للنشر والتوزيع، القاهرة.

● أبو عميرة، محبات محمود حافظ2000، تعليم الرياضيات بين النظرية والتطبيق، مكتبة الدار العربية للكتاب، القاهرة.

● المفتي، محمد أمين 1994، أنشطة تدريسية غير تقليدية، مركز تطوير المناهج والمواد التعليمية، وزارة التربية والتعليم، القاهرة.

الاكتشاف الحر

وهو الاكتشاف الذي يترك للطلبة حرية الاكتشاف دون أي توجيه أو إشراف من قبل المدرس وهو أرقى أنواع الاكتشاف، ولا يجوز أن يخوض به المتعلمين إلا بعد أن يكونوا قد مارسوا النوعين السابقين، وفيه يواجه المتعلمون بمشكلة محددة، ثم يطلب منهم الوصول إلى حل لها ويترك لهم حرية صياغة الفروض وتصميم التجارب وتنفيذها.
،وأن هذا الأسلوب يستثير الدوافع الداخلية أكثر من الخارجية ويزيد قدرة المتعلم على خزن واسترجاع المعلومات، إذ اثبت أن المعلومات التي يكتشفها المتعلم بنفسه أكثر بقاء في الذاكرة[64].

وأذكر قصة كان مدرس الرياضيات قصها علينا أثناء تدريسه لنا في المرحلة الإعدادية(الخامس العلمي) وعند شرح موضوع مجموع متوالية عددية إذا علم حداها الأول والأخير:

$$ج_{ن} = \frac{ن}{2} (أ + ل)$$ حيث أ الحد الأول، ل الحد الأخير، ن عدد الحدود

ونحن بدورنا كمعلمين نقصصها على طلبتنا: وهي أحد المعلمين أراد أن يشغل طلبته بأعمار 10 سنوات في المرحلة الابتدائية في مسالة معينة لكي لا يثيروا ضوضاء فطلب منهم أن يجمعوا الأعداد من (1,2,3,4,...,100) وفوجئ المعلم أن أحد طلبته (ويدعى كاوس العالم الشهير فيما بعد) أعطاه الجواب مباشرة معتمدا على فكرة من عنده مجموع العدديين الأول والأخير مضروب ×نصف العدد الأخير وبهذا يؤكد القانون الذي أسلفنا ذكره علما بأن هذه القصة تعود عام 1865م[65].
كان اكتشاف كاوس اكتشاف حر حيث لاحظ:

---

[64] -أساليب تدريس العلوم،عايش زيتون،مصدر سابق،ص140

[65] -- أيفرز،هوارد ،مقدمة في تاريخ الرياضيات،ترجمة خالد السامرائي،مطبعة التعليم العالي بدون سنة طبع، ص284.

1+100=101

2+99 =101

3+98 =101

4+97 =101

5+96 =101

6+95 =101

50+51 =101

أي يظهر (50) حالة يكون فيها المجموع(101) وهو نصف عدد الحدود البالغة(100)

أي $50 \times 100 = 5050$

المجموع = $(1 + 100) \times \frac{100}{2}$ وهو نفسه القانون الذي ذكرنا سابقا ويدرس

الرياضيات المعتمدة(2006).وكان الكاتب يلمس من طلبته ارتياح لتلك القصة ويوظفها في حينها أن الرياضيات من صنع البشر وممكن الطلبة يكتشفوا أو يعيدوا اكتشاف القوانين الرياضية، كما فعل الطالب كاوس و أعاد ما اكتشفوا العرب، و أكد هذه الحقيقة أيضا مدرسي الرياضيات أثناء مناقشاتهم في دورات تدريبية (الكاتب كان محاضرا فيها) أن الطلبة ممكن أن يقترحوا اقتراحات وطرق حل مغايرة ومختصرة جدا لما يطرح المدرس تدل على تفكير سليم منهم، وبذلك تضاف هذه الأفكار إلى خبرة إلى المدرس، حيث أن عملية التعليم والتعلم إبدالية.

أهداف التعلم بالاكتشاف (أهداف عامة):

● تساعد دروس الاكتشاف الطلبة على زيادة قدراتهم على تحليل وتركيب وتقويم المعلومات بطريقة تثير التفكير.

● يتعلم الطلبة من خلال اندماجهم في دروس الاكتشاف بعض الطرق والأنشطة الضرورية للكشف عـن أشياء جديدة بأنفسهم تنمي لدى الطلبة اتجاهات واستراتيجيات في حل المشكلات والبحث.

● تحقق الاتجاه الإيجابي للتعليم والشعور بالمتعة وتحقيق الذات عند الوصول إلى اكتشاف ما.

أهداف التعلم بالاكتشاف (أهداف خاصة):

● يتوافر لدى الطلبة في دروس الاكتشاف فرصة كونهم يندمجون بنشاط الدرس.

● إيجاد أنماط مختلفة في المواقف المحسوسة والمجردة والحصول على المزيد من المعلومات.

● يتعلم الطلبة صياغة استراتيجيات إثارة الأسئلة غير الغامضة واستخدامها للحصول على المعلومات المفيدة.

● تساعد في إنمـاء طـرق فعالـة للعمـل الجماعـي ومشاركة المعلومـات والاستماع إلى أفكار الآخرين والاستئناس بها.

● تكون للمهارات والمفاهيم والمبادئ التي يتعلمها الطلبة اكثر معنى عندهم واكثر استبقاء في الذاكرة.

● المهارات التي يتعلمها الطلبة من هذه الطريقة اكثر سهولة في انتقال أثرهـا إلى أنشطة ومواقف تعلم جديدة.

طرق الاكتشاف:

أولا:طريقة الاكتشاف الاستقرائي: وهي التي يتم بها اكتشاف مفهوم أو مبدأ ما من خلال دراسة مجموعة من الأمثلة النوعيـة لهـذا المفهـوم أو المبـدأ وهنـاك عمليتـان يتضـمنها أي درس اكتشـاف اسـتقرائي هـما التجريد والتعميم.

وعلى معلمي الرياضيات عنـد اسـتخدام الاكتشـاف الاسـتقرائي أن نهيـئ للطـلاب مجموعـة مـن الأسـئلة والنماذج التي تمكنهم من الوصول للمبدأ المطلوب وأن نشجعهم على المغامرة بـالتخمين وتشـجيعهم عـلى فحص تخميناتهم بعناية مع ملاحظة انه ليس بالضرورة أن يكون الطلبة قـادرين عـلى صـياغة القاعـدة أو المبدأ قيد الدراسة بالطريقة اللفظية ولكن المهم أن يتوصل إلى الهيكل العام للقاعدة أو المبدأ.

مثال$_1$:كيف نجد مجموع الزوايا الداخلية لمضلع منتظم: لاحظ المضلعات ويمكن تقسيمها إلى مثلثات مـن أحد رؤوس المضلع إلى بقية الرؤوس.

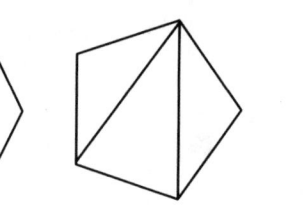

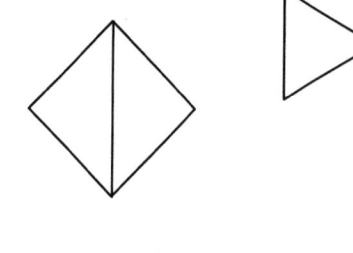

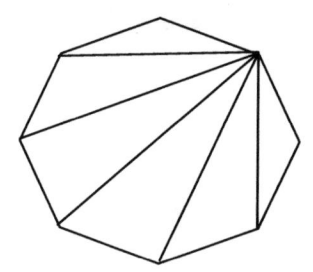

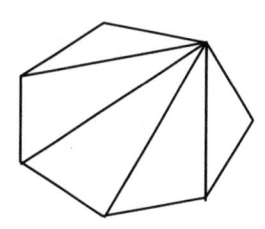

المعلم: معا لنملأ الجدول:

الشكل	عدد أضلاع المضلع	عدد المثلثات	مجموع الزوايا الداخلية
مثلث	3	1	1 x180= 180
مربع	4	2	2 x180= 360
مخمس	5	3	3 x180=540
المسدس	6	4	4 x180=720
المسبع	7	5	5 x180 =900
المثمن	8	6	6 x180=1080

المعلم:نريد الآن نصيغ قاعدة لمجموع أي مضلع عدد أضلاعه (ن) ولاحظوا الجدول واكتشفوا ما فيـه مـن علاقات.

طالب: المسألة لها علاقة بتحويلها إلى مثلثات ولاحظت عدد المثلثات المتكونة نفس عدد أضلاعه مطروحا منه (2)، ثم نضربه بمجموع زوايا المثلث(180).

المعلم:هذا جيد، هل هناك ملاحظة أخرى.

بعض الطلبة: لاحظنا ذلك أيضا.

المعلم: جيد هذا صحيح، أريد طالب أخر يصيغها بالحروف لمضلع عدد أضلاعه(ن).

طالب أخر: مجموع الزوايا الداخلية لمضلع(عدد أضلاعه ن)= (ن – 2) × 180.

مثال$_2$: مجموع حاصل ضرب العدد 9 × أي رقم يساوي 9 أو مضاعفاتها.

لاحظ أمثلة ضرب العدد 9 (أي مضاعفات) وأكمل التي لا يوجد فيها جواب:

9 x 1 = 9
9 x 2 = 18
9 x 3 = 27
9 x 5 = 36
9 x 5 = 45
9 x 6 =

9 x 7 =63
9 x 8 =
9 x 9 =81
9 x 10=90
9 x 11=
9 x 12=108

المدرس:من الأمثلة السابقة ما هو مجموع ناتج الضرب في كل مرة.

الطالب:المجموع دائما 9

المدرس: صحيح ولكن لا تتسرع ماذا عن 9 x 11=99 ما هو مجموع الناتج.

طالب: 18

المدرس:صحيح وما علاقة بـ 9.

طالب: من مضاعفات 9.

المعلم: لنأخذ مزيدا من الأمثلة:ماذا تستنتجون أيضا.

9 x 20 = 180	9 x 100 =900
9 x 30 = 270	9 x 200 =1800
9 x 40 = 360	9 x 300 =2700
9 x 50 = 450	9 x 400 =3600
9 x 60 = 540	9 x 500 =4500

طالب: دائما مجموع ناتج ضرب أي عدد × 9 الجواب يكون 9 أو مضاعفاتها.

مع ملاحظة: قد يتسرع الطلبة ويعمم أي تعميم على أمثلة متشابهة فلا نهمل أي إجابة دون تعليق ودون إحراج الطالب.

الطالب: من الطبيعي أن يكون الناتج 9 أو مضاعفاتها لأننا نضرب ×9.

المدرس:سؤال جيد جرب أي عدد آخر غير العدد 9 ولنقل 7 مثلا.

الطالب: 7 x 1= 7, 7 x 2 = 14 , 7 x 3 = 21 ,7 x 4 =28 , 7 x 5= 35

المدرس: كفى ما هو المجموع في كل حالة.

الطالب: مرة المجموع 7، ومره المجموع 5، ومره 3، مره 10،

المدرس: لاحظت لا يمكن أن يوجد عدد نفسه كما في التسعة هل لاحظت التعميم خاص بالتسعة.

أسئلة للقارئ الكريم[66]:

س$_{113}$: لاحظ الأمثلة الآتية والتي هي مجموعة أعداد فردية حاول أن تكتشف العلاقة بـين عـدد الأعـداد الفردية التي تجمع مع ناتج الجمع:

1=1

1+3=4

1+3+5=9

1+3+5+7=16

1+3+5+7+9=25

1+3+5+7+9+11=36

1+3+5+7+9+11+13=49

1+3+5+7+9+11+13+15=64

س$_{114}$: لاحظ الأمثلة هل تستطيع أن تخبرنا ناتج المثال (7) دون أجراء عملية الضرب، وكيف يترتب الناتج:

99 x 1 = 099

99 x 2 = 198

99 x 3 = 297

99 x 4 = 396

99 x 5 = 495

99 x 6 = 594

99 x 7 = ----

99 x 8 = 792

99 x 9 = 891

99 x 10 = 990

[66]- حاول التوصل للحل وتأكد من جوابك في الفصل الخامس(تجد فيه حلول الأسئلة)

س115: لاحظ الأمثلة الآتية وفسر ماذا تستنتج من هذا الترتيب الجميل:

1 x 1 = 1

11 x 11 = 121

111 x 111 = 12321

1111 x 1111 = 1234321

11111 x 11111 = 123454321

111111 x 111111 = 12345654321

1111111 x 1111111 =123456787654321

11111111 x 11111111 =123456787654321

111111111 x 111111111 = 12345678987654321

س116: لو ضربا الرقم (8) ومكرراتها بالرقم (5) لاحظ معي النواتج، واخبرنا على أي قاعدة يترتب الناتج:

5 x 8 = 40

5 x 88 = 440

5 x 888 = 4440

5 x 8888 = 44440

5 x 88888 = 444440

5 x 888888 = 4444440

5 x 8888888 = 44444440

5 x 88888888 = 444444440

س117: انظر إلى الترتيب الجميل إذا ضربت تسلسل الأرقام(987654321) في (9) ومضاعفاتها يظهر لك الناتج من تسعة أرقام متشابهة متكررة كما في الأمثلة الآتية:

123456789 x 9 = 111111111

123456789 x 18 = 222222222

123456789 x 27 = 333333333

123456789 x 36 = 444444444

123456789 x 45 = 555555555

123456789 x 54 = 666666666

123456789 x 63 = 777777777

123456789 x 72 = 888888888

123456789 x 81 = 999999999

هل تستطيع أن تكتب نفس هذه الأمثلة بصيغة أخرى؟ وماذا يظهر لك إذا قلبت الترتيب أي:

$9 \times 987654321 =$ ومضاعفاتها حاول أن تجربها بالحاسبة الصغيرة وتسجل نتائجك

س$_{118}$: لاحظ تسلسل العمليات الآتية وكتب المثال التاسع بدون أجراء العمليات:

$9 \times 0 + 1 = 1$

$9 \times 1 + 2 = 11$

$9 \times 12 + 3 = 111$

$9 \times 123 + 4 = 1111$

$9 \times 1234 + 5 = 11111$

$9 \times 12345 + 6 = 111111$

$9 \times 123456 + 7 = 1111111$

$9 \times 1234567 + 8 = 11111111$

طريقة الاكتشاف الاستدلالي

هي التي يتم فيها التوصل إلى التعميم أو المبدأ المراد اكتشافه عن طريق الاستنتاج المنطقي من المعلومات التي سبق دراستها ومفتاح نجاح هذا النوع هو قدرة المعلم على توجيه سلسلة من الأسئلة الموجهة التي تقود الطلبة إلى استنتاج المبدأ الذي يرغب المعلم في تدريسه ابتداء مـن الأسئلة السـهلة وغـير الغامضـة ويتدرج في ذلك حتى الوصول إلى المطلوب.

مثال₁: أيجاد مساحة المستطيل

تتضح أهمية هذه المهارة في حل المسائل التطبيقية المتعلقة بمساحة المستطيل، كـما تكمـن أهميـة هـذه المهارة في كونها تطبيق للمهارات السابقة، مثل مهارة إدراك مفهوم المساحة مـن خـلال عـدد الوحـدات المربعة في الشكل .

يكون المعلم عدة مستطيلات على اللوحة الهندسية، ويطلب من الطلاب إكمال الجدول الآتي:

شكل(1)

شكل(2)

شكل(3)

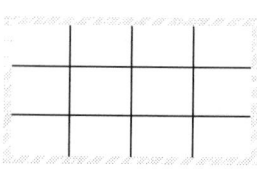

المستطيل	المساحة	الطول	العرض	الطول + العرض	الطول× العرض
الشكل(1)	15	5	3	8	15
الشكل(2)	10	5	2	7	10
الشكل(3)	12	4	3	7	12

ثم يسأل المعلم عن العلاقة بين المساحة و (الطول × العرض) أو (الطول + العرض) ؟

يستنتج الطلاب أن مساحة المستطيل = الطول × العرض

ثم تمارين تطبيقية متنوعة لتثبيت المفهوم والمهارة والتعميم.

مثال$_2$: أيجاد مساحة المتوازي الأضلاع.

يمكن للمعلم تقديم مفهوم مساحة متوازي الأضلاع من خلال مساحة المستطيل المعروفة لدى الطالب سابقا.

يحدد المعلم شكل المتوازي الأضلاع(أ ب جـ د) أو يطلب من الطلبة تحديد متوازي الأضلاع على اللوحة الهندسية وتحديد أحد أضلاعه وتسميته (القاعدة وهي أ ب أو د هـ) ثم رسم عمود من هذه القاعدة على الضلع المواجه ونسميه (ارتفاع وهو ب هـ أو أ س) .

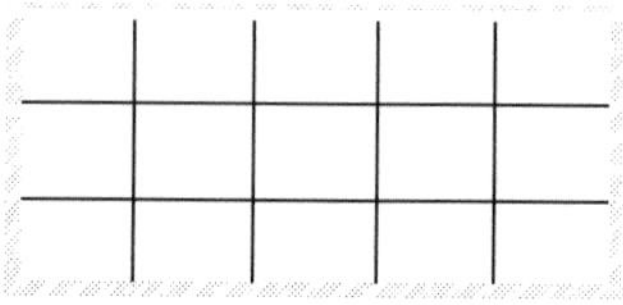

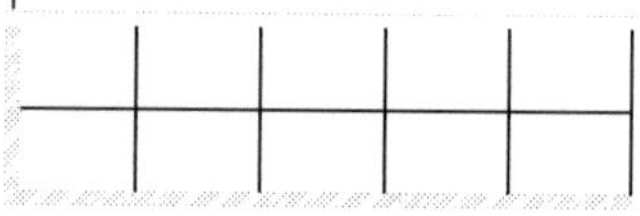

المعلم: ولو قطعنا المثلث ب هـ جـ للصقناه على المثلث أ س د لتحول المتوازي(أ ب جـ د) في شكل (1)إلى المستطيل(أ ب هـ س) كما شكل(2).

قاعدة المتوازي ونأخذ طولها 6مربعات(6سم)، والارتفاع أس، ب هـ = 4 مربعات أو 4 سم

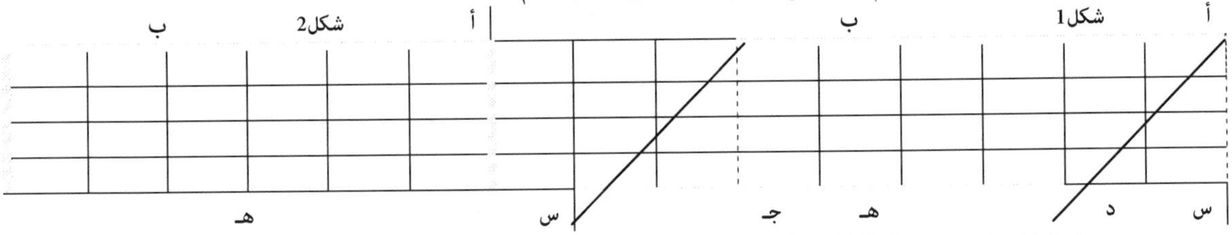

ب شكل2 أ

ب شكل1 أ

هـ س جـ هـ د س

ومساحة المتوازي = مساحة المستطيل

قاعدة المتوازي أب = طول المستطيل أ ب

ارتفاع المتوازي ب هـ أو أ س= عرض المستطيل أ س

المعلم: هل يمكن حساب مساحة المستطيل ؟..

طالب: نعم مساحة المستطيل= الطول × العرض أو مساحة المستطيل= القاعدة × الارتفاع

المعلم:جيد أريد تطبيق المساحة بالأعداد المثبتة

طالب مساحة المستطيل = 6 x 4 = 24 سم^2

المعلم: من يقل الآن كيف نحسب مساحة المتوازي؟

طالب: نقدر أي متوازي تحويله إلى مستطيل بطريقة السابقة، فيكون:-

مساحة المتوازي أضلاع = القاعدة × الارتفاع

مساحة المتوازي أضلاع = 6 × 4 = 24 سم^2

مثال 3:مجموع ن من الأعداد الزوجية = ن (ن+1)

المدرس:ماذا نسمي العدد 2 فردي أو زوجي.

طالب: زوجي.

المدرس: صحيح، وكل رقم يقبل القسمة على 2 يسمى عدد زوجي مثل،....2,4,6,8,10,12,14

المدرس:2 مجموعها لوحدها 2.

المدرس: ما مجموع = 4 + 2؟

طالب: 6.

المدرس: صحيح جيد.

المدرس: وماذا مجموع ثلاثة أعداد زوجية متتالية = 6 + 4 + 2 ؟

طالب:12.

المدرس ما مجموع = 8 + 6 +4 + 2 ؟

طالب:20

المدرس:وماذا عن 6 أعداد زوجية متتالية أي:= 12+ 10 +8 + 4+6 + 2

طالب:42

مدرس: حسنا ما مجموع عدد كبير من الأعداد الزوجية المتتالية أي:

2 +4+6+8+10+12+14+16+18+20+22+ ... إلى ن من المرات.

هنا لا يستطيعون الطلبة الإجابة.

المدرس: حسنا لنستمر في الأسئلة ولا حظوا معي:

جمعنا (1) عدد زوجي كان الناتج 2

جمعنا (2) عدد زوجي كان الناتج 6

جمعنا (3) عدد زوجي كان الناتج 12

جمعنا (4) عدد زوجي كان الناتج 20

جمعنا (6) عدد زوجي كان الناتج 42

المدرس:إلا تلاحظون معي هناك رقم مختلف يضرب في عدد الأعداد الزوجية في كل مرة وما علاقة النـاتج عملية الضرب.

طالب: العدد (1) اصبح الناتج (2) أي ضرب في (2)

العدد (2) اصبح الناتج (6) أي ضرب في (3)

العدد (3) اصبح الناتج (12) أي ضرب في (4)

العدد (4) اصبح الناتج (20) أي ضرب في (5)

العدد (6) اصبح الناتج (42) أي ضرب في (7)

المدرس:جيد هذا صحيح إلا توجد علاقة بين العدد والرقم الذي نضرب فيه.

الطالب أخر:نعم يضرب في الرقم الذي يليه.

المدرس:أحسنت، هذا هو المطلوب.

المدرس: وماذا إذا كان العدد ن من الأعداد الزوجية بماذا نضربه.

طالب: يضرب ن × (ن+1).

المدرس: أحسنتم ولآن مجموع، من الأعداد الزوجية المتتالية = ن ×(ن +1)

مثال4:أعداد له خاصية عجيبة:

أ، ب، جـ، د ∋ ط بحيث أ × ب = جـ × د ومنها أ جـ × ب د = جـ أ × د ب

المدرس: لاحظ هذه الأعداد بحيث ناتج ضرب عددين يساوي نفس ناتج مضروب معكوسهما:-

21 x 24 = 12 x 42 = 504

21 x 36 = 12 x 63 = 756

21 x 48 = 12 x 84 = 1008

31 x 26 = 13 x 62 = 806

31 x 39 = 13 x 93 = 1209

المدرس:هل تستطيعون أن تأتي بمثل هذه الأعداد(من الصعوبة عن طريق المحاولة والخطأ).

طالب: ليس أمامنا إلا طريقة المحاولات.

مدرس: دعني أوضح لكم أكثر من يحلل العدد (12) إلى عوامله؟

طالب: 4 x 3 = 12

طالب أخر: 6 X 2 = 12

المدرس: أي 2 X 6 = 3 x 4 ومن خلالها نستطيع أن نحصل الأعداد التي لها الخاصية العجيبة بهذا الترتيب: 32 x 46 = 23 x 64 = 1472

طالب: أي نأخذ العدد الأول مع الأول والثاني مع الثاني.

المدرس: هذا صحيح من يأتي بأعداد مماثلة.

طالب: عفوا يا أستاذ قبل أن أجيب وإذا عكسنا ترتيب الأعداد أي:3 x 4 = 2 x 6

المدرس: لما لا تجرب بنفسك وقم على السبورة.

الطالب على السبورة: 1472 = 46 x 32 = 64 x 23 نفس الجواب

المدرس: أنت فقط عكست طرفي المعادلة و لأن علاقة(=)علاقة إبدالية أي أ = ب يؤدي ب = أ، ولكن جرب هذا الترتيب لنفس الأعداد:3 x 4 = 6 x 2

الطالب: 1512 = 42 x 36 = 24 x 63 لقد ظهرت أعداد جديدة والناتج اختلف.

المدرس: هل اختفت الخاصية.

الطالب: لا ما زالت تحقق الخاصية العجيبة.

المدرس: في الحالة الثانية غيرنا ترتيب الأعداد، وتغير ترتيب الأعداد يؤثر على النتيجة، وابسط مثال على ذلك، العدد(19) غير ترتيبه يصبح (91) أنظر تغيرت قيمته.

المدرس: أريد المزيد من الأمثلة لأعداد تحقق الخاصية العجيبة.

طالب: 4 x 4 = 8 x 2 ومنها 2016 = 42 x 48 = 24 x 84

طالب أخر:4 x 9 = 6 x 6 ومنها 4416 = 96 x 46 = 69 x 64

المدرس: من يصيغ لي القاعدة العامة (بالحروف) للحصول على الأعداد التي تحقق الخاصية العجيبة.

طالب: أ، ب، جـ د ∈ ط بحيث أ × ب = جـ × د ومنها أ جـ × ب د = جـ أ × د ب

المدرس: أحسنت.

س119:هل بالإمكان تقديم برهان رياضي لإثبات الأرقام التي تحقق الخاصية العجيبة في مثال 4.

إرشادات عند استخدام طريق التعلم بالاكتشاف

1. أن يكون المبدأ أو المفهوم المراد اكتشافه واضحا في ذهن المعلم وذلك يساعد على اختيار الأمثلة أو الأسئلة التي سوف يقدمها.
2. أن يأخذ المعلم أو في اعتبارهم العوامل ذات الصلة قبل أن يقرر هل يستخدم هذه الطريقة أم لا فبعض المبادئ معقدة لدرجة تكون طريقة الاكتشاف فيها غير فعالة.
3. الأخذ في الاعتبار قبل أن يقرر هل يستخدم اكتشافا استقرائيا أم استدلاليا أو هما معا فمثلا نظريات التباديل قد يصعب تدريسها بالاكتشاف الاستقرائي وحده ولكنه اسهل بالخلط بينهما وكذلك بعض نظريات التكامل.
4. في حالة استخدام طريقة الاكتشاف الاستقرائي يجب اختبار أمثلة بحيث تمثل المجال الذي سيعمل فيه المبدأ.
5. في حالة استخدام طريقة الاكتشاف الاستقرائي يجب عدم إجبار الطلبة على التعبير اللفظي.
6. أن نهتم بالإجابات والاقتراحات غير المتوقعة من الطلبة.
7. أن نقرر متى نقدم للطلبة الذي لا يستطيعون الاكتشاف المعلومات المطلوبة كالوقت مثلا
8. جعل الطلبة يتأكدون من صحة استنتاجهم أو اكتشافهم بالتطبيق مثلا.

النتائج المتوخاة من دروس الاكتشاف

1. تزيد من القدرة العقلية الإجمالية لدى الطالب أو الطالبة فيصبحوا قادرين على النقد والتوقع والتصنيف والتمييز.
2. تكسبهم القدرة على استعمال أساليب البحث والاكتشاف وحل المسائل وبالتالي تؤثر إيجابا على نواح أخرى كثيرة من حياتهم.

3. تكسبهم الشعور بان الرياضيات مادة قابلة للاكتشاف وليست مادة مجردة.

4. تكسبهم الشعور بقيمة التحليل المنطقي.

5. تكسبهم الشعور بان الرياضيات متعة وإثارة عقلية وإنها ذات قيمة عالية.

6. تزيد من اتجاههم الإيجابي للتعلم اكثر نتيجة الحماس إلى يعيشونه أثناء البحث.

مآخذ على طريقة الاكتشاف

1- تستغرق وقت وجهد طويل.

2- قد يبالغ المدرس بتوجيهه للطالب.

3- ليس بمقدور كل الطلاب الاكتشاف.

ثانيا: تنمية التفكير من خلال طريقة حل المشكلات

القدرة على حل المشكلات هي متطلب أساسي في حيـاة الفـرد..فكثيـر مـن المواقـف التـي تواجهنـا في الحياة اليومية هي أساسا مواقف تتطلب حل المشكلات...

ويعتبر حل المشكلات أكثر أشكال السلوك الإنساني تعقيدا وأهمية. ويتعلم الطلاب حل المشكلات ليصبحوا قادرين على اتخاذ القرارات السليمة في حياتهم. فلو كانت الحياة التي سيواجهها الأفراد ذات طبيعة ثابتة ،وكان لكل منهم دور أو أدوار محددة يؤدونها، لما كان حل المشكلات قضية ملحة. فكل مـا عـلى الفـرد أن يتعلمه هو تأدية أدواره المحددة له، ولكن الحياة متغيرة، ومعقدة...وكل ما نستطيع أن نتنبأ به هو أنها لن تكون على ما هي عليه الآن في عالم كهذا، تغدوا مقدرة الفرد على التكيـف وحـل المشكلات أمـرا بـالغ الأهمية.

نحن نقوم بحل المشكلات واتخاذ القرارات في كل يوم و طـوال اليـوم: في البيـت، في العمـل، أثنـاء اللعـب، وحتى في أماكن التسوق.

إن بعض المشكلات والقرارات تضعنا فعلا أمام تحديات كبيرة، وتتطلب الكثير مـن التفكير، والعاطفة، والبحث. إن الخطوات المقترحة أدناه مصممة لكي تساعد على اتخاذ قرارات جيدة.

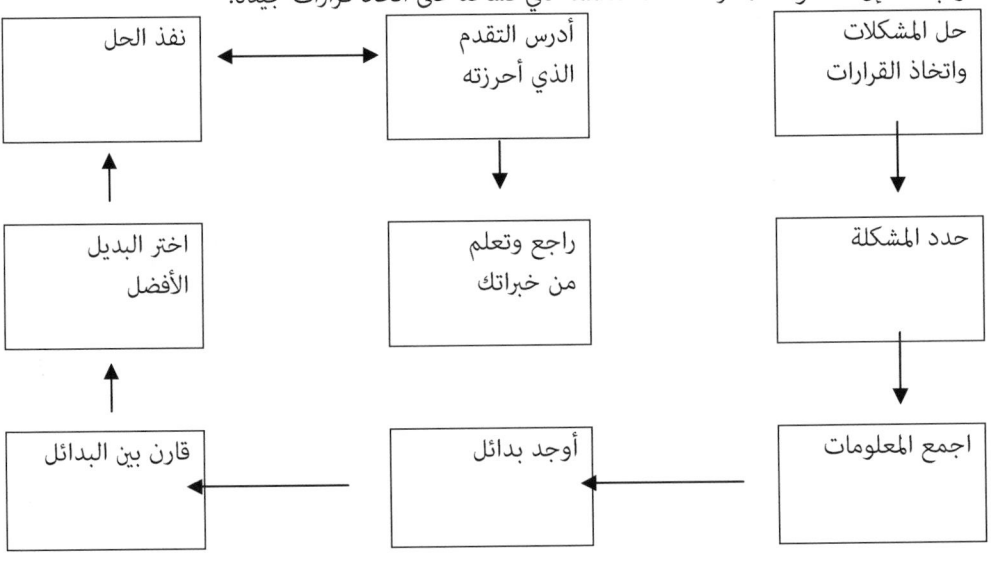

نفذ الحل	أدرس التقدم الذي أحرزته	حل المشكلات واتخاذ القرارات
اختر البديل الأفضل	راجع وتعلم من خبراتك	حدد المشكلة
قارن بين البدائل	أوجد بدائل	اجمع المعلومات

هناك العديد من التعاريف لمفهوم المشكلة Problem، فالمشكلة كما عرفها:

▪ (سميث) (Smith): موقف يسعى فيه الفرد للبحـث عـن وسـائل فعالـة للتغلـب علـى عـائق أو عوائق تحول دون الوصول لهدف ذي قيمة.

▪ وعرفها (المليجي) بأنها هي أي نقص يواجهه الكائن الحي في التوافق، وتنجم المشكلة عادة عـن عائق في سبيل هدف لا يمكن بلوغه بالسلوك الذي اعتاده الفرد. مما يؤدى إلى شعوره بالتردد أو الحيرة والتوتر. وهذا يدفعه إلى أن يسعى لحل حتى يتخلص مما يعانيه من ضيق وتوتر .

▪ وفي معجم علم الـنفس، المشكلة وعـي الفـرد باسـتحالة التغلـب علـى الصـعوبات والتناقضـات الناشئة في موقف معين عن طريق المعرفة والخبرة المتوفرة [67].

---

67 - المحيسى ،محمد عثمان،المشكلات للشباب والطلاب بالجامعات السودانية، وعلاقتها ببعض المتغيرات النفسية والتربوية

هو وضع جديد غير مرغوب فيه، نتيجة تغير يقرأ على طريقة العمل أو بسبب ظرف معين. ولتحديد أي مشكلة والتعرف عليها يجب التساؤل عن النشاط أو العمل الذي لم يؤدى كالمعتاد، ولماذا حدث ذلك، وهل النتيجة الجديدة مقبولة أم غير مقبولة، وما الغاية المرجوة من حل المشكلة القائمة؟[68]

- هي حالة أو موقف يتضمن خللا أو أزمة بحاجة إلى معالجة من أجل الوصول إلى هـدف معين. وتتكون المشكلة من ثلاثة أركان:

1 ـ المعطيات: وهي المعلومات والحقائق التي تصف الحالة فعليا.

2 ـ الأهداف: وهي الوضع المطلوب الوصول إليه.

3 ـ العقبات: وهي الصعوبات التي تعترض عملية الوصول إلى الحل المطلوب.

خطوات التعامل مع المشكلات:

1. التعرف على المشكلة
2. تحديد المشكلة
3. تحليل طبيعة المشكلة
4. استعراض أعراض المشكلة
5. أسباب المشكلة
6. افتراض الحلول
7. معايير قياس الحلول
8. اختيار الحل الأمثل
9. تطبيق الحل
10. تقييم تأثير الحل

والشعور بالمشكلة شيء نسبي، أي ما يعد مشكلة لشخص معين قد لا تمثل مشكلة عنـد شـخص أخـر، والمشكلة الجيدة في الرياضيات هي التي تثير أكثر من حل.

---

[68] - هشام طالب، دليل التدريب القيادي، المعهد العالمي للفكر الإسلامي.

مثال1: نظم أحد النوادي دوريا لكرة القدم لـ (8) فرق، بحيث كل فريق يلعب لعبة مرة واحدة فقط بقية الفرق، جد عدد اللعب التي ستجرى؟

الحل الأول:قد يلج الطالب إلى تمثيل المشكلة حسيا، كأن يشبه كل فريق بقلم ذي لون معين ويجري التقابلات ويسجل ليجد في النهاية أن عدد اللعب =28 لعبة.

الحل الثاني:قد يلج الطالب إلى تمثيل المشكلة شبه حسي، فيمثل كل فريق بنقطة على الورقة ويصل كل نقطة ببقية النقاط ويحسب عدد الخطوط، ليجد أن عدد اللعب =28 لعبة.

الحل الثالث:قد يفكر الطالب ذهنيا بالحل ويلاحظ أن نمطا معينا يترتب بحيث الفريق الأول يلعب 7 لعب، والثاني 6 لعب، والثالث 5 لعب،..... الثامن 1 لعبة.

ثم يجد مجموع اللعب = 7 + 6+ 5+ 4+3+2+1=28 لعبة.

الحل الرابع: قد يفكر الطالب بموضوع حاصل الضرب الديكارتي (8 × 8 =64 زوج مرتب) وهي:

(1، 1)، (1، 2)، (1، 3)، (1، 4)، (1، 5)، (1، 6)، (1، 7)، (1، 8)
(2، 1)، (2، 2)، (2، 3)، (2، 4)، (2، 5)، (2، 6)، (2، 7)، (2، 8)
(3، 1)، (3، 2)، (3، 3)، (3، 4)، (3، 5)، (3، 6)، (3، 7)، (3، 8)
(4، 1)، (4، 2)، (4، 3)، (4، 4)، (4، 5)، (4، 6)، (4، 7)، (4، 8)
(5، 1)، (5، 2)، (5، 3)، (5، 4)، (5، 5)، (5، 6)، (5، 7)، (5، 8)
(6، 1)، (6، 2)، (6، 3)، (6، 4)، (6، 5)، (6، 6)، (6، 7)، (6، 8)
(7، 1)، (7، 2)، (7، 3)، (7، 4)، (7، 5)، (7، 6)، (7، 7)، (7، 8)
(8، 1)، (8، 2)، (8، 3)، (8، 4)، (8، 5)، (8، 6)، (8، 7)، (8، 8)

ويستثني الأزواج العنصر مع نفسه حيث لا يلعب الفريق مع نفسه وعدد هذه الأزواج:

{(1، 1)، (2، 2)،....(8، 8) }=8، 64 - 8 = 56 زوج.

ويستثني المكررة أي نفس اللعبة فلعبة(1، 2) هي نفسها اللعبة (2، 1)[69]، وعددها نصف عدد اللعب أي 56 ÷ 2= 28 لعبة.

[69] - لا نقصد هنا الزوج المرتب(أ، ب) = الزوج المرتب(ب، أ)

الحل الرابع: قد يحل الطالب نفس الحل الثالث ولكن يستبعد مباشرة الأزواج التي لا تفق مع منطقية المشكلة أي الأزواج:-

(1، 2)، (1، 3)، (1، 4)، (1، 5)، (1، 6)، (1، 7)، (1، 8)

(2، 3)، (2، 4)، (2، 5)، (2، 6)، (2، 7)، (2، 8)

(3، 4)، (3، 5)، (3، 6)، (3، 7)، (3، 8)

(4، 5)، (4، 6)، (4، 7)، (4، 8)

(5، 6)، (5، 7)، (5، 8)

(6، 7)، (6، 8)

(7، 8) وبالتالي يجد عدد اللعب الكلية =28 لعبة.

الحل الخامس: قد يفكر الطالب(الـذي درس موضـوع التبـاديل والتوافيـق) أن يحـول المشكلة إلى صـيغة أخرى: كم زوجا من الفرق يمكن أن نختاره من 8 فرق:

ويكون الجواب:

$$ق (8، 2) = \frac{8 \times 2}{2 \times 1} = 28 \text{ لعبة}.$$

ويلاحظ في الحل الأخير هو ابسط الحلول و لا يمثل مشكلة للذي درس هذا الموضوع.

مثال₂: أحمد توجه إلى ثلاث أماكن يوزع فيها قماش على عدد الموجودون أمامها (أ) فيها 500 متر قماش و الموجودون (39) شخصا، (ب) فيها 500 متر قماش و الموجودون (29) شخصا، (جـ) فيها 400 متر قماش و الموجودون (29) شخصا، ساعدوا صديقكم أحمد وبينوا له أي الأماكن يتجه ليحصل على كمية أكبر.

1- الشعور بالمشكلة: لدى أحمد مشكلة والمفروض مساعدته.

2- تحديد المشكلة: التفكير في المشكلة من خلال إعادة صياغة المشكلة وترتيبها علـى شـكل جـدول بالمعطيات مع الانتباه بإضافة احمد إلى كل المجموعات لحساب الحصة في كل حالة:

الأماكن	الكمية القماش الموجودة	عدد الموجودون
أ	500 متر	40 شخصا
ب	500 متر	30 شخصا
جـ	300 متر	30 شخصا

3- جمع المعلومات: يذكر المعلم بالمعلومات التي نحتاجها لحل المشكلة منها: كيف نعرف حصة كل واحد، المتعارف في الكسور أو عند قسمة عدد على أخر كلما قل المقام(أو المقسوم عليه) زادت الكمية وبالعكس والقاعدة هي:

إذا تساوت المقامات عدة كسور فإن أكبرها هو الأكبر بسطا.

إذا تساوت بسوط عدة كسور فإن أكبرها هو الأصغر مقاما.

4- وضع الفروض: نحن أمام ثلاثة فروض أما أ، أو ب، أو جـ هي الأكثر حصة.

5- مناقشة الفروض:نلاحظ كمية القماش في أ، ب متساوية وكل منهما(500 متر)، وعدد الموجودون في أ اكثر من الموجودون في ب، وعليه:

الكمية التي يحصل عليها في ب أكثر من أ (أي رفض المكان أ) .

يبقى المقارنة بين ب، جـ نلاحظ عدد الأشخاص في كل من ب، جـ متساوي، والكمية في ب أكثر، وعليه:

الكمية التي يحصل عليها في ب أكثر من جـ (أي رفض المكان ب).

أي يحصل أحمد على أكثر كمية في المكان ب.

6- التأكد من الحل وتعميم النتيجة: لـكي نجـد حصـة كـل مكـان ممكـن قسـمة الكميـة عـلى عـدد الموجودون:

حصة الفرد في المكان أ = الكمية / العدد = 500 / 40 =12.5 مترا الحصة

حصة الفرد في المكان ب = 300 / 30 = 10 أمتار الحصة

حصة الفرد في المكان جـ= 500 / 30 =16.66 مترا الحصة

من هذا نلاحظ الكمية في ب أكثر، وعليه يتوجه أحمد إلى المكان ب.

<u>نصائح للمعلمين لتنمية التفكير عند حل المسائل</u>

1- على المعلمين احترام حلول الطلبة أيا كان نوعها وتشجيعهم، بحيث يشعر بأن المعلمين يدعمونه في الاهتمام بأرائه واحترامها، كما أن عملية التشجيع أيـا كـان نوعهـا إنمـا تنمـي عنـد الطلبـة محـاولات التفكير منذ الصغر.

2- عندما يستفسر الطالب عن شيء لا تتم الإجابة عليه فورا وإنما يمكن التوصل للإجابـة عـبر إلقـاء عدة أسئلة حتى يتمكن من التوصل لتلك الإجابة، إذ إن مثل تلك الأسـئلة المقابلـة تجعلـه يتـذكر تلـك الإجابة، أما إذا أجبته فورا فإنه سرعان مـا ينسـاها وفي المسـائل البسـيطة التـي تكـون في شـكل واجـب يومي، يجب ترك الطالب يفكر أولا في حلها بعد أن تكون قـد رسـخت في ذهنـه تلـك القواعـد الخاصـة بتلك المسائل،

بعد إنهائه للواجب يمكن إجراء عملية التصحيح حتى يتم التأكد من أنه فهم قاعدة تلك المسائل.

3- يجب اخبار أولياء أمور الطلبة بعدم حل واجبات البيتية من قبلهم أو تعويدهم على المشاركة معهم في الحل، فإنه بعد فترة لن يستطيع المذاكرة وحده لأن عقله قد تعود على المساعدة الدائمة، وبالتالي فإن جانب التفكير قد تعطل لديه وإذا استمر الوضع هكذا ربما لا يستطيع البتة حل مسائل الواجب وحده.

4- على المعلمين ألا يعودوا الطالب على الإجابة الواحدة - وأن يشجعوهم على إعمال العقل، وأن يميلوا دوما لإلقاء الأسئلة التي تحتاج لإعمال العقل التي تحتاج لعمليات الحدس والتخمين.

5- ويمكن للمعلم وضع أسئلة على ألا يفرض على الطلاب مناقشتها فورا، وإنما يمنحهم فرصة كي يفكروا للحصة القادمة، وفي الحصة القادمة يطرح النقاش ويستمع لعدد من الطلاب مع احترام رأي كل منهم، ولكن في نهاية الأمر يوضح لهم الإجابة الصحيحة ولماذا اختار تلك الإجابة.

6- أما في المسائل الرياضية يعطي المعلم القاعدة التي تساعد الطالب في حل تلك المسائل وبعدها يتركه ليعمل بها، فإذا لم يعمل بها واستطاع التوصل للحل بطريقة أخرى يجب تشجيعه، فحينما يبرع الطالب في استنباط طرق جديدة لحل عدة أنواع من المسائل الرياضية يصبح لديه المقدرة الجيدة وتتنامى في نفسه القابلية والثقة بالنفس مما يجعله واثقا من قدراته ومؤهلاته. وبذلك تتكون لدى الطفل قوة الصبر والجلد على حل المشكلات التي تواجهه في الحياة، ومهما كانت قوة صدمة المشكلات التي تواجهه في الحياة فإنه أصبح يمتاز بقوة الشكيمة والأناة بحيث لا ينشل تفكيره في أصعب اللحظات وأحلكها. وبالتالي يصبح قادرا على تحدي كل المشكلات والمصاعب التي تواجهه بعقل متفتح وقلب منشرح وأنه بلا شك سوف ينتصر طال الزمن أم قصر. فحينما يعتاد طفلك على التفكير فإنه عادة ما تتولد لديه المقدرة على التفكير المنتج مستقبلا، ويتم ذلك عبر وضع محور يرتكز عليه في الموضوع ويحاول إبعاد كل ما هو ذو صلة بالموضوع محور الاهتمام.

7- من الجيد أن يحاول المعلم إشراك الطلاب في المسائل التي تحتاج للتفكير الجماعي بحيث يطرح عليهم المشكلة ويترك لهم اختيار الحل الأمثل، كأن تتمثل تلك الأسئلة في المواد الاجتماعية حيث تتنوع الأفكار وتتوالى الخواطر حول أسلوب الحل الأمثل.إن عملية التفكير الجماعي تنمي في الطفل عملية احترام الحوار، وكيفية تعلم السماع لأفكار إخوانه بالدرس، إلى جانب تنمية الولاء للأفكار الصحيحة في نظره بحيث يعضد الرأي الصحيح دون الالتفات لما يربطه من ود وصداقة لصاحب الرأي الخطأ أو الصحيح.

8- يجب أن نعلم طلبتنا أن الاختلاف في الرأي لا يفسد القضية وأن احترام آراء الآخرين تنمي فيهم عامل احترام التفكير في حد ذاته بل ربما تدفع البعض إلى الارتكاز على التفكير المبدئي لينطلق منه لأفكار أعمق، أي أنه يستطيع الإمساك بطرف الخيط ليواصل بعدها مسيرة التفكير المتواصل، فالتفكير الجماعي في المشكلات ينمي في أطفالنا عملية التفكير الممرحل بحيث يصبح لكل طفل دور يؤديه حتى تستطيع الجماعة التوصل للحل النهائي[70].

9- مساعدة الطلاب على تحسين قدرتهم في اختبار الفرضيات وتشجيعهم على المضي في الاستقراء و الاستقصاء، وكلما أكد المعلم على الروابط و العلاقات بين أجزاء المسألة زادت فرص الطالب لتكوين الفرضيات وتخمين الحلول. فالمهارات و المدارك اللازمة لاختبار الفرضيات هي التي ترافق التفكير الاستنتاجي، وتلك التي ترتبط بتجميع المعلومات وتحليلها ترافق بذلك الأساليب الاستقرائية.

10- مساعدة الطلاب على التكيف للمسائل: التكيف للمسائل يعتمد على مجموعة منظمة من المعارف التي تتعلق بالمسائل، و التي تتوفر في البنية المعرفية للفرد، وللتكيف للمسألة أن يعرف الطالب موقع المسألة في هذه المعارف، ولعله من المفيد تدريب الطلاب على قراءة المسائل وإعادة صياغتها بلغتهم الخاصة وتوضيح المعطيات و المطلوب.

[70] -كريتكال ثنكنج، ترجمة: يوسف الوهباني، موقع العالم الأخباري

11- تشجيع الطلاب على اعادة المسألة وتوضيحها بالأشكال، وتمثيلها شكليا أو رمزيـا مـثلا، وهـذا يساعد على معرفة العلاقات بين التفاصيل، ويفيد المخطط في الوصول إلى الجواب بسرعة.

12- مساعدة الطلاب على استحضار المزيد من المادة الفكرية و المعلومات وهنـاك أسـلوب مفيـد يمكن أن يستعمله المعلم في ذلك وهو اسلوب الإستقصاء،فيستطيع المعلم أن يوجه أسئلته بحيث تتغير معه بؤرة انتباه الطلاب ويدخل عناصر جديدة وتكوين رؤيا جديدة بناء على ذلك. الاسئلة مثل:

-هل تعرف مسألة ذات صلة بالمسألة الحالية؟ هل تعرف نظرية أو تعميما يفيد في حلها؟

-هل يمكنك أن تعيد المسألة بشكل مختلف وحسب فهمك؟

-هل استعملت كل المعطيات و الفروض؟ هل اخذت بالاعتبار كل المبادئ الجوهرية في المسألة؟

13- مساعدة الطلاب على التخلص من (حكم العادة) أو التشبث بنموذج حل فاشل. وذلك بنصح الطلاب للجوء إلى أسلوب آخر في الحل.

14- تشجيع الطلاب على حل المسألة بأكثر من طريقة.وذلك بتشجيع الذاتية بنشاط حل المسائل المتنوعة، وتعزيز الحلول الصحيحة مهما اختلفت وعدم المعاقبة على الحلول الخاطئة وعدم الاصرار على حل المسائل بالخطوات الروتينية، و التحلي بالصبر و الموضوعية في الحكم على خطوات الحل[71].

توظيف القصة في حل المشكلات الرياضية: يفضل تدريس حقائق الرياضيات، ومفاهيمها، وتعميماتها من خلال الإثارة والتشويق، فيمكن توظيف أسلوب القصص الشيقة مـن خـلال حـل المشكلات، والعصـف الذهني، علما أن أي مشكلة رياضية عند عرضها على الطلبة، لا يوجد حل جاهز لها في أذهان الطلبة.

71- موقع التربية والتعليم.

تعد المشكلات في الرياضيات المناخ الخصب الملائم لتنمية مهارات التفكير العليا وتحسينها وتطويرها لدى الطلبة، لما توفر من فرص للتحليل و التركيب والتأمل و الخيال و النقد و الإبداع وتوليد الأفكار و كـذلك إيجاد عدة حلول والتأكد من صحتها.

القصة: يفضل بعد انتهاء المعلم وطلبته من دروس تشابه المثلثات، أن يعرض المعلم القصة الآتيـة التي تهدف إلى الخروج عن الروتين والتدريبات الروتينية، والى إثارة دوافع الطلاب وتشـويقهم، والى توظيـف مهارات التفكير من خلال تحليل القصة وأحداثها(على أن لا يبـدأ الحـل إلا بعد الانتهـاء مـن القصـة وأن يتخللها أثارة أسئلة من قبله لزيادة التشويق والتفكير:

يحكى في قديم الزمان أن ملكا كان له ابنة وحيدة، وهذا الملك كـان يحـب الرياضيات، وخاصـة قياسـات أطوال الأشياء الشاهقة والخطرة، ومن شدة حبه للرياضيات قرن مهر ابنته بمشكلة رياضية، فقد كبرت ابنة الملك وأصبحت في سن الزواج، وجاءها الخطاب من كل حدب وصوب، ولكن أحدا لم يوفق في الزواج منها، حتى أن بعضهم فقد حياته ثمنا لذلك دون جدوى، ومرت الأيام والسنون، وسمع بقصة بنت الملك شاب فقير الحال، و هو وحيد أمه، ذهب إلى قصر الملك، وبصعوبة شديدة استطاع الدخول إليه .

قال الشاب للملك :أنا يا سيدي أطلب يد ابنتك للزواج .

الملك :ظننتك يا بني تريد مساعدة من مال أو طعام، لكن حسنا، أتعرف مهر ابنتي أيها الشاب؟

الشاب: لديه فكره أنه لغز.

الملك : مهر ابنتي لم يستطع أحد أن ينفذه، وكل من حاول فشل وهلك ! إن مهر ابنتـي أن تجد طـول النخلة الباسقة الارتفاع في الصحراء القاحلة الموحشة، والتي تبعد عنا مسـيرة خمسـة أيـام، بشـرط أن لا تستخدم أي جهاز أو أداة أو الصعود عليها، وسـيرافقك مجموعـة مـن جنـودي إلى تلـك الصحراء، فـإن استطعت أن تعرف

طول النخلة ولو بصورة تقريبية فستنجو وتتزوج ابنتي، وإن لم تستطع فسيقتلك الجنود.

الشاب : نعم يا سيدي، لقد قبلت.

الملك : سنسمح لك، ولكن سيبقى جنودي برفقتك من الآن فصاعدا.

سافر الشاب برفقة جيش الملك، وبعد خمسة أيام وصلوا إلى تلك الصحراء التي في وسطها النخلة العملاقة، وقف الجميع ينظر إلى هذه النخلة، فتقدم أحد الجنود وقال للشاب: معك متسع من الوقت من الصباح حتى المساء، وبعد المساء إذا لم تخبرني عن طول النخلة الصحيح فسأقتلك.

هنا يتدخل المدرس قبل أن ينهي القصة يوجه المعلم السؤال الآتي إلى طلبته : ما مقترحاتكم في مساعدة عماد في قياس طول النخلة؟ لديكم عشر دقائق قبل إكمال القصة ومن لديه مقترح يكتبه على ورقة، ثم يسلمه إلي قبل انتهاء الدقائق العشر، ينتظر المعلم عشر دقائق، ثم يجمع أوراق الحل، دون استلام أي حل قبل نفاذ هذه المدة.

وقف الشاب أمام النخلة العملاقة، فإذا هي طويلة، وعلى جوانبها الإبر الشوكية القاتلة، قال الشاب في نفسه :إن تسلق هذه النخلة ضرب من الخيال، ولكن لماذا أتسلقها؟

نظر الشاب إلى قمة النخلة البعيدة المنال، ونظر إلى السماء، فإذا الغيوم تحجب الشمس، فحزن الشاب كثيرا، وظل ينتظر مدة ساعتين دون عمل أي شيء، وفجأة ظهرت الشمس مشرقة ساطعة، وكأنها تحيي الشاب المثابر، لقد فرح كثيرا، وقال في نفسه الحمد لله أن ظهرت الشمس، أولا سأصنع من طولي ومن ظلي مثلث قائم، وكذلك النخلة ،(حيث خط (وضع علامة على الرمل) بالرمل خطا و ابتعد عنه حتى وصل أخر ظله عند الخط بالضبط، ثم وضع خطا مكان وقوفه، وبذلك حصر طول ظله بين خطين، وبسرعة كبيرة وفي نفس اللحظة وضع خط علامة) على أخر نقطة في ظل النخلة الموجود على الأرض.

يتدخل المدرس بسؤال: لماذا وضع علامـات الظـل في نفـس اللحظـة تقريبـا؟، الآن سـيقيس طـول مسـافة الظلين، المسافة التي تمثل طول ظله، والمسافة التي تمثل طول ظل النخلة.

سؤال :كيف سيقيس الشاب طول ظله وطول ظل النخلة؟

وظف الشاب عدة طرائق مختلفة في قياس الأطوال، وكانت لها نفس الإجابة تقريبا، وذلك كما يأتي:

الطريقة الأولى : وقف الشاب أمام النخلة وتأمل فيها جيدا، ثم تخيل في ذهنه كـم شخصـا يقفون عـلى أكتاف بعض حتى يصلوا إلى قمة النخلة، فقدر ذلك بعشرة أشخاص مثله في الطول وطوله (2 مـتر أو أقـل، تقريبا 1.8 متر).أي طول النخلة التقريبي 20 متر أو أقل بقليل 18 متر مثلا.

الطريقة الثانية: عن طريق عدد الخطوات(التوسيع بين القدمين بمسافة متر واحد تقريب) حيث اسـتطاع أن يعد الخطوات)، وقد وجد القياسات الآتيـة: طـول ظلـه يسـاوي 3 خطـوات(3 م تقريبـا) وطولـه هـو خطوتان (2م تقريبا)، طول ظل النخلة يساوي 27 خطوة (27م تقريبا) وبذلك حصل الشـاب عـلى مثلثـين متشابهين، وبذلك أجرى عماد تناسبا بين المثلثين وحصل على طول النخلة:

$$\frac{\text{طول الشاب}}{\text{طول ظله}} = \frac{\text{طول النخلة}}{\text{طول ظلها}}$$

$$\frac{2}{3} = \frac{\text{طول النخلة}}{27}$$

$$\text{طول النخلة} = \frac{2 \times 27}{3} = 18 \text{ متر تقريبا.}$$

الطريقة الثالثة :عن طريق وحدة القدم طول قدم الشاب 25 سم (المتر = 3.33 أقـدام ولتقريـب فرضـه 4 أقدام)، وهنا يتدخل المدرس:هل أحد قاس منكم طول قدمه، حيث اسـتطاع أن يعـد عـدد الأقـدام، وقـد وجد القياسات الآتية:

طول ظله يساوي 12 قدما، وطوله هو 8 أقدام

طول ظل النخلة يساوي 108 قدما وبذلك حصل عماد على مثلثين متشابهين:

$$\frac{\text{طول الشاب}}{\text{طول ظله}} = \frac{\text{طول النخلة}}{\text{طول ظلها}}$$

$$\frac{8}{12} = \frac{\text{طول النخلة}}{108}$$

طول النخلة $= \dfrac{8 \times 108}{12} = 72$ قدم $= 18$ متر تقريبا.

الطريقة الرابعة: عن طريق طوله (طول عماد 1.8 متر وظفه في عملية القياس، حيـث مـد جسـمه عـلى الأرض، وقاس كل من طول ظله و طول ظل النخلة وكانت القياسات كما يأتي: طول ظله يسـاوي طولـه + نصف طوله أي: 2.7م، طول ظل النخلة يساوي 15 مرة من طوله أي: 27 م،

$$\frac{1.8}{2.7} = \frac{\text{طول النخلة}}{27}$$

طول النخلة $= \dfrac{1.8 \times 27}{2.7} = 18$ متر تقريبا.

المدرس: قبل إكمال نهاية القصة، هل يوجد لديكم طريقة أخرى للحل ؟، بدون استخدام أي أداة.

تبسم الشاب ضاحكا، وقال: أيها الجندي، لقد عرفت قياس طول النخلة، ويساوي تقريبا 18 مترا. الجندي: نعم صحيح، لقد نجوت، وفزت. وتزوج الشاب ابنة الملك وعاش في سرور وسعادة مع زوجته وأمه[72].

[72] - منير جبريل كرمه، مجلة المعلم، الانترنيت

مشكلات تتطلب حل من القارئ

س$_{120}$: ذهب رجل للتسوق ومعه مبلغ(225) دولار عبارة عن عدد معين فئة(20) دولار،وعدد أخر من فئة(5)دولارات، وعند انتهائه من التسوق،وجد ما بقي من المبلغ من فئة(20) دولار نفس عدد فئة(5) دولارات،وعدد من فئة(5) دولار بقدر عدد (20)دولار من المبلغ الأصلي،وان المبلغ المتبقي يعادل $\frac{3}{2}$ من المبلغ الأصلي، جد عدد فئات المبلغ الأصلي من النوعين والمبلغ المتبقي

س$_{121}$: سأل شخص عن عمره فأجاب خمسة أضعاف عمري بعد 6 سنوات مطروحا منه خمسة أضعاف عمري قبل 6 سنوات يساوي عمري بضبط، فما عمر ذلك الشخص؟

س$_{122}$: احد الشركات تتضاعف رواتب الموظف كل (5)سنوات وتضاف له علاوة مقدارها(100)دينار، فإذا علمت أن راتبه الآن (3100)دينار بعد مضي (20)سنة على خدمته، كم كان مرتبه في بداية تعينه؟

س$_{123}$:إذا زاد كل من طول وعرض مستطيل بنسبة 20% فما النسبة المئوية لزيادة ذلك المستطيل؟

س $_{124}$: شخص يرد أن يوصل تفاحة واحدة إلى صديقه المحجوز في قصر له خمسة أبواب يحرسه خمسة حراس، إذا كان كل حارس يأخذ نصف ما يحمله من التفاح، فكم يحتاج من التفاح لكي يوصل إلى تفاحة واحدة إلى صديقه؟ وضح طريقة حلك

س$_{125}$: أوصى رجل أن توزع تركته على أبنائه الثلاثة بحيث:

1- يأخذ الكبير نصف التركة + 20 دولار.
2- يأخذ المتوسط نصف المتبقي + 20 دولار.
3- يأخذ الأصغر نصف ما يبقى + 20 دولار.
4- يعطى ما يتبقى والبالغ(3000) دولار إلى خادمه الوفي.

ما مقدار التركة، وما نصيب كل أبن؟

س$_{126}$:تقابل مجموعة من الأصدقاء في مناسبة معينة وعند حساب عدد مرات التصافح بين المجموعة وجدت أنها(36) مصافحة، فما عدد تلك المجموعة؟

س$_{127}$: يبلغ مرتب موظف مع الحوافز الشهرية 260$ وكان مرتبه يزيد على الحوافز بمقدار 200$ فما مقدار كل من راتبه والحوافز الشهرية ؟

س$_{128}$:مجموع أعمار ثلاثة أشخاص =90 سنة وكان عمر الأول يزيد (10) سنوات عن الثاني، ومجموع عمري الأول والثاني يزيد (50) سنة عن الثالث فما عمر كل واحد منهم؟

س$_{129}$:منزل فيه ولد وأخته ينتميان لنفس الجامعة، فإذا علمت أن البنت تقطع المسافة بين البيت والجامعة في (30) دقيقة والولد في (20) دقيقة، فإذا خرجت البنت قبل (5) دقائق من أخيها فبعد كم دقيقة يلتقيان وفي أي مسافة من الطريق؟.

س$_{230}$: أنظر للأمثلة الآتية:

$4 - 2 = 2$ وكذلك $4 \div 2 = 2$

$4\frac{1}{2} - 3 = 1\frac{1}{2}$ وكذلك $4\frac{1}{2} \div 3 = 1\frac{1}{2}$

أي عددين الفرق بينهما يساوي حاصل قسمتهما.

هل تستطيع أن تجد أعداد أخرى تحقق هذه الخاصية؟ وهل تبتكر طريقة ممكن من خلالها الحصول على أمثلة متنوعة؟

الإجابات

أجوبة (الفصل الثاني) التسلية والألغاز

جواب س$_1$:

9	4	11
10	8	6
5	12	7

جواب س$_2$:نفس طريقة جدول (3x3) نجد المركز(65÷ 5 = 13)

وتكون ترتيب الأعداد على النحو الآتي:-

م+2	م-5	أقل رقم	م+11	م+4
م+3	م+1	م-6	م-8	م+10
م+9	م+7	م	م-7	م-9
م-10	م+8	م+6	م-1	م-3
م-4	م-11	أعلى رقم	م+5	م-2

جواب س$_3$:

سلسلة (1): 48، نضرب في 4 ونقسم على 2

سلسلة (2): 53 ، نجمع 2 ونضرب في 3

سلسلة (3): 4، نقسم على 2 في كل مرة

سلسلة (4): 265، كل رقم مرفوع للقوة 2

سلسلة (5): 4، كل رقم بعده جذره

جواب س$_4$:نفرض العدد المختار(س+ 10 ص) وعندما ونجري العمليات كالآتي:

(س+ 10 ص) × 2 =(2 س+ 20 ص)

2 س+ 20 ص + 14 نقسم على(2) يصبح المقدار

س+ 10 ص + 7 نطرح العدد المختار(س+ 10 ص) يبقى العدد (7)

جواب س$_5$:

$$37 \times 3 \times 1 = 111$$
$$37 \times 3 \times 2 = 222$$
$$37 \times 3 \times 3 = 333$$
$$37 \times 3 \times 4 = 444$$
$$37 \times 3 \times 5 = 555$$
$$37 \times 3 \times 6 = 666$$
$$37 \times 3 \times 7 = 777$$
$$37 \times 3 \times 8 = 888$$
$$37 \times 3 \times 9 = 999$$

جواب س₆: إذا ضربت العدد(987654321) في الرقم (9) ومضاعفاتها(لحد 9أضعاف) يكون الناتج مكرر محصور بين رقمين وبترتيب جميل الأول يتزايد والأخير يتناقص:

$$987654321 \times 9 = 08888888889$$
$$987654321 \times 18 = 17777777778$$
$$987654321 \times 27 = 26666666667$$
$$987654321 \times 36 = 35555555556$$
$$987654321 \times 45 = 44444444445$$
$$987654321 \times 54 = 53333333334$$
$$987654321 \times 63 = 62222222223$$
$$987654321 \times 72 = 71111111112$$
$$987654321 \times 81 = 80000000001$$

جواب س₇: نعم توجد الأعداد(303)لو ضربناها في 2 ومضاعفاتها(أو في 3 ومضاعفاتها) نحصـل علـى ناتج (من مرتبتين) وكذلك (404) في 2 ومضاعفاتها مكرر مرتين:

303 x 2 = 0606	404 x 2 = 0808	303 x 3 = 0606
303 x 4 = 1212	404 x 4 = 1616	303 x 6 = 1212
303 x 6 = 1818	404 x 6 = 2424	303 x 9 = 1818
303 x 8 = 2424	404 x 8 = 3232	303 x 12 = 2424
303 x 10 = 3030	404 x 10 = 4040	303 x 15 = 3030
303 x 12 = 3636	404 x 12 = 4848	303 x 18 = 3636
303 x 14 = 4242	404 x 14 = 5656	303 x 21 = 4242
303 x 16 = 4848	404 x 16 = 6464	303 x 24 = 4848
303 x 18 = 5454	404 x 18 = 7272	303 x 27 = 5454
303 x 20 = 6060	404 x 20 = 8080	303 x 30 = 6060

303 x 3 = 0606
303 x 6 = 1212
303 x 9 = 1818
303 x 12 = 2424
303 x 15 = 3030
303 x 18 = 3636
303 x 21 = 4242
303 x 24 = 4848
303 x 27 = 5454
303 x 30 = 6060

جواب س₈: ضرب العدد(11011) 2 ومضاعفاتها، والعدد(3) ومضاعفاتها لحد (20) يظهر الشيء نفسه. وتستطيع أن تجرب بنفسك و تضيف إلى هذه الخواص العجيبة.

11011 x 2 = 0 22022	11011 x 3 = 033033
11011 x 4 = 0 22022	11011 x 6 = 660660
11011 x 6 = 0 22022	11011 x 9 = 990990
11011 x 8 = 0 22022	11011 x 12 = 132132
11011 x 10 = 0 22022	11011 x 15 = 165165
11011 x 12 = 0 22022	11011 x 18 = 198198
11011 x 14 = 0 22022	11011 x 21 = 321321
11011 x 16 = 0 22022	11011 x 24 = 264264
11011 x 18 = 0 22022	11011 x 27 = 297297
11011 x 20 = 0 22022	11011 x 30 = 330330

كذلك لو جربت

55055 x 2 = 110110		44044 x 2 = 088088
55055 x 4 = 220220		44044 x 4 = 164167
55055 x 6 = 330330		44044 x 6 = 246246
55055 x 8 = 440440		44044 x 8 = 352352
55055 x 10 = 550550		44044 x 10 = 440440
55055 x 12 = 660660		44044 x 12 = 528528
55055 x 14 = 770770		44044 x 14 = 616616
55055 x 16 = 880880		44044 x 16 = 740740
55055 x 18 = 990990		44044 x 18 = 792792

جواب س٩:نعم العدد (11011011) لو ضرب في (3) ومضاعفاتها أو في (2) ومضـاعفاتها نحصـل عـلى نـاتج مكون من(ثلاث مراتب) مكرر ثلاثة مرات لحد عشرة أضعاف:

11011011 x 3 = 033033033		11011011 x 2 = 022022022
11011011 x 6 = 066066066		11011011 x 4 = 044044044
11011011 x 9 = 099099099		11011011 x 6 = 066066066
11011011 x 12 = 132132132		11011011 x 8 = 088088088
11011011 x 15 = 156156156		11011011 x 10 = 110110110
11011011 x 18 = 198198198		11011011 x 12 = 132132132
11011011 x 21 = 231231231		11011011 x 14 = 145145145
11011011 x 24 = 264264264		11011011 x 16 = 176176176
11011011 x 27 = 297297297		11011011 x 18 = 198198198
11011011 x 30 = 330330330		11011011 x 20 = 220220220

جواب س $_{10}$: نفرض العدد مكون من الأرقام س، ص، ع ويكون العدد حسب موقع مراتبه:-
س + 10ص + 100ع وعندما نكرر تضاف أصفار(ثلاثة لكل مرتبة) للعدد ويصبح:-
س + 1001س + 1000س + 10000ص + 100000ع نجمع الحدود المتشابه
1001س + 10010ص + 100100ع = 1001 (س + 10ص + 100ع)
لاحظ العدد الأخير يقبل القسمة على(1001) ويبقى نفس العدد.
جواب س $_{11}$: نفرض العدد الأول= س، فيكون الثاني =(**س** + 1)، والثالث =(**س** + 2)
مجموعهما **س** + (**س** + 1) + (**س** + 2) = 3 س + 3 =3 (س + 1)
وهو نفس العدد الثاني مضروبا × ثلاثة

جواب س $_{12}$: **الإثبات الرياضي**
نفرض العدد الأول= س، الثاني =س+1، الثالث=س+2
الأول × الثاني=س (س+1) =س^2 + س
الثالث × الثاني=(س+2) (س+1) =س^2 +3 س+2
الفرق بينهما=(س^2 +3 س+2) –(س^2 + س)=2 س -2= 2(س+1) ضعف العدد الثاني

جواب س $_{13}$: **الإثبات** الرياضي نفرض العدد الأول= س، الثاني =س+2، الثالث=س+4
الأول × الثاني=س (س+2) =س^2 +2 س
الثالث × الثاني=(س+4) (س+2) =س^2 +6 س+8
الفرق بينهما=(س^2 +6 س+8) –(س^2 +2 س)=4 س -8= 4(س+2)
وهو أربعة أضعاف العدد الثاني.

جواب س$_{14}$: الإثبات الرياضي؟
نفرض العدد الأول =(س+10ص) فيكون معكوسه = (ص+ 10س)
مجموعهما==(س+10ص)+ (ص+ 10س)=11س +11ص =11(س + ص) لاحظ الناتج يقبل القسمة على 11
جواب س$_{15}$: الإثبات ذلك الرياضي؟
نفرض العدد= (س + 10 ص) فيكون معكوسه (ص +10 س)
ناتج الطرح(ص +10 س) -(س + 10 ص) = (9 س - 9 ص) = 9 (س - ص)
والناتج الأخير يقبل القسمة على 9

جواب س$_{16}$:هل تستطيع ألإثبات الرياضي؟
نفرض العدد(س + 10ص + 100ع) فيكون معكوسه = (ع + 10ص + 100س)
ناتج الطرح =(ع + 10ص + 100س) - (س + 10ص + 100ع)
= (99 س - 99ع) = 99 (س - ع) وناتج الأخير يقبل القسمة على 9

جواب س$_{17}$:الإثبات رياضي ؟
نفرض العدد مكون من مرتبتين(س، ص)= مجموع أرقامه (س + ص)
العدد (س + 10 ص) - مجموع أرقامه (س + ص) = 9 ص
والناتج الأخير يقبل القسمة على 9 ودائما نفس رقم مرتبة العشرات.
جواب **س**$_{18}$::نفرض العدد= (س + 10 ص + 100ع) ومجموع أرقامه(س + ص + ع) وعند الطرح:- (س + 10ص + 100ع) -(س + ص + ع)
=(9 ص – 99 ع) = 9 (ص –11 ع) والناتج الأخير يقبل القسمة على (9)

جواب س$_{20}$: 888+88+8+8+8= 1000

جواب س$_{21}$:

جواب س$_{22}$: $99 + \dfrac{9}{9} = 100$

جواب س$_{23}$: يرتبون بالشكل الآتي:

```
    *       *       *

    *       *       *

    *       *       *
```

جواب س$_{24}$: يرتبون بالصورة الآتية

```
            *
          *   *
        *       *
      *   *   *   *
```

جواب س$_{25}$: يمكن تنظيمهم على شكل سداسي في كل ضلع (3) أشخاص

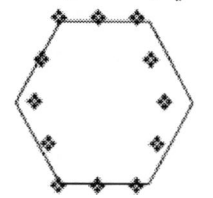

جواب س[26]:

$\frac{222-2}{2} = 100$ $\frac{444-44}{4} = 100$ $\frac{666-66}{6} = 100$ $\frac{888-88}{8} = 100$ 5والو(5+5)(5+5)-100 5	$\frac{111-11}{1} = 100$ $\frac{333-33}{3} = 100$ $\frac{555-55}{5} = 100$ $\frac{777-77}{7} = 100$ $\frac{999-99}{91} = 100$

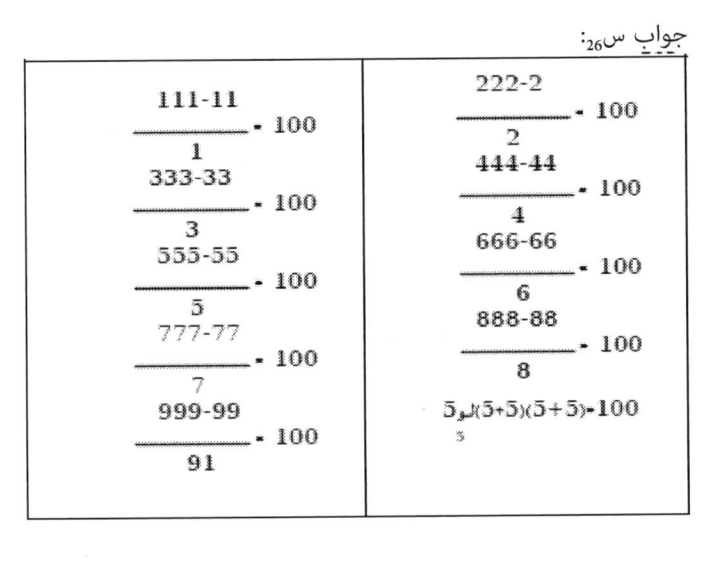

جواب الألغاز

جواب اللغز[1]: حرف (أ) أمام كلمة وأملاكي حيث أصبحت العبارة((وهبت جميع أموالي أو أملاكي للدولة)).

جواب اللغز[2]: حرف (أ) حذف من كلمة(أو) قبل كلمة العقارات حيث أصبحت العبارة ((أهب جميع أموالي و العقارات لابنتي)).

جواب اللغز[3]: **نضيف واحد للعدد 18= 1 +17 لكي يقبل القسمة**

فيكون نصيب أحمد $9 = \frac{1}{2} \times 18$

فيكون نصيب قاسم $6 = \frac{1}{3} \times 18$

$$\text{فيكون نصيب أحمد } 2 = \frac{1}{9} \text{ x } 18$$

وعندما نجمع $9 + 6 + 2 = 17$ **وهي التركة.**

جواب اللغز₄: عندما نريد توزيع(8) أرغفة على ثلاثة نقسم كل رغيف إلى ثلاثة أجزاء أي:
$3 \text{ x } 8 = 24$ جزء، و كون الثلاثة أكلوا بالتساوي أي كل واحد أكل (8) أجزاء.
فلاح عنده(3) **أرغفة** أي(9) أجزاء أكل منها(8) أجزاء يبقى له جزء فنصيبه قطعة واحدة.
احمد عنده(5) **أرغفة** أي(15) جزءا أكل منها(8) أجزاء يبقى له (7)أجزاء فنصيبه(7) قطع.

جواب اللغز₅: نفرض عدد طلاب المجموعة الأولى = س

و نفرض عدد طلاب المجموعة الثانية = ص

س-1 = ص + 1   وبعد الترتيب   س= ص+2.......المعادلة(1)

س+1= 2(ص-1) بعد فك الأقواس والترتيب س= 2 ص -3.......المعادلة(2)

ثم تحل المعادلتين أنيا لتحصل ص=5، س=7

جواب اللغز₆:نفرض أن في الصندوق كان س من المـال فيـدفع الأول 2 س ويأخـذ 20 يكون في الصنوق في نهاية الأول 2 س -20.

الثاني يدفع 2 ×(2س -20) - 20 وبعد فك الأقواس 4 س-40- 20 = 4 س – 60

الثالث يدفع2×(4 س -60) - 20 وبعد فك الأقواس8 س – 120 – 20 = 8 س – 140

وعليه يكون الناتج الأخير 8 س – 140=0 ومنها س = 17.5 قطعة كانت في الصندوق.

ونوضح ذلك: جاء الأول وضع ضعفه يكون المبلغ 35 قطعة أخذ (20) قطعة الباقي (15) قطعة. يضع الثاني ضعفه يكون (30) قطعة ويأخذ (20) قطعة المتبقي (10) قطعة.

الثالث يضاعفه فيصبح(20) قطعة ويأخذ (20) قطعة فلا يبقى شيء.

ونستطيع حل اللغز بأن نبداء بطرقة عكسية أي من النهاية دون فرضيات:

الثالث دفع الضعف واخذ(20)قطعة ولم يبقى شيء أي كان في الصندوق(10) قطع.

وكون الثاني اخذ(20) قطعة أي كان (30) قطعة قبل اخذ الثاني الـ(20) قطعة معناها كان في الصندوق(15) قطعة قبل المضاعفة.

وكـون الثالـث اخـذ(20) قطعـة أي كـان (35) قطعـة قبـل اخـذ الثـاني الــ(20) قطعـة معناهـا كـان في الصندوق(17.5) قطعة قبل المضاعفة.

جواب لغز:7

نفرض مجموعة الطيور الأولى=س

نفرض مجموعة الطيور الثانية= ص

س - 1 = ص +1

س= ص +2 ......(1)

س + 1 = 2 (ص -1) بعد فتح الأقواس والترتيب س =2 ص - 3.....(2)

وبحل المعادلتين أنيا 2 ص - 3 = ص +2 منها ص = 5، س = 7

جواب اللغز8:نفرض الكبير = س ، فيكون الصغير=(40 - س)

$$\frac{س}{(40 - س)} = \frac{4}{1}$$

، س = 160 - 4 س ، 5 س =160،

س =32 الكبير، الصغير= 40 - 32= 8

جواب اللغز9:نضع في كل كفة ميزان قطعتين فيكون هناك احتمالين:

1 - إذا تعادلت الكفتين: يعنى هذا القطعة الأثقل في الخارج نضعهما في الميزان كل قطعة في كفة ونعرف الأثقل.

2 - إذا لم تتعادل، نأخذ الكفة الأثقل ونضع كل قطعة في كفة ونعرف أيهما الأثقل.

جواب اللغز10: يصعد الولدين أولا ينزل احمد ويرجع مازن، ليصعد الأب لوحده ويعبر إلى الضفة الأخرى، يرجع احمد بالزورق وحده ويجلب أخوه ليعبرا إلى الضفة الأخرى.

جواب اللغز11:

نفرض عدد الأقلام =س

فيكون

$$\frac{1}{2} \text{ س } + \text{ س } +1 = 100$$

$$\frac{3}{2} \text{ س } = 99$$

$$\text{س} = \frac{198}{3} = 66 \quad \text{قلم في الحزمة}$$

جواب اللغز12: توزع الزهور على النحو الآتي:

❀		❀			
		❀		❀	
❀	❀				
				❀	❀
	❀		❀		
			❀		❀

جواب اللغز₁₃:نحذف الأسهم
التي محلها خط منقط

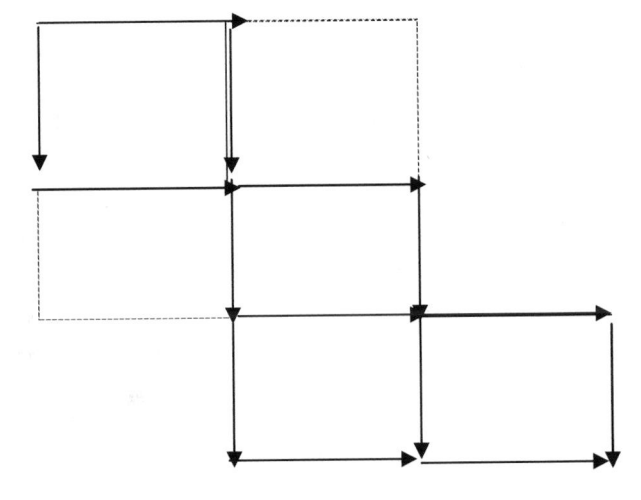

جواب اللغز₁₄: 3 =(7) ÷(7+7+7)   أو   3 =7 – (77÷7)

جواب اللغز₁₅: نفرض العدد الأول = س يكون الثاني =(س + 2)، الثالث=(س + 4)، الرابع=(س + 6)، الخامس=(س + 8)

مجموعهم = س +(س + 2) + (س + 4) + (س + 6) + (س + 8) = 80

5 س + 20 = 80   ومنها س= 12

ويكون العدد الأول = 12، والثاني=14، الثالث= 16، الرابع = 18، الخامس=20

جواب اللغز₁₆: لا يوجد فيها تراب

جواب اللغز₁₇: ساعة واحدة

جواب اللغز₁₈: نفرض المدة = س

3 (33 – س) = (71- س)

3 س – 99 = س -71

2 س = 28

$\text{س} = 14$

قبل (14) سنة كان عمر الأب = 57 سنة وعمر أبنه كان =19 سنة

جواب اللغز[19]: نفرض عمر الشخص = س

$\frac{1}{2} \times 2 \times \text{س} = 30$، $\frac{5}{2}\,\text{س} = 30$ بضرب المعادلة (× 2)

$5\,\text{س} = 60$ ومنها $\text{س} = 12$ سنة عمره الآن

جواب اللغز[20]: نفرض العدد = س

$\text{س}^2 + 2\,\text{س} + 1 = 36$

$\text{س}^2 + 2\,\text{س} + 1 - 36 = 0$

$\text{س}^2 + 2\,\text{س} - 35 = 0$

$(\text{س} + 7)(\text{س} - 5) = 0$

منها $\text{س} = -7$ أو $\text{س} = 5$

جواب اللغز[21]: في حالة وجود: جد، أب، وحفيد

جواب اللغز[22]: نفرض العدد = س

$\text{س}^2 = \frac{1}{2}\,\text{س}^3$ بضرب المعادلة × (2)

$2\,\text{س}^2 = \text{س}^3$ بضرب المعادلة

$2\,\text{س}^2 - \text{س}^3 = 0$

$\text{س}^2(2 - \text{س}) = 0$

أما $\text{س} = 0$ يهمل أو $\text{س} = 2$ العدد

جواب اللغز[23]: وذلك بأن يشرب الحليب بين يوم وأخر.

جواب اللغز[24]: العدد 179

جواب اللغز[25]: في الصف كان طالب و ثلاثة طالبات.

جواب اللغز[26]: عدد الدجاج = 28 و عدد الأرانب= 24.

جواب اللغز[27]:- أن العدد الفردي لا يقبل القسمة على(2) فيكون العدد(2 ن +1) عدد فرديا

مربع (2 ن +1)^2 = 4ن^2 + 4 ن + 1

= 4 (ن2 + ن) + 1

وأن هذا المقدار هو عدد زوجي 4 (ن2 + ن)

ويكون المقدار = 4 (ن^2 + ن) + 1، عدد فرديا

جواب اللغز[28]: 8888 + 88 +8 +8 +8=9000

جواب اللغز[29]:

$$7 = \frac{8}{8} - 8$$

جواب اللغز[30]: العدد 9

جواب اللغز[31]:

$$\mathbf{100 = \frac{99}{99} + 99}$$

أو $$\mathbf{100 = \frac{9}{9} + 9 + 9 + (9 \times 9)}$$

جواب اللغز[32]: 9999 + 99 + 9 + 9 + 9 =10125

جواب اللغز[33]:عدد الطلاب = 30

جواب اللغز[34]: عدد البط 3 فقط

جواب اللغز[35]:أي كسر مثلا: النصف، الربع، الثلث،...

جواب اللغز [36]:العدد (31)

جواب اللغز[37]:مرة واحدة فقط بعدها يكون الطرح من 96 و95 وهكذا

جواب اللغز[38]: أحمد عنده (10) أقلام و حمزة عنده (6) أقلام

جواب اللغز[39]:

$$1 = \frac{1}{2} + \frac{1}{2} = \frac{148}{296} + \frac{35}{70}$$

$(987654321)^0=1$ **أو** $(123456789)^0=1$

ويمكن إعادة تنظيم الأرقام وفي كل حالة نحصل على نفس الناتج.

جواب اللغز[40]: 1 , 2 , 3

جواب اللغز[41]: 5 دقائق

جواب اللغز[42]:

(أولا)نكيل 7 لتر ونأخذ منها 4 لتر فنحصل على 3 لتر

(ثانيا): نكيل 7 لتر فنحصل على 10 لتر.

(ثالثا): نأخذ منها 4 لتر فنحصل على 6 لتر.

جواب اللغز[43]: العدد هو (2520) لاحظ:

$$2520 \times \frac{1}{2} = 1260$$

$$2520 \times \frac{1}{3} = 840$$

$$2520 \times \frac{1}{4} = 630$$

$$2520 \times \frac{1}{5} = 504$$

$$2520 \times \frac{1}{7} = 360$$

$$2520 \times \frac{1}{8} = 315$$

$$2520 \times \frac{1}{9} = 280$$

$$2520 \times \frac{1}{10} = 252$$

ويمثل هذا العدد(2520) المضاعف المشترك الأصغر لجميع الأعداد من 2 وحتى 10 .
وهو في نفس الوقت حاصل ضرب عدد أيام الأسبوع × عدد أيام الشهر × عدد أشهر السنة.
7 x 30 x 12=2520

جواب اللغز44: نشتري (19)دفتر بسعر(95 قطعة) + قلم واحد بسعر(بقطعة واحدة) +(80) ممحاة (بأربعة قطع) = 100 المجموع

جواب اللغز45:الفرع د

جواب اللغز46:جذر(16) × 3 + 8 + 80 = 100

جواب اللغز47: 18 + 2 - (100 ÷ 5) = 0

جواب اللغز48:نفرض المبلغ = س

س $\frac{7}{12}$ ( ) س = 10 نضرب المعادلة × 12

12 س - 7 س = 120

5 س = 120 ومنها س = 24$

جواب اللغز49: عدد الأطباء ضعف عدد المهندسين وإليك البرهان الرياضي

نفرض عدد الأطباء = س، وعدد المهندسين = ص

و مجموع الأعمار = العدد × معد العمر

مجموع أعمار الأطباء= 35 س

مجموع أعمار المهندسين= 50 ص

مجموع أعمار الأطباء والمهندسين = 40(س + ص)

أي 40(س + ص) = 35 س + 50 ص

أي 40س + 40 ص = 35 س + 50 ص بترتيب المعادلة

أي 5 س = 10 ص بالقسمة على (5)

أي س = 2 ص

جواب اللغز[50]: 99999 + 1 = 100000

جواب اللغز[51]: لا يمكن أن يصل إلى القمة حيث في كل حالة سيبقى جزء.

جواب اللغز[52]: معنى اللغز يبحث عن عدد إذا قسم على العدد:-

(2) الباقي يساوي (1)

(3) الباقي يساوي(2)

(4) الباقي يساوي(3)

(5) الباقي يساوي(4)

(6) الباقي يساوي(5)

(7) يقبل القسمة بدون باقي وهو من مضاعفات العدد(7) وهو العدد(119)

عدد درجات السلم = 119 درجة

جواب اللغز[53]:

7		
4	1	3
6	8	5
	2	

هذا نموذج وتوجد توزيعات أخرى ممكن أن تحقق الشرط المطلوب

جواب اللغز[54]:

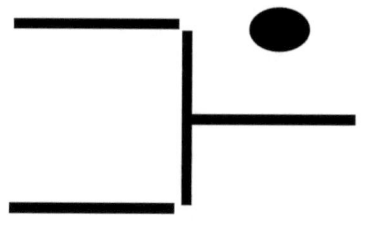

جواب اللغز[55]:

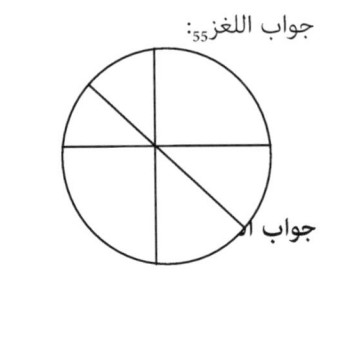

جواب ال

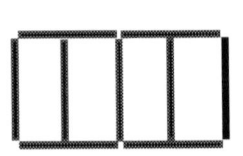

جواب اللغز[57]:

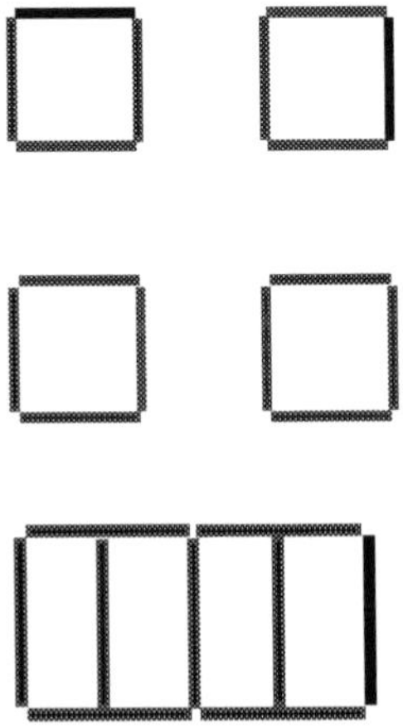

جواب اللغز[58]:عملية التكبير لا تؤثر على قياس الزاوية فتبقى نفس القياس.

جواب اللغز[59]: حجم الكرة الكبيرة = (27) مرة بقدر حجم الكرة الصغيرة

جواب اللغز[60]: لأنه كل ثلاث نقاط ليست على استقامة واحدة لا يمر إلا مستو واحد.

جواب اللغز[61]: عدد المثلثات في الشكل (13) مثلث

جواب اللغز[61]: عدد المثلثات في الشكل (13) مثلث

جواب اللغز[62]: يكون مجموع كل صف وعمود وقطر يساو ي(18)

3	10	5
8	6	4
7	2	9

جواب اللغز67:

1- أذن.

2- القبعة

3- 4424244

4 – 851342 كون رقم(3) في المرتبة الثالثة من (6) أرقام

5- تصبح كلمة طرابلس أي مدينة

جواب اللغز68: (6) أطفال منهم(3) ذكور و (3) إناث

جواب اللغز69:معناه إذا كان عند سليم حصة فإن كمال أربعة حصص

والحصة الواحدة=25 ÷ 5 = 5 قلم ما عند سليم

أو ممكن الحل فرضية:

نفرض ما عند سليم = س، أذن ما عند كمال = 4 س

س + 4 س = 25

س = 5 قلم ما عند سليم

جواب اللغز70:الشكل (C) حيث الرقم (5) المضلل داكن تراجع مربعا واحدة و الرقم (4) مضلل خفيف تقدم مربعين.

جواب اللغز71: (2) كغم

جواب اللغز72:

1 - نملأ الوعاء سعة 11 لترا من الحوض.

2 – نفرغ من الوعاء الكبير إلى صغير حتى يمتلأ ويبقى في الكبير(5) لتر.

3 – نفرغ الماء من صغير في الحوض ومن الوعاء الكبير (5) لتر يصب في الصغير.

4 - نملأ الوعاء سعة 11 لترا من الحوض ونسكب منـه إلى الصغير حتى يمـتلأ فيبقى في الكبير (10) لتر، ونسكب محتويات الصغير في الحوض.

5 – نفرغ الماء من كبير إلى الصغير فيبقى في الوعاء الكبير (4) لتر ونسكب محتويـات الصغير في الحوض ونفرغ محتويات الكبير في الصغير أي أصبح في الصغير(4) لتر.

6 - نملأ الوعاء الكبير ونفرغ في الصغير حتى يمتلأ وبهذا يبقى في الكبير (9) لتر فقط.

جواب **اللغز**$_{73}$:

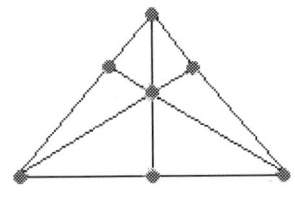

جواب اللغز$_{74}$:الجواب يساوي صفر لأنه يوجد المقدار(س - س) وهو يساوي صـفر فيكـون النـاتج النهـائي يساوي صفر

جواب **اللغز**$_{75}$:: العدد هو 2519 وهذا معناه انه لو أضفنا 1 للعدد سيقبل القسمة على 2,3,4,5,6,7,8,9,10 بدون باقي أي المضاعف المشترك الأصغر لهذه الأعداد وهو 2520

أذن العدد المطلوب وهو2519 =2520-1

جواب اللغز$_{76}$: 21.5 دقيقة.

جواب اللغز$_{77}$: نفرض عمر العمال(س) فيكون:

$$س + س + \frac{1}{2} س + \frac{1}{4} س + 1 = 100$$

$$2 \frac{3}{4} س = 99$$

$$\frac{11}{4} س = 99$$

11 س = 396 ومنها س = 36 عامل

جواب لغز$_{78}$: بعد(22) سنة حيث يصبح عمر الأب (66)سنة وعمر ولده (22) سنة

جواب اللغز$_{79}$: نفرض ما معه = س قطعة

$$س - \left\{ \frac{1}{2}س + \frac{1}{4}س + \frac{1}{8}س + \frac{1}{16}س \right\} = 1$$

$$س - \left\{ \frac{8س + 4س + 2س + س}{16} \right\} = 1$$

$$\frac{1}{16}س = 1$$

ومنها س = 16 قطعة نقدية

جواب اللغز[80]: ممكن رص (4) كتب الرابع يقع الأعلى بأكمله خارج حافة الطاولة كما في الشكل أدناه، أضفنا خطأ للصورة لتوضيح ذلك:

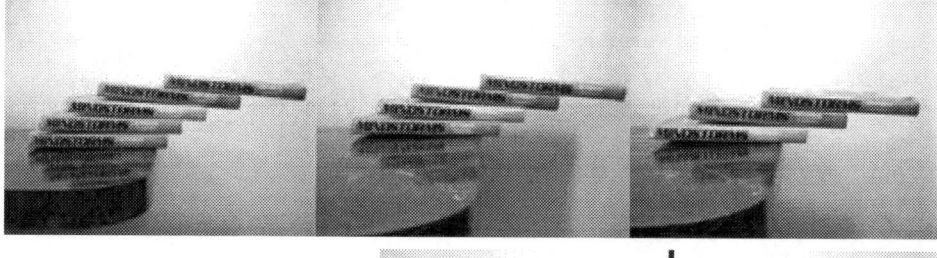

جواب اللغز[81]: عمر الابن الآن= 36 سنة وعمر الأب الآن= 72 سنة

وبعد سنة عمر الابن يكون= 37 سنة وعمر الأب = 73 سنة

جواب اللغز[82]: لو أن الملك ومجموعة العلماء أمعنوا النظر في المعادلة الناتجة لاستنتجوا أنهم ليحسبوا حساباتهم بصورة دقيقة حيث أن نواتج ستكون:

1, 2, 4, 8, 16, 32,...

هذه الأعداد هي قوة العدد 2 ، ويمكن كتابة هذه العملية كالتالي:

$2^0, 2^1, 2^2, 2^3, 2^4, 2^5, ...$ ويصبح لدينا بعد 64 مربع

$2^{64} = 18,446,744,073,709,551,616$ قطعة نقدية أي عدد مكون من عشرين مرتبة ناهيك عـن المربعـات التي قبلها:

$$2^0 + 2^1 + 2^2 + 2^3 + 2^4 + 2^5 + ... + 2^{62} + 2^{63} + 2^{64}$$

فتصور مدى ضخامة هذه الأعداد ولو جلبوا كـل الأمـوال لا يسـتطيعون سـد هـذا الأعـداد الضـخمة مـن الأموال.

جواب اللغز83:

نفرض سرعه الصعود = س، وسرعة النزول = ص

$$متوسطة السرعة = \frac{س + ص}{2}$$

$$\frac{15 + ص}{2} = 30$$ ومنها ص = 45 كم /ساعة

جواب اللغز84: $19 = 4 * 5$

جواب اللغز85:

1- شغل أحد المفاتيح الثلاثة لبضعة دقائق.

2- أطفأ المفتاح الذي قمت بتشغيله.

3- شغل أحد المفتاحين الباقين.

4- أدخل غرفة المصابيح الثلاثة مباشرة دون انتظار.

5 - المصباح المضيء يخص المفتاح الذي شغلته في خطوة 3، وسوف تجد أحد المصباحين الغير مضيئين ساخنا وهو المصباح الذي قمت بتشغيله في الخطوة 1 ثم قمت بإطفائه، وبالتالي فهو يخص المفتاح الذي قمت بتشغيله في الخطوة1 أما المصباح الباقي وهو غير مضيء وغير ساخن فهو يخص المفتاح الذي لم تشغله أبدا.

جواب اللغز‍86: جواب: للمساعدة على حل هذا اللغز نرسـم مخطط. لجعله بسـيطا بتمثيل الـدراجات كدوائر وسياج المدرسة كخط مستقيم:

ــــــــــــ سياج المدرسة

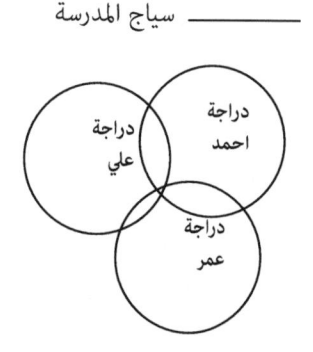

أدركنا من المنطق ليس على الثلاثة ربط دراجاتهم بسياج كما مذكور في اللغز مـا دام احمـد قـد ربطهـا بالسياج وبدراجة علي لأن علي وعمـر قامـا بإزالـة سلسلتيهما حيـث لا داعـي لهـا إن المعلومـة المهمـة الوحيدة هي أي الدراجات التي تم إقفالها بواسطة سلسلة احمد أي دراجة احمد وعلي بقيـت محجـوزة أما دراجة عمر أمكن تحريرها.

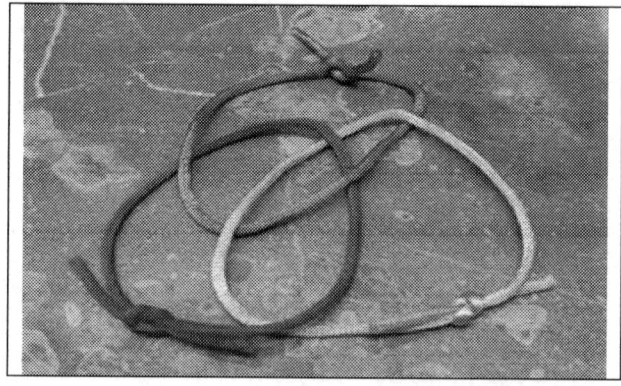

جواب اللغز‍87:الطريقة لربط تلك الحلقات المصنوعة من الخيوط التي يؤدى فك أي منها إلى انفصال الاثنتين الأخريين كما في الشكل المجاور

جواب اللغز‍88:نفس الوزن لأن القطعة تزيح ماء بقدر وزنها.

جواب اللغز‍89: أن نحرك العود الموجود في الثمانية لتصبح 6 ونضعه على أشارة الناقص لتصبح زائد 15=6+9 وإليك الجواب بصور

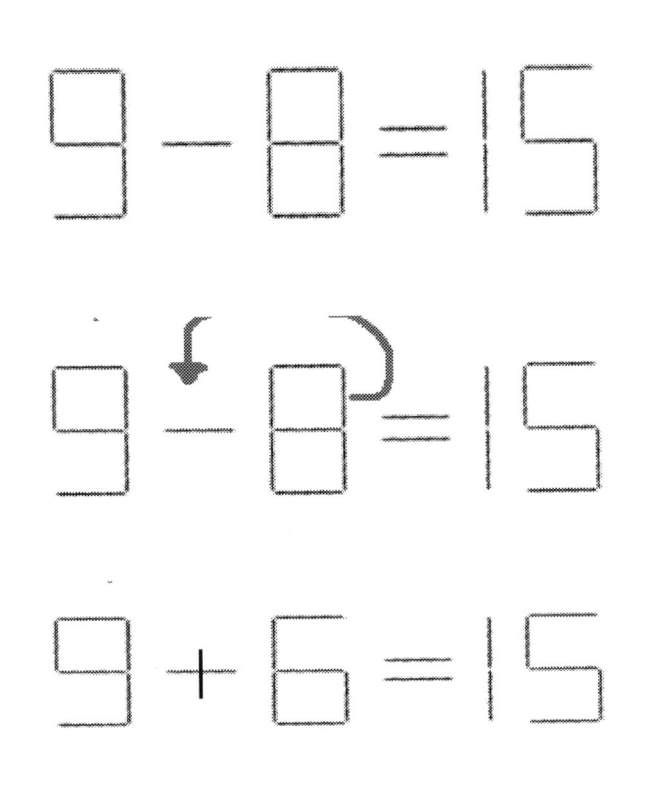

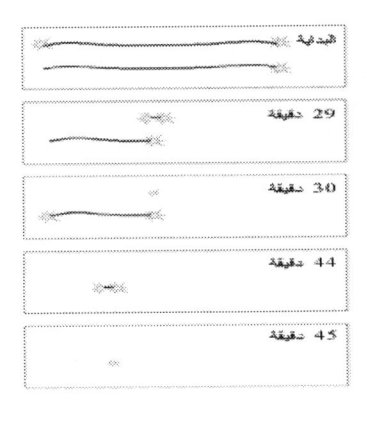

جواب اللغز[90]: خذ فتيلين، وأشعل أحدهما من الطرفين، والآخر من طرف واحد. عند انطفاء الفتيل الأول، أشعل الفتيل الآخر من الطرف الثاني، وعند انطفاء الفتيل الثاني، تكون الفترة التي انقضت هي 45 دقيقة . وإليك الجواب بصور

جواب اللغز$_{91}$: العفو عنه (.) مستحيل ينقل إلى سيبيريا و يقتل

جواب اللغز$_{92}$:في الحقيقة أن الخطين لهما نفس الطول، و لكن نظرا لأن زاوية الأول أكبر من زاوية الثاني فيظهر للعين من النظرة الأولى أن الخط الثاني أطول.

جواب اللغز$_{93}$: كل عدد يساوي مجموع العددين اللذان قبله.

جواب اللغز$_{94}$: السلك الدبلوماسي

جواب اللغز$_{95}$: البرتقالات كلها بدون قشور

جواب اللغز$_{96}$: لأن كل منهما ضن أن وجهه مثل صاحبه، فصاحب الوجه النظيف ضن أن وجهه متسخ فذهب ليغسله، والأخر عندما نظر إلى صاحب الوجه النظيف ضن أنه كذلك فلم يذهب ليغتسل.

جواب اللغز $_{97}$: نفرض عمر حسين = س

$\frac{1}{2}$ س+ $\frac{1}{3}$ س+ $\frac{1}{4}$ س+ $\frac{1}{6}$ س+ س + 13 = 40 بضرب المعادلة × 12

12 س + 6 س + 4 س + 3 س + 2 س + 156 = 480

27 س = 324   ومنه س = 12 سنة عمر حسين

جواب اللغز$_{98}$: 111- 11 = 100

جواب اللغز$_{99}$: الساعة.

جواب اللغز$_{100}$:كل أشهر السنة الميلادية فيها(28) يوما وفي أي سنة ميلادية مهما كانت سؤاء عادية أم كبيسة.

جواب اللغز$_{101}$: **(32) سنة والبرهان الرياض كما في الآتي:**

البرهان:عمر قيس الآن: 24 = 3 x 8

نفرض المدة التي تمضي =س

(س + 24) = 2 (س + 8)

(س + 24) = 2 س + 16

2 س - س = 16 - 24

س=8

<u>أجوبة أسئلة الألعاب</u>

جواب س$_{27}$:ا أن المغالطة هنا، أنه لا يجوز القسمة على صفر حيث: 0=(2-2)

جواب س$_{28}$: لا تجوز القسمة على صفر حيث (س- ص) =0

جواب س$_{29}$:يجمع مراتب العدد المضروب ويضع الناتج بين مراتب العدد المضروب.

جواب س$_{30}$: مرتبة الآحاد دائما العدد(5) ومرتبة العشرات(العدد المضروب ×5) – رقم تسلسل المثال، فمثلا المثال الخامس (45 = 9 x 5) طرحنا(4= 5 - 9) وهكذا.

جواب س$_{31}$: الناتج يساوي عدد مكرر من العدد(8) يساوي (9) مطروحا منع العدد الذي يجمع، في المثال الثاني (8) تكرر مرتين حيث تساوي(2 = 7 - 9)

جواب س$_{32}$:يكون الناتج عدد مكرر من الرقم(8) بقدر الأعداد المضروبة والذي يوضع في مرتبة أحاد ناتج الضرب

جواب س$_{33}$:نفرض العمر = س وعند أجراء العمليات المطلوبة:

س × 3 = 3 س

(3 س + 1) × 3 = 9 س + 3 وع إضافة العمر وهو (س) يكون المقدار:

10 س + 3 (وعند حذف 3 والقسمة على 10 يبقى س وهو عمره.

وهناك طريقة أخرى اعم حيث نتعامل مع العدد أذا كان مكون من أكثر من مرتبة(آحاد، عشرات، مئات،...، الخ) وهي كآتي:

نفرض العمر = (س + 10 ص) وعند أجراء العمليات المطلوبة:

(س + 10 ص) × 3 = 3 س + 30 ص

(3 س + 30 ص + 1) × 3 = 9 س + 90 ص + 3 ثم إضافة العمر

9 س + 90 ص + 3 + (س + 10 ص) =(10س + 100 ص) + 3

10 (س +10 ص) + 3 {وعند حذف 3 والقسمة على 10 يبقى (س + 10 ص) وهو عمره}.

جواب س$_{34}$:

نفرض عدد أخوة = س

و عدد الأخوات = ص

و   عدد الأجداد = ع

نتبع الخطوات: س × 2 = 2 س

(2 س + 3) × 5 = 10 س + 15

(10 س + 15 + ص) ×10 = 100س + 150 + 10 ص

(100 س + 150 + 10 ص) + ع – 150

سيكون الناتج النهائي حسب ترتيب المراتب(حرف لوحده مرتبة الآحاد، والذي فيه 10 يعني مرتبة عشرات والذي فيه 100 مرتبة مئات)

ع + 10 ص + 100س

العدد الأول (مرتبة الآحاد)   = ع   عدد الأجداد الأحياء

العدد الثاني (مرتبة العشرات)= ص وهو عدد الأخوات

العدد الثالث (مرتبة المئات) = س وهو عدد الأخوة

جواب س₃₅: نأخذ العدد مكون من (س ص ع) وحسب المراتب يكون:

العدد = س + 10ص + 100ع

معكوسه= ع + 10ص + 100س وعند طرحهما نحصل

(ع + 10ص + 100س) – (س + 10ص + 100ع) = (99 س – 99ع) مشترك 99 (س – ع)، وهذا المقدار يقبل القسمة على (9) و (11).

جواب س₃₆:

نفرض العمر(س + 10 ص) والشهر المولود فيه(ل + 10 ع) وعندما نجرى العمليات:

(ل + 10 ع)× 2 = 2 ل + 20 ع + 5   (ضربنا × 2 وجمعنا 5)

يضرب ناتج الجمع × 50، ثم يضيف إلى ذلك عمره ونطرح(365) ثم نضيف(115).

(2ل + 20ع + 5) × 50 +(س + 10 ص)

= 100 ل + 1000 ع + 250 + (س + 10 ص) – 365+ 115

=100 ل + 1000 ع + (س + 10 ص) نأخذ المشترك ونرتب

= (س + 10 ص) +100+ (ل + 10 ع)   (المائة أمام القوس دلالة على مرتبة المئات)

لاحظ الرقمان الأول و الثاني العمر، و الرقم الثالث والرابع هو شهر مولده.

<u>أجوبة التفكير الإبداعي</u>

جواب $س_{37}$:

مجموع القطع الكلية =5 x 5 = 25 قطعة

عدد القطع المأكولة = 2 x 9 = 18 قطعة

عدد القطع المتبقية = 25 - 18= 7 قطع

جواب $س_{38}$:

$\frac{35}{56} - \frac{3}{6} - \frac{1}{2}$ بينما طريقة الاختصار

$\frac{35}{56} - \frac{35 \div 7}{56 \div 7} - \frac{5}{8} \neq \frac{1}{2}$

كذلك $\frac{27}{72} - \frac{2}{2} - \frac{1}{1}$ بينما طريقة الاختصار

$\frac{27}{72} - \frac{27 \div 9}{72 \div 9} \quad \frac{3}{8} - \neq \frac{1}{1}$

جواب س₃₉: إذا أخنا أ، ب نقطتان على المستوي في محور (س) ونقطة جـ على محور(ص) كما في الشكل الآتي (وتكون مجموعة الحلول لا نهائية حسب تحرك نقطة جـ على محور(ص):-

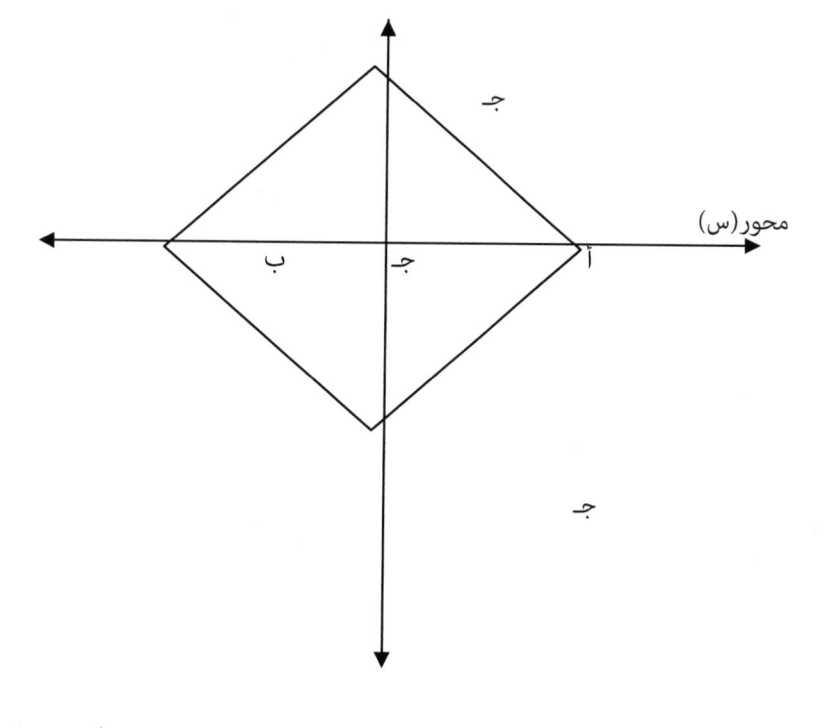

جواب س₄₀:: في كل زوج من الأعداد المضروبة تجد كل عدد معكوس الآخر ومربعيهما أيضا متعاكسان.

جواب س₄₁: توجد ثلاث قطع للبناء منتظمة فقط. المثلثات وللإشكال السداسية التي أوردناها وبقي المربعات والذي ذكرناها هي الاحتمالات الوحيدة و السبب في ذلك:

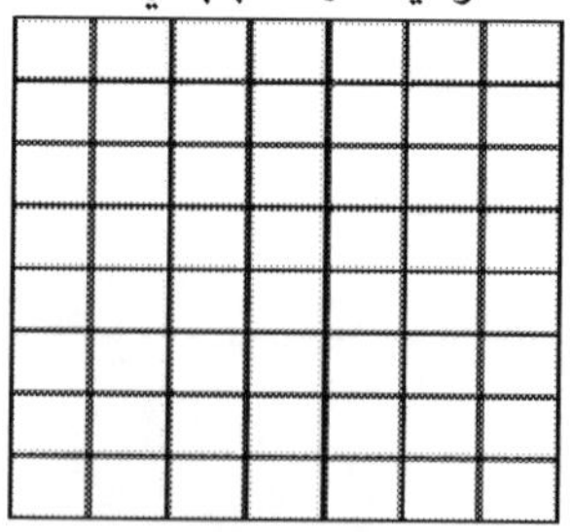

لو نظرنا إلى النقطة التي تلتقي فيها الأشكال. في حالة قطعة البناء المنتظمة المكونة من مثلثات، فإن ستة مثلثات تلتقي في أية نقطة. من أجل أن تتوافق معا فإن مجموع

زواياها الداخلية يجب أن يكون 360 درجة. بما أن هناك ستة مثلثات، يتكون كل منها من زاوية داخلية قياسها 60 أما بالنسبة للقطع المربعة، فإن أربعة مربعات تلتقي في كل نقطة. ويكون قياس كل من الزوايا الداخلية 90 درجة، وبالتالي يكون مجموعها أيضا 360 درجة. أخيرا،

ماذا عن الشكل الخماسي؟ إن قياس كل من الزوايا الداخلية 108 درجات .ولا يوجد مضاعف للعدد 108 ليساوي 360.

هل ستكون هناك بعض المضلعات المنتظمة الشكل بجوانب عديدة يمكن استخدامها لقطعة البناء منتظمة؟ لا، والسبب في ذلك أنه كلما زاد عدد الجوانب، زادت الزاوية الداخلية. بالنسبة للشكل السداسي، فإنك تحصل على تطابق تام مع ثلاثة منها. إن أي شكل مضلع يحتوي على أكثر من ستة جوانب ستكون زواياه الداخلية أكثر من 120 درجة، لذا فلا تستطيع أن تجعل ثلاثا منها تلتقي معا في نقطة. لجعل اثنتين منها تلتقي معا فإنك تحتاج إلى زوايا داخلية قياسها 180 درجة، لكن زاوية 180 درجة بين جانبين متجاورين يعني أنها تشكل خطا مستقيما، لذا فلن يكون لدينا شكل مضلع .درجة، فإن مجموعها سيكون 360 درجة.

جواب س$_{42}$:

نفرض أن المسافة الأولى = (س +10ص) وتكون المسافة الثانية=(ص + 10س)

نعتمد على أن السرعة = $\frac{\text{المسافة}}{\text{الزمن}}$ وكون السرعة ثابتة في الساعتين الأولى والثانية

السرعة في المسافة الأولى = السرعة في المسافة الثانية

$$\frac{(ص + 10س) - (س + 10ص)}{1} = \frac{(س + 0 + 100س) - (ص + 10س)}{1}$$

9 س – 9 ص = 99 ص – 9 س نرتب المعادلة ونطرح

18 س = 108 ص بقسمة طرفي المعادلة على(18)

س = 6 ص

أي س =1   و   ص = 6

وتكون المسافات على التوالي: 16 ,61 ,106 كم   والسرعة = 45 كم/ساعة

جواب س43: بالنسبة لثلاث أعداد يوجد احتمالين آخرين هما(3 ,3 , 3)، (4, 4 ,2)

بالنسبة لأربعة أعداد فاحتمالات كثيرة منها

(4 , 4 , 4, 4) ،(2,4,6,12) ،(2,5,5,10)،(3,3,6,6)،(2,4,8,8)،(2,3,2,12)، (3,4,4,6)

بالنسبة لخمسة أعداد هناك احتمالات كثيرة منها:-

(3,3,6,10,15) (3,3,5,12,20)(3,5,6,6,10)،(2,5,5,8,40)،(4,4,5,5,10)،(5,5,5,5,5)

جواب س44: س^2 + 6 = 9 س بتربيع الطرفين

س^4 + 12 س^2 +36= 81 س^2 بالقسمة الطرفين على س^2

$$س^2 + 12 + \frac{36}{س^2} = 81$$ بإضافة (12-) للطرفين نحصل

$$س^2 + \frac{36}{س^2} = 69$$

جواب س45: ضرب العددين = 9 × رقم العشرات

مجموع العددين = مجموع مراتب العدد (الآحاد + العشرات)

جواب س46:جواب س: ضرب العددين = 9 × (رقم العشرات + رقم المئات 11×)

مجموع الأعداد = مجموع مراتب العدد (الآحاد + العشرات + المئات).

جواب س47:(خذ المرتبتين العشرات والآحاد + 1) وطرحها من العـدد الأصلي وضع هو في النـاتج ليمثل الأرقام الخيرة يبقى الآحاد = تكملة مجموع أرقام الناتج من الخطـوة الأولى إلى العـدد(9): توضيح: فعنـد عملية 128x9، المرتبتين الأخيرة1+=13 وعند طرحها من العدد الأصلي(115 = 13 - 128) ومجموع مراتب الناتج=7 وتكملتها إلى العدد(9) هو العدد(2) ويكون الجواب النهائي = 1152

وكذلك العملية 9 x 175 نطرح(18 = 1 + 17) من العدد الأصلي

(157 = 18 - 175) ثم مجمع الناتج =(13) مجموعه مرة أخرى(4) وتكملة للعد(9) هو (5) فيكون الجـواب النهائي= 1575

وفي حالة أربع مراتب المثال 9 × 3658

المراتـب الثلاثـة الأخـيرة(366= 1 + 365) تطـرح مـن العـدد الأصـلي(3292 = 366 -3658) ومجمـوع النـاتج النهائي(16) نجمعه مرة أخرى يساوي(7) وتكملته إلى(9) هو (2) ويكون الناتج النهائي =32922

جواب س48:

يجب أن يكون العدد(نفرضه س) س > 1 أما الأعداد هي:

$$\frac{1}{\text{س} - 1} = \frac{1}{\text{س}} + \frac{1}{\text{س} \times (\text{س} - 1)} \qquad \frac{1}{\text{س} - 1} = \frac{1}{\text{س}} + \frac{1}{\text{س} \times (\text{س} - 1)}$$

جواب س49:هنا مطلوب أيجاد الزمن في الثلاث مراحل: على قانون:

$$\text{السرعة} = \frac{\text{المسافة}}{\text{الزمن}} \quad \text{أو} \quad \text{الزمن} = \frac{\text{المسافة}}{\text{السرعة}}$$

ثلث المسافة وهي(150) كم والسرعة معلومة(75)كم/ساعة بعد القسمة يكون الزمن(2)ساعة.

خمس المتبقي(من الثلثين) ويعادل($\frac{2}{15}$) تكون قيمته (60) كم وزمن معلوم ساعة واحدة

الباقي من المسافة(240)كم وسرعة معلومة(80)كم بعد القسمة يكون الزمن=3 ساعات

$$\text{السرعة} = \frac{\text{المسافة}}{\text{الزمن}} = \frac{450}{6} = 75 \ \text{كم/ساعة}$$

جواب س[50]: نحتاج أيجاد القاعدة الثانية(السفلى)

(د هـ)^2 =100-64=36

أي دهـ = 6 م أي د جـ = 18 سم

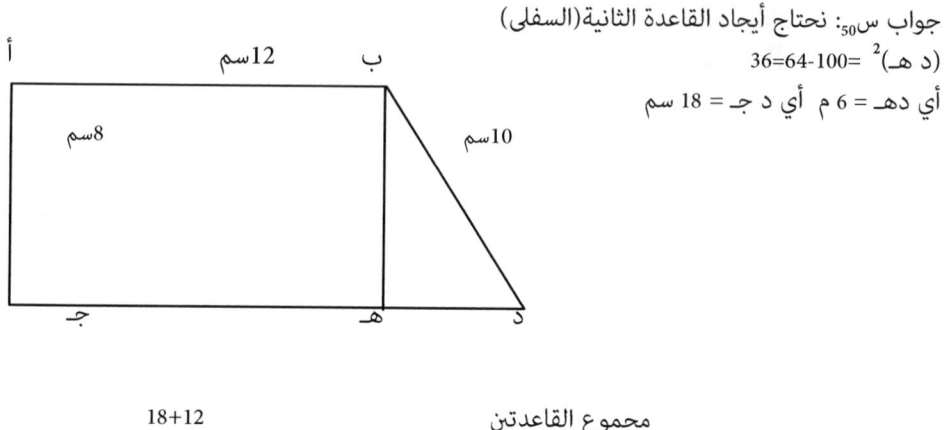

مساحة شبه المنحرف= (مجموع القاعدتين / 2) × الارتفاع = (18+12) / 2 × 8 =120سم^2

جواب س[51]:لاحظ العددين الأولية دائما (25) ويكون العدد (أو العددان) الذي يليهما هو حاصل ضرب رقم العشرات في العدد الذي يليه بالترتيب ففي المثال 25×25=625، حاصل ضرب مرتبة العشرات وهو(2) × الذي يليه هو العدد(3) يكون ناتج (6)

وكذلك في المثال65×65=4225

المرتبتين الأخيرتين من حاصل ضرب (6×7) وهكذا بقية الأمثلة

ويمكن تقديم برهان رياضي على ذلك كل الأمثلة المشمولة بالقاعدة يمكن كتابتها على صورة(10س+5) و تعني الـ(10) مرتبة العشرات و س مرتبة العشرات وعند التربيع:

(10س+5)^2 =100س^2 +50س +25

=100س(س +1) +25

أي المرتبتين الأولى ستكون(25) ومعنى100 هنا تشير إلى مرتبة المئات والمتكونة من س×(س+1)

جواب س$_{52}$: ضرب الآحاد × الآحاد يكون المرتبتين من الناتج(وفي حالة الجواب رقم واحد نضع صفر لمرتبة العشرات) وبعدها ضرب مرتبة العشرات في العدد الذي يليه لنكمل الناتج كما في س$_{15}$.

أجوبة أسئلة التفكير الناقد

جواب: س$_{53}$: المخطط

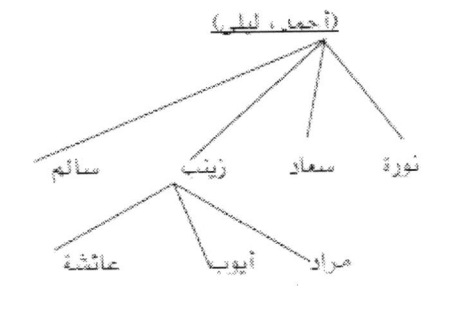

جواب س$_{54}$:

1- خال مراد هو سالم. (✓)

2-عمت عائشة هي نورة.(×)

3- ليلى لها حفيدان. (✓)

جواب س$_{55}$:

طول السلك يعني المحيط و المحيط = 2 ×(الطول + العرض) = 24

وعليه يكون (الطول + العرض) = 12 أي نبحث عن عددين مجموعهما 12 وبذلك تكون الاحتمالات الآتي:-

(1,11) , (2,10,(3,9),(4,8),(5,7),(6,6) أي عدد الطرق الممكنة =6

المساحة = الطول × العرض

اكبر مساحة 6 x 6 = 36 م^2

اصغر مساحة 1 x 11 = 11 م^2

جواب س₅₆:

Ö	©	@	Ø
Ø	Ö	©	@
@	Ø	Ö	©
©	@	Ø	Ö

أو

Ö	@	Ø	©
@	Ö	©	Ø
Ø	©	Ö	@
©	Ø	@	Ö

وممكن الحل بطرق مختلفة أخرى

جواب س₅₇:
1- (✓) .
2- (×).
3- (×).
4- (✓) .

جواب س₅₈:
1- (×) .
2- (×).
3- (✓) .
4- (×).

جواب س₅₉:

1- أحمد يسكن في أحد العمارات، والمتكونة من (15) طابقا، وتوجد في كل طابق(4) شـقق، كـم شـقة في العمارة التي يسكن فيها أحمد؟.

2- شخص اتبع نظام حمية (رجيم ومارس هـذا النظـام لمـدة(6) أيـام مـن أول أسـبوع فقـد خلالـه مـن وزنه(12) كغم، فكم كيلو غراما متوسط ما يفقد يوميا؟.

3- باص ركاب، في أول محطة ركب(20) أشخاص، وفي المحطة الثانية نـزل(2) راكب وصعد(5) راكب، وفي المحطة الثالثة نزل(8) راكب وصعد(12) راكب، وفي المحطة الرابعة لم ينـزل أحـد وصـعد(5) راكب، وفي المحطة الخامسة(أخر محطة) نزل جميع الركاب كم محطة توقف عندها الباص ؟.

4- في عـمارة معينـة يوجـد (4) مصـاعد كهربائيـة و كـل مصـعد يتسـع(6) ركـاب عـلى الأكـثر،كم راكبـا يستطيعون استخدام مصعد واحد.

جواب س$_{60}$:

1- ترتيب السرعة تصاعديا.

الكائن	السرعة بـ(كم^2)	الكائن	السرعة بـ(كم^2)
الإنسان	30	الغزال	75
الفيل	37	القرد	105
الثعلب	60	النسر	180
الأرنب	67	الصقر	270

2- الغزال أكثر احتمالا للفوز؟.

3- لا يمكن.

4- لا يمكن.

جواب س$_{61}$:

1- (×) .

2- (×).

3- (×).

4- (✓).

جواب س$_{62}$: أولا:

6 , 12

17 , 45

9 , 81

11 , 5

ثانيا:

5	6	20	29	12	11	80	91	45	100
	أ			ت	ق			ي	

53	62	17	9	77	54	32	81	90	5
		ا	ل				ل		هـ

الرسالة هي: اتقي الـلـه

جواب س$_{63}$:لا يجوز القسمة على صفر حيث الكمية(س- ص) =0 حيث فرضنا س = ص

جواب$_{64}$: لا يمكن الضرب بمتغير إذ تظهر قيم أخرى مختلفة للدالة ويتغير تمثيلها البياني فعلى سبيل المثال المعادلة س^2 + 5 س - 6 =0 جذور هذه المعادلة هي {2 , 3} وعند ضربها بمتغير س تصبح س^3 + 5 س^2 + 6 س =0 وعندما نجد س عامل مشترك

س(س^2 + 5 س - 6) =0 تكون مجموعة الحلول{ 0 , 2 , 3} وعند التعويض عن قيمة س =0 بالمعادلة الأصلية لا تحقق.

جواب س$_{65}$: إذا تساوت الأساسات تساوت الأسس وبالعكس إذا كان الأساس > 1

جواب س$_{66}$:لا يمكن حل معادلة من متغير واحد على إنها معادلتين أنيتين حيث نفس المعادلة_كتبناها في صيغتين.

جواب س$_{67}$:المغالطة أن نقول (أو نفترض) أن منصف الزاوية < ب أ جـ يقابل العمود المقام على ب جـ من منتصفه في هـ حيث أن المنصف لا ينمكن أن يقابل(أو يلتقي) مع العمود في جميع الاحتمالات الأخرى كم ا في البرهان الآتي[73] :

[73] - حسن عابد

في مثلث أ ب جـ هناك ثلاثة احتمالات

(١) أن يكون أ ب = أ جـ وفي هذه الحالة فإن نقطة هـ تقع على نقطة د وذلك لأن $\frac{أ ب}{أ جـ} = \frac{ب د}{د جـ}$ انظر شكل (1)

(٢) أن يكون أ ب < أ جـ وفي هذه الحالة فإن نقطة هـ تقع على ب د انظر شكل (2)

(٣) أن يكون أ ب > أ جـ وفي هذه الحالة فإن نقطة هـ تقع على د جـ انظر شكل (3)

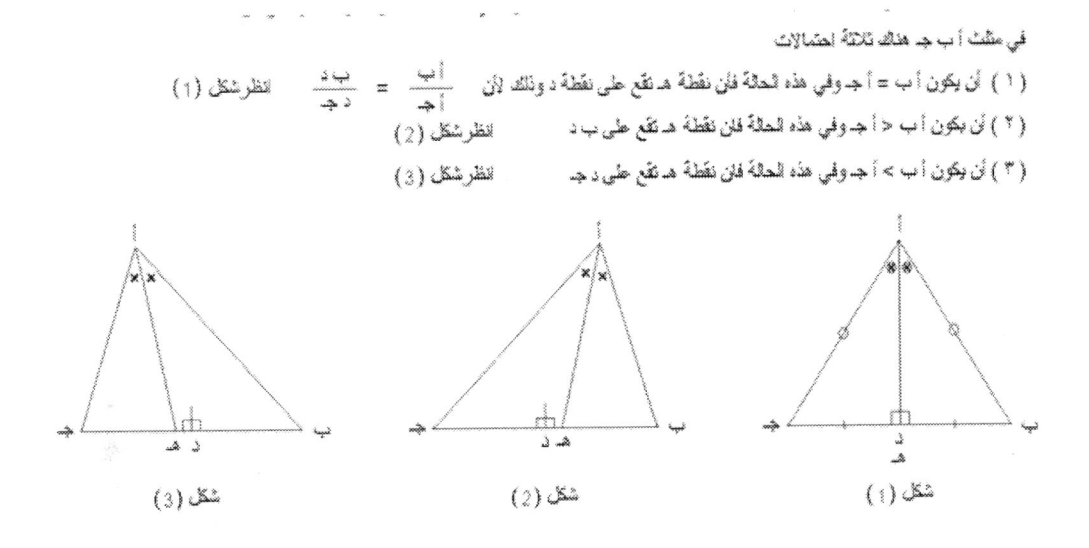

شكل (1) شكل (2) شكل (3)

<u>أجوبة التفكير الرياضي</u>

أجوبة أولا تكملة السلاسل

س$_{68}$:

1- نضرب × نصف أو نقسم على (2) .

2- نضرب × (2) ونجمع (5).

3- نضرب × (6) ونطرح (6).

4- نقسم على (3-).

5- نربع العدد ونطرح (5).

<u>ثانيا أجوبة:الاستقراء:</u>

جواب س $_{69}$: مجموع ن من هذه الأعداد = $\frac{3 ن (ن +1)}{2}$

جواب س $_{70}$: $2^{ن+1} - 2$

جواب س $_{71}$: المجموع من هذه الأعداد = $\frac{ن^2 (ن+1)^2}{4}$

جواب س$_{72}$: تكون صحيحة لكل س < ن

جواب س$_{73}$: نستنتج:

جمع عدد فردي + عدد فردي = عدد زوجي

جمع عدد زوجي + عدد زوجي = عدد زوجي

جمع عدد فردي + عدد زوجي = عدد فردي

جمع عدد زوجي + عدد فردي = عدد فردي

والخلاصة:

جمع عددين متشابهين بصفة(زوجي أو فردي)= زوجي

وجمع عددين مختلفين بصفة(زوجي أو فردي)= فردي

جواب س$_{74}$: يقبل العدد القسمة على **(6)** إذا كان العدد زوجي و مجموع مراتبه يقبل القسمة على **(3)**

جواب س:$_{75}$

1111110=222222×5	2222220=444444×5	3333330=666666×5	4444440=888888×5

ثالثا أجوبة: الاستنباط

جواب س$_{76}$:

1- (12 , 13 , 5) (✓).

2- (9 , 9 , 9) (x).

3- ($\sqrt{5}$, 10 , $\sqrt{5}$) (✓).

4- (4 , 1 , 1) (x).

5- (5 , 7 , 8) (x).

جواب س$_{77}$:(ب)

جواب س$_{78}$:أ

جواب س$_{79}$:لا يمكن تحديدها من المعطيات حيث لم يحدد موقع جـ هل هي على استقامة واحدة مع أ، ب أن عموديا على أ ب أم بزاوية معينة إلى غيرها من الاحتمالات

جواب س$_{80}$: جـ

جواب س$_{81}$:جـ

جواب س$_{82}$:ب

جواب س$_{83}$: أ

جواب س$_{84}$: ب

<u>أجوبة التفكير المنطقي</u>

جواب س$_{85}$: الشكل D

جواب س$_{86}$: الشكل D

جواب س$_{87}$: الشكل C كلها أشكال رباعية ما عداه (أو كلها فيها توازي ما عداه)

جواب س$_{88}$:: الشكل (E) كون كل الأشكال من شكلين هندسيين مختلفين ماعداه يتكون من دائرتين.

جواب س$_{89}$: الشكل (B): كون كل الأشكال الهندسية تمثل (الرأس كبير وجسم صغير) أو (الرأس صغير والجسم كبير) عداه (الرأس والجسم صغير).

جواب س$_{90}$: الشكل (D) كلها ثلاثة قطع ما عداه أربعة قطع.

جواب س$_{91}$: 10 أرانب، فالأسرة مكونة من الأب الأم 6+ أرانب ذكور + أرنبتين من الإناث

جواب س$_{92}$: 3 دقائق.

جواب س$_{93}$:هم ثلاث توائم بنتين و ولد

جواب س$_{94}$:كون حسن مرتبه اكبر من المهندس و اكبر من المعلم(لأنه المعلم اقل مرتب معطى)، إذن حسن طبيب. فلاح متزوج وعليه يكون المعلم، يبقى احمد المهندس

جواب س$_{95}$:

يأخذ الدجاجة أولا إلى الضفة الثانية ويترك (الثعلب، والحبوب)في الضفة الأولى ويعود.

يأخذ الثعلب ثانيا إلى الضفة الثانية ويعود ومعه الدجاجة إلى الضفة الأولى.

ويأخذ الحبوب ثالثا ويترك الدجاجة في الضفة الأولى.

رابعا يترك الحبوب مع الثعلب ويعود ويجلب الدجاجة.

جواب س96:كون لم يحدد في المسألة لون معين يكون اقل عدد مطلوب سحبه هو(3)

جواب س97:هم عبارة عن أب، وابن، وحفيد

جواب س98: الكتاب

جواب س99 :

لون المنازل	الأصفر	أزرق	الأحمر	الأبيض	الأخضر
الساكن	العراقي	مصري	الأردني	الخليجي	المغربي
يلعب كرة	سلة	قدم	طائرة	تنس	منضدة
المشروب	الشاي	ينسون	الحليب	المشروبات الغازية	القهوة
يربي	القطط	الخيول	الطيور	الغزال	السمك

جواب س100:

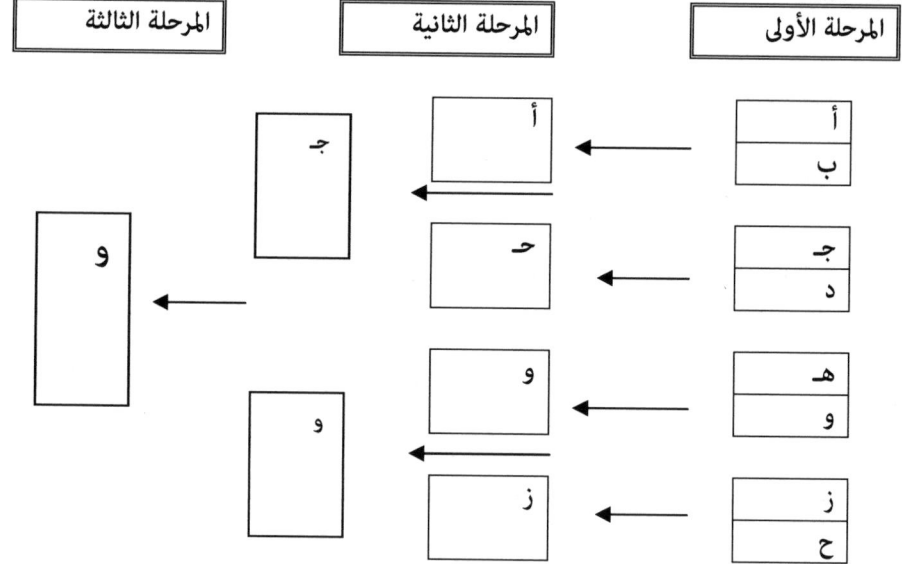

أجوبة التعبير بالرموز

جواب س101:

1 : ا + ل + د + ي + ن = الدين

2 : ع + ن + د = عند

3 : ا + ل + ل + هـ = اللـه

4 : ا + ل + ا + س + ل + ا = الإسلام

جواب س102:

1 : 4x 3 + 5x6 = 32

2 : 6 x5 - 5 x6 = 0

3 : 2 x 6 x 3 x 3 = 108

4 : 2x 8 ÷ 3 x 3 = 7

جواب س103: $\frac{1}{2}$س + $\frac{1}{3}$س + $\frac{1}{4}$س + س = 50 والعدد هو (24)

جواب س104: س - س^2 = $\frac{1}{4}$

جواب س105:

نفرض العدد الأصغر=س

يكون (الأوسط)= (س+ 2)

ويكون الكبير= (س+4) وتكون المعادلة

3(س+ 2) − (س + 4) = 10 وتكون الأعداد هي:4، 6، 8

جواب س106:

نفرض الصغير= س

ويكون الكبير=(س+4) والمعادلة:

3(س+4)= 4س ويكون العددين 12، 16

جواب س107:

نفرض مرتبة الآحاد = س ومرتبة العشرات = ص

فيكون العدد = س+ 10 ص

س- ص = 1 ....(1)

س+ 10 ص = 4 (س+ ص) ....(2) والعدد =12

جواب س108:

نفرض العرض = س والطول = ص

2 س + 2 ص = 46 ....(1)

$$\frac{1}{3}\text{س} - \frac{1}{2}\text{ص} = 1 \quad ....(2)$$

ويكون العرض = 8 سم ، الطول = 15 سم

<u>أجوبة التفكير المنظومي</u>

جواب س109:

أ - $100 = \frac{333 - 33}{3}$

ب - $100 = 33 \times 3 + \frac{33}{33}$

ت - $100 = \frac{333 \times \text{لو}_3 3 - 33}{3}$

ث - $100 = 33 \times 3 + \frac{333}{333}$

ج - $100 = \frac{333 \times \text{لو}_3 3 \times \text{لو}_3 3 - 33}{3}$

ح - $100 = 33 \times 3 + \frac{333}{333}$

نعمم هذه الحالة بإضافة في البسط والمقام عدد من (الثلاثات) مع (33 x 3) لتكون العدد الفردي المطلوب.

ج -

$$100 = \frac{33 - \text{لو}_3\, 3 \times \text{لو}_3\, 3 \times 333}{3}$$

نعمم هذه الحالة بضرب العدد(333) في البسط × عدد من لـو 3 لتكون العدد الزوجي المطلوب.

جواب س_{110}:

$$2 = \frac{2}{2} + \frac{2}{2}$$

$$3 = \frac{2 + 2 + 2}{2}$$

$$4 = \frac{(2 + 2)}{2} + 2$$

$$5 = 2 \times 2 + \frac{2}{2}$$

$$6 = 2 - 2 \times (2 + 2)$$

$$8 = 2 \times 2 \times 2 \times 2$$

$$9 = \frac{22}{2} - 2$$

$$10 = (2 + 2) \times 2 + 2$$

$$11 = \frac{22}{2} + 2$$

$$\frac{22 + 2}{2} = 12$$

جواب س$_{111}$: أكبر عدد يمكن تكوينه باستخدام أربعة (2,2,2,2) بصورة الآتية:-

$[\ (2)^2\ ]^{22}$ أي $(2)^{4194304}$ وهذا العدد يساوي بصورة تقريبية (10) وأمامها ما يزيد عن مليون ومئتين وأثنين وستون صفر.

جواب س$_{112}$:

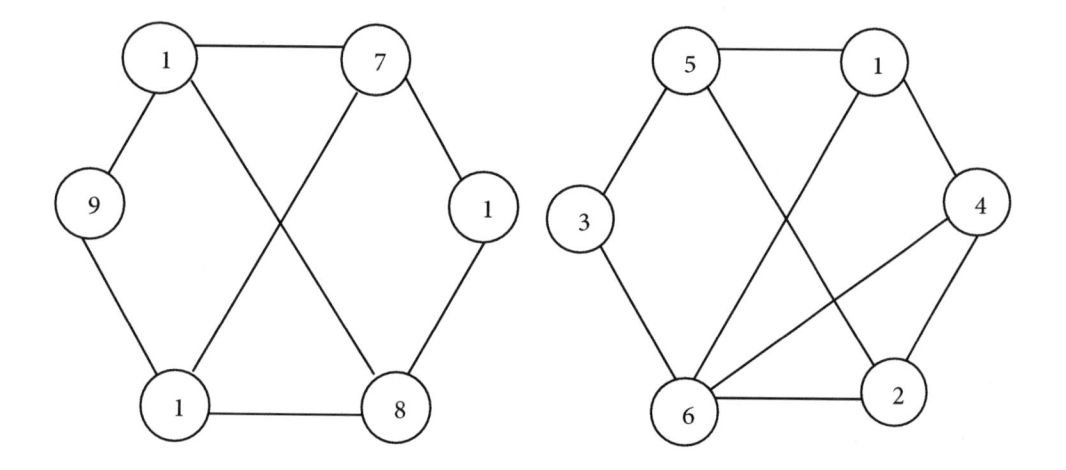

انسجامها واتساقها؟ وهل يعد الحصول على قيمة أو إجابة معيارا لصحة حله للمسألة ؟

أجوبة الفصل الرابع

أجوبة الاكتشاف

جواب س$_{113}$:العلاقة هي دائما الجواب مربع عدد الأعداد الفردية التي نجمعها.

جواب س$_{114}$: 693 = 7 x 99 ويترتب الجواب في الوسط دائما الرقم(9) ومجموع الرقمين على يسار ويمين الرقم(9) أيضا (9).

جواب س$_{115}$: نلاحظ أن الناتج يقرأ من الجهتين، ولاحظ أيضا يتوقف الرقم حسب مكررات الواحد فعندما ضربنا مثلا(1111) × (1111) توقف الرقم لحد (4) ثم ينزل تنازليا وهكذا

جواب س$_{116}$: الناتج دائما مكررات(4) وفي النهاية الرقم(0) بحسب عدد ضربها بمكررات(8)

جواب س$_{117}$: ويمكن كتابتها بصيغة أخرى كما في أدناه:

123456789 x 1 x 9 = 111111111
123456789 x 2 x 9 = 222222222
123456789 x 3 x 9 = 333333333
123456789 x 4 x 9 = 444444444
123456789 x 5 x 9 = 555555555
123456789 x 6 x 9 = 666666666
123456789 x 7 x 9 = 777777777
123456789 x 8 x 9 = 888888888
123456789 x 9 x 9 = 999999999

وإذا عكسنا الترتيب أيضا تظهر أرقام مكررة 9 مرات بترتيب جميل بحيث تنحر بن رقمي العدد نفسه:

987654321 x 9 =08888888889
987654321 x 18 =17777777778
987654321 x 27 =26666666667
987654321 x 36 =35555555556
987654321 x 45 =44444444445
987654321 x 54 =53333333334
987654321 x 63 =62222222223
987654321 x 72 =71111111112
987654321 x 81 =80000000001

جواب س$_{118}$: 9 x 1234567 + 9 = 111111111

جواب س$_{119}$: نفرض الأعداد التي تحقق الخاصية

الأول= س + 10ص والثاني = ل + 10ع

ويكون حاصل الضرب (س + 10ص) (ل + 10ع) =(ص + 10س)(ع + 10ل)

نفك الأقواس ونحذف الحدود المتشابه من الطرفين:

س ل+ 10س ع+10ص ل+ 100ص ع=ع ص+10ص ل+10س ع+100س ل

س ل +100ص ع = ع ص +100س ل نرتب الحدود المتشابه ونطرح

99 ص ع = 99 س ل

أي ص ع = س ل

أي للحصول على مثل هذه الأعداد نحصل على أربع أعداد ص،ع،س،ل

بحيث ص ع = س ل ومنها ص س × ع ل = س ص × ل ع

حلول أسئلة حل المشكلات

جواب س$_{120}$:

نفرض عدد فئات(20) دولار = س

نفرض عدد فئات(5) دولارات = ص

وعليه يكون المبلغ الأصل= 20 س + 5 ص

والمبلغ المتبقي = 5 س + 20 ص

$$\text{وكون المبلغ المتبقي} = \frac{2}{3} \text{ المبلغ الأصلي}$$

$$5 \text{ س} + 20 \text{ ص} = \frac{2}{3} (20 \text{ س} + 5 \text{ ص})$$

15 س + 60 ص= 40 س + 10 ص

50 ص = 25 س   (÷ 25)

س = 2 ص

وكون لا توجد لدينا معادلة أخرى لتعويض بها نفرض قيم لعدد ص وما يقابلها من س ونقارن بالمبلغ (225)دولار:

فعند ص = 2   يكون س = 4   ويكون المبلغ الأصلي=2×5+4×20 =90 دولار لا يحقق

و   ص = 4   يكون س = 8   ويكون المبلغ الأصلي=4×5+8×20 =180 دولار لا يحقق

و   ص = 5   يكون س = 10 ويكون المبلغ الأصلي=5×5+10×20 =255 دولار يحقق

أي عدد فئة (5) دولارات = 5، وعدد فئة (20) دولار = 10

المبلغ المتبقي=150

المبلغ المصروف =225 – 150 = 75 دولار

حل أخر

نفرض عدد فئات(20) دولار = س

نفرض عدد فئات(5) دولارات = ص

وعليه يكون المبلغ الأصل= 20 س + 5 ص

والمبلغ المتبقي   = 5 س + 20 ص وعند الطرح نحصل على:

المبلغ المتبقي =15 س – 15 ص

$$\text{وكون المبلغ المتبقي} = \frac{2}{3} \text{ المبلغ الأصلي}$$

يكون المبلغ المصروف = 1/3 المبلغ الأصلي = 75

15 س - 15 ص = 75 (÷15)

س - ص = 5، س = (5+ ص)....(1)

5 س + 20 ص= 2/3 (20 س + 5 ص) نعوض من معادلة (1)

5 (5+ ص) + 20 ص= 2/3 {20(5+ ص)+ 5 ص

25 ص+ 25= 2/3 {100+ 25 ص} × 3 وفك الأقواس

75 ص + 75 = 200 + 50 ص

25 ص = 125

ص = 5، س = 10

جواب س121:

نفرض عمر الشخص= س

عمر الشخص بعد 6 سنوات = (س + 6)

عمر الشخص قبل 6 سنوات = (س - 6)

5(س + 6) - 5 (س-6) = س

5 س + 30 - 5 س + 30 = س

ومنها س= 60 سنة عمر الرجل

أي عمره بعد 6 سنوات يصبح = 66

عمره قبل 6 سنوات كان =54

5× 66 - 5 × 54= 60

جواب س122: ممكن حل السؤال بالتحرك من النهاية 4 مرات

الراتب الحالي=3100 دينار

قبل (5)سنوات عندما كانت خدمته (15)سنة

3100 – 100 = 3000 دينار

3000 ÷ 2 = 1500 دينار

قبل (5)سنوات أخرى عندما كانت خدمته (10)سنوات

1500 – 100 = 1400 دينار

1400 ÷ 2 = 700 دينار

قبل (5)سنوات أخرى عندما كانت خدمته (5)سنوات

700 – 100 = 600 دينار

600 ÷ 2 = 300 دينار

قبل (5)سنوات أخرى أي عند تعينه

300 – 100 = 200 دينار

200 ÷ 2 = 100 دينار راتبه أول تعينه.

جواب س$_{123}$:

نفرض طول المستطيل= س ، وعرض المستطيل = ص

فتكون المساحة = س × ص

يكون طول المستطيل بعد الزيادة= س + 0.20 س =1.20 س

و يكون عرض المستطيل بعد الزيادة= ص + 0.20 ص =1.20 ص

و تكون المساحة =1.20 س × 1.20 ص =1.44 س ص

الزيادة في المساحة =1.44 س ص - س ص =0.44 س ص

أي تزداد المساحة بنسبة 44%

جواب س$_{124}$:نفرض ما يحمله من التفاح = س

في المرة الأولى يعطي نصفه يبقى $\dfrac{1}{2}$ س

في المرة الثانية يعطي نصفه يبقى $\dfrac{1}{4}$ س

في المرة الثالثة يعطي نصفه يبقى $\dfrac{1}{8}$ س

في المرة الرابعة يعطي نصفه يبقى $\dfrac{1}{16}$ س

في المرة الخامسة يعطي نصفه يبقى $\dfrac{1}{32}$ س وهذا $= 1$

ومنها س $= 32$ تفاحة

جواب س$_{125}$:

نفرض التركة $=$ س

نصيب الابن الكبير $= \dfrac{\text{س}}{2} + 20 = \dfrac{\text{س} + 40}{2}$

نصيب الابن الأوسط $= \dfrac{1}{2}$ { س $- \dfrac{\text{س} + 40}{2}$ } $+ 1 = \dfrac{\text{س} + 40}{4}$

نصيب الابن الأصغر $= \dfrac{1}{2}$ { س $- \dfrac{\text{س}+40}{2} - \dfrac{\text{س}+40}{2}$ } $+ 1 = \dfrac{\text{س}+40}{8}$

مجموع التركة تساوي مجموع المبالغ الثلاثة + مبلغ الخادم

س $= \dfrac{\text{س}+40}{2} + \dfrac{\text{س}+40}{4} + \dfrac{\text{س}+40}{8} + 3000$ بالضرب $\times 8$

8 س $= 4$ س $+ 160 + 2$ س $+ 80 +$ س $+ 40 + 24000$

منها س $= 24280$ دولار التركة

ويكون نصيب الأكبر $= 12140 + 20 = 12160$ دولار والباقي من التركة$= 12120$

ويكون نصيب الأوسط $= 6060 + 20 = 6080$ دولار والباقي من التركة $= 6040$

ويكون نصيب الأصغر $= 3020 + 20 = 3040$ دولار

للتحقيق:مجموع المبالغ الأربعة$= 12120 + 6080 + 3040 + 3000 = 24280$ دولار التركة

جواب $س_{126}$:نفرض عدد أفراد المجموعة = س

من الواضح عندما يصافح الشخص أفراد المجموعة يصافحهم كلهم ما عداه طبعا، فعلى سبيل المثال لو تواجد 30 شخص فأنه يصافح(29) واحد منهم وإذا كان عدد الحضور (س) فانه يصافح(س-1) وعدد المصافحات يكون س× (س-1) ويجب الانتباه عندما يتصافح مثلا جاسم مع فلاح هو نفس تصافح فلاح مع جاسم أي:

$$\frac{س \times (س-1)}{2} = 36$$

$س^2 - س - 72 = 0$

$(س - 9)(س + 8) = 0$ ومنها س= 9 عدد أفراد المجموعة و س = -8 يهمل.

طريقة أخرى تحل عن طريق مبدأ التوافيق

ق(ن،2) =36

$$\frac{ن(ن-1)}{!2} = \frac{36}{1}$$

$$\frac{ن^2 - ن}{1 \times 2} = \frac{36}{1}$$

$ن^2 - ن - 72 = 0$ ومنها ن=9 كذلك

جواب $س_{127}$:

نفرض مرتبه = س

فتكون الحوافز=(س -200)

المرتب مع الحوافز = س + (س -200) =260

2 س =460 منها س= 230 $ مرتب الموظف. والحوافز = 30 $

جواب $س_{128}$:

نفرض عمر الأول= س، وعمر الثاني = ص، وعمر الثالث = ع

س= ص + 10.....(1)

(س + ص) -50 = ع بتعويض عن قيمة س يكون:

ع = 2 ص – 40......(2)

س + ص + ع = 90.....(3) نعوض المعادلتين(1)،(2) في (3)

ص+ 10 + ص + 2 ص – 40 = 90

4 ص = 120   منها:

ص = 30 سنة عمر الثاني

س=40 سنة عمر الأول

ع=60-40=20 سنة عمر الثالث

جواب س$_{129}$: لنأخذ(5) هي الفترة الزمنية للحسابات فإن:

البنت تقطع خلالها $\dfrac{5}{30}$ أي $\dfrac{1}{6}$ المسافة

الولد يقطع خلالها $\dfrac{5}{20}$ أي $\dfrac{1}{4}$ المسافة

وبعد ثلاث فترات تكون البنت تقطع مسافة = 3 × $\dfrac{1}{6}$ = $\dfrac{1}{2}$ المسافة

وبعد فترتين يكون الولد يقطع مسافة = 2× $\dfrac{1}{4}$ = $\dfrac{1}{2}$ المسافة

أي يلتقيان في نصف المسافة بعد (10) دقائق.

جواب أخر: لو خرجت البنت قبل أخيها بمدة(10) دقائق فأن أخيها يلحق بها عند باب الجامعة وبما أنها خرجت قبله بمدة(5) دقائق فأن أخيها يلحق بها عند منتصف المسافة أي بعد خروجه ب(10) دقائق.

جواب س 230:

لكي نجد عدة أمثله من هذا النوع من الأعداد نكون معادلة:

نفرض س- ص = 6   (أو أي رقم)، منها س= 6 + ص..........(1)

$\frac{س}{ص}$ = 6............(2) بتعويض المعادلتين مع بعض نحصل

$\frac{6 + ص}{ص}$ = 6

6 ص = 6 + ص

ص= $\frac{6}{5}$ ونعوض عن القيمة في معادلة(1) نحصل س= $\frac{36}{5}$

أي حصلنا على عددين هما $\frac{6}{5}$ ، $\frac{36}{5}$ الفرق بينهما يساوي حاصل قسمتهما

كذلك نفرض س- ص = 7، منها س =7+ ص.........(1)

$\frac{س}{ص}$ = 7............(2) بتعويض المعادلتين مع بعض نحصل

$\frac{ص + 7}{ص}$ = 7

7 ص = 7 + ص

ص= $\frac{7}{6}$ ونعوض عن القيمة في معادلة(1) نحصل س= $\frac{49}{6}$

أي حصلنا على عددين هما $\frac{7}{6}$ ، $\frac{49}{6}$ الفرق بينهما يساوي حاصل قسمتهما

وبنفس الطريقة نحصل على:

عددين هما $\frac{4}{3}$ ، $\frac{16}{3}$ الفرق بينهما يساوي حاصل قسمتهما

ومن خلال الأمثلة الثلاثة المعروضة أمكن التوصل إلى شبه قاعدة أن العدد الثاني عبارة عن مربع البسط على نفس المقام أي إذا:

العدد الأول مثلا $\frac{5}{4}$ يكون الثاني $\frac{25}{4}$

وهذا يحقق الخاصية حيث أن:

$\frac{25}{4} - \frac{5}{4} = \frac{20}{4} = 5$ كذلك $\frac{25}{4} \div \frac{5}{4} = 5$

ونفس الشيء إذا العدد $\frac{3}{2}$ يكون العدد الأخر المطلوب $\frac{9}{2}$

وهذا يحقق الخاصية حيث أن:

$\frac{9}{2} - \frac{3}{2} = 3$ كذلك $\frac{9}{2} \div \frac{3}{2} = 3$

يحقق الخاصية المطلوبة وللقاري أن يجرب بنفسه ما شاء من الأعداد

T0115028

Printed in the United States
By Bookmasters